国家社科基金重大委托项目
中国社会科学院创新工程学术出版资助项目

中国民族地区
经济社会调查报告

总顾问　陈奎元
总主编　王伟光

武定彝族聚居区卷

本卷主编　杨福泉

中国社会科学出版社

图书在版编目（CIP）数据

中国民族地区经济社会调查报告·武定彝族聚居区卷／杨福泉主编．—北京：中国社会科学出版社，2018.12

ISBN 978-7-5203-2890-6

Ⅰ.①中…　Ⅱ.①杨…　Ⅲ.①民族地区经济—经济发展—调查报告—武定县②民族地区—社会发展—调查报告—武定县　Ⅳ.①F127.8

中国版本图书馆 CIP 数据核字（2018）第 165432 号

出 版 人　赵剑英
责任编辑　宫京蕾
责任校对　赵雪姣
责任印制　李寡寡

出　　版　中国社会科学出版社
社　　址　北京鼓楼西大街甲 158 号
邮　　编　100720
网　　址　http：//www.csspw.cn
发 行 部　010-84083685
门 市 部　010-84029450
经　　销　新华书店及其他书店

印刷装订　北京君升印刷有限公司
版　　次　2018 年 12 月第 1 版
印　　次　2018 年 12 月第 1 次印刷

开　　本　710×1000　1/16
印　　张　17.5
插　　页　2
字　　数　295 千字
定　　价　98.00 元

《21世纪初中国少数民族地区经济社会发展综合调查》

项目委员会

顾问委员会

总 顾 问 陈奎元

学术指导委员会

主　　任 王伟光

委　　员（按姓氏笔画为序）

丹珠昂奔　李　扬　李培林　李　捷　陈改户　武　寅

郝时远　赵胜轩　高　翔　黄浩涛　斯　塔

专家委员会

首席专家 王延中

委　　员（按姓氏笔画为序）

丁　宏　丁　赛　丁卫东　马　援　王　平　王　锋

王希恩　开　哇　扎　洛　车明怀　方　勇　方素梅

尹虎彬　石玉钢　龙远蔚　卢献匾　田卫疆　包智明

吐尔干·皮达　朱　伦　色　音　刘　泓　刘正寅

刘世哲　江　荻　赤列多吉　李云兵　李红杰　李克强

吴　军　吴大华　何星亮　张若璞　张昌东　张继焦

陈建樾　青　觉　郑　堆　赵立雄　赵明鸣　赵宗福

赵剑英　段小燕　姜培茂　聂鸿音　晋保平　特古斯

俸代瑜　徐　平　徐畅江　高建龙　黄　行　曹宏举

曾少聪　管彦波　毅　松

项目工作组

组　　长 扎　洛　孙　懿

成　　员（按姓氏笔画为序）

丁　赛　孔　敬　刘　真　刘文远　李凤荣　李益志

宋　军　陈　杰　周学文　程阿美　管彦波

《中国民族地区经济社会调查报告》
编辑委员会

总　序

实践的观点是马克思主义哲学最基本的观点，实事求是是马克思主义活的灵魂。坚持一切从实际出发、理论联系实际、实事求是的思想路线，是中国共产党把马克思主义基本原理与中国实际相结合，领导中国人民进行社会主义革命和社会主义建设不断取得胜利的基本经验。改革开放以来，在实事求是、与时俱进思想路线指导下，中国特色社会主义伟大事业取得了举世瞩目的伟大成就，中国道路、中国经验在世界上赢得了广泛赞誉。丰富多彩的成功实践推进了中国化马克思主义的理论创新，也为哲学社会科学各学科的繁荣发展提供了坚实沃土。时代呼唤理论创新，实践需要哲学社会科学为中国特色社会主义理论体系的创新发展做出更大的贡献。在中国这样一个统一的多民族的社会主义国家，中国特色的民族理论、民族政策、民族工作，构成了中国特色社会主义的重要组成部分。经济快速发展和社会剧烈转型，民族地区全面建成小康社会，进而实现中华民族的伟大复兴，迫切需要中国特色民族理论和民族工作的创新，而扎扎实实地开展调查研究则是推进民族研究事业适应时代要求、实现理论创新、服务发展需要的基本途径。

早在20世纪50年代，应民族地区的民主改革和民族识别之需，我国进行了全国规模的少数民族社会历史与语言调查，今称“民族大调查”。这次大调查收集获取了大量有关民族地区社会历史的丰富资料，形成300多个调查报告。在那次调查的基础上，整理出版了400余种、6000多万字的民族社会历史建设的巨大系统工程——“民族问题五种丛书”，为党和政府制定民族政策和民族工作方针，在民族地区开展民主改革和推动少数民族经济社会的全面发展提供了重要的依据，也为新中国民族研究事业的发展奠定了坚实的基础。

半个多世纪过去了，如今我国边疆民族地区发生了巨大而深刻的变化，各民族逐渐摆脱了贫困落后的生产生活状态，正在向文明富裕的现代化社会迈进。但同时我们要看到，由于历史和现实的原因，各民族之间以及不同民族地区之间经济社会的发展依然存在较大的差距，民族地区经济发展不平衡问题以及各种社会问题、民族问题、宗教问题、生态问题，日益成为推动民族地区经济社会发展必须着力解决的紧迫问题。深入民族地区开展长期、广泛而深入的调查研究，全面了解各民族地区经济社会发展面临的新情况、新问题，科学把握各民族地区经济社会发展趋势，是时代赋予民族学工作者的使命。

半个多世纪以来，中国社会科学院民族学与人类学研究所一直把调查研究作为立所之本。1956 年成立的少数民族语言研究所和 1958 年成立的民族研究所（1962 年两所合并），从某种意义上讲，就是第一次民族大调查催生的结果。作为我国多学科、综合性、国家级的民族问题专业研究机构，民族所非常重视田野调查，几代学人已在中国各民族地区近 1000 个地点进行过田野调研。20 世纪 90 年代，民族所进行了第二次民族地区典型调查，积数年之功完成了 20 余部调研专著。进入新的历史时期，为了更好地贯彻党中央对我院“三个定位”的要求，进一步明确今后一个时期的发展目标和主攻方向，民族所集思广益，经过反复酝酿、周密论证，组织实施了“21 世纪初中国少数民族地区经济社会发展综合调查”。这是我国民族学研究事业发展的迫切需要，也是做好新时期民族工作的前提和基础。

在充分利用自 20 世纪 50 年代以来开展的少数民族社会历史与语言调查相关研究成果的基础上，本次民族大调查将选择 60—70 个民族区域自治地方（包括城市、县/旗或民族乡）作为调查点，围绕民族地区政治、经济、社会、文化、生态五大文明建设而展开，计划用 4—5 年的时间，形成 60—70 个田野调查报告，出版 50 部左右的田野民族志专著。民族调查是一种专业性、学科性的调查，但在学科分化与整合均非常明显的当代学术背景下，要通过调查研究获得开拓性的成果，除了运用民族学、人类学的田野调查方法外，还需结合社会学问卷调查方式和国情调研、社会调查方式，把静态与动态、微观与宏观、定量分析与定性分析、典型与一般有机结合起来，突出调查研究的时代性、民族性和区域性。这是新时期开展民族大调查的新要求。

立足当代、立足中国的“民族国情”，妥善处理民族问题，促进各民族平等团结，促进各民族地区繁荣发展，是中国特色社会主义的重要任务。“21世纪初中国少数民族地区经济社会发展综合调查”作为国家社科基金特别委托项目和中国社会科学院创新工程重大项目，希望立足改革开放以来少数民族地区的发展变化，围绕少数民族地区经济社会发展，有针对性地开展如下调查研究：①民族地区经济发展现状与存在的问题调查研究；②民族地区社会转型、进步与发展调查研究；③西部大开发战略与民族问题调查研究；④坚持和完善民族区域自治制度调查研究；⑤民族地区宗教问题调查研究；⑥民族地区教育与科技调查研究；⑦少数民族传统文化与现代化调查研究。

调查研究是加强学科建设、队伍建设和切实发挥智库作用的重要保障。基础研究与应用对策研究是现代社会科学不可分割的有机统一整体。通过全面、深入、系统的调查研究，我们希望努力达成以下几个目标。一是全面考察中国特色民族理论、民族政策的探索和实践过程，凝练和总结中国解决民族地区发展问题、确立和谐民族关系、促进各民族共同繁荣发展的经验，把握民族工作的一般规律，为未来的民族工作提供坚实的理论支撑，为丰富和发展中国特色社会主义理论体系做出贡献。二是全面展示改革开放特别是进入21世纪以来民族地区经济社会发展的辉煌成就，展示以“平等、团结、互助、和谐”为核心内容的新型民族关系在当代的发展状况，反映各族人民社会生活的深刻变化，增强各民族的自豪感、自信心，建设中华民族共同体，增强中华民族凝聚力。三是深入调查探寻边疆民族地区经济社会发展中存在的问题，准确把握未来发展面临的困难与挑战，为党和国家全面了解各民族发展现状、把握发展趋势、制订未来发展规划提供可靠依据。四是通过深入民族地区进行扎实、系统的调研，收集丰富翔实的第一手资料，构筑我国民族地区社会发展的基础信息平台，夯实民族研究的基础，训练培养一支新时期民族问题研究骨干队伍，为民族学研究和民族地区未来发展奠定坚实的人才基础。

我们深信，参与调查研究的每一位专家和项目组成员，秉承民族学、人类学界前辈学人脚踏实地、不怕吃苦、勤于田野、精于思考的学风，真正深入民族地区、深入田野，广泛汇集干部群众的意见，倾听干部群众的呼声，运用多种方式方法取得丰富的数据资料，通过科学严谨的数据分析和系统深入的理论研究，一定会取得丰硕的成果。这不仅会成为21世纪我国民族学与人类学学科建设的一座重要里程碑，也一定会为党和政府提供重要决策参考，为促进我国民族理论和民族工作的新发展，为在民族地区全面建成小康社会，为实现中华民族的伟大复兴做出应有的贡献。

王伟光

目　录

绪　论

楚雄是彝族自治州，武定县是楚雄彝族的主要聚居地之一。彝族先民罗婺部落在南诏后期逐渐强盛，成为“三十七蛮部之首”，势力范围扩大到今天的武定、禄劝和元谋等地的大部分地区。南宋孝宗淳熙年间（1174—1189年），其先贤阿而能服其众，被大理段氏举为罗婺部长，武定周围大片彝土一直为罗婺部管辖；元朝时，罗婺部酋长矣格被封为罗婺万户侯，实行酋长统治。明朝弘治三年（1490年），世袭土知州阿英被皇帝赐姓凤，凤氏土司势力强大，武定进入土司统治，直到新中国成立。

彝族在清代的云南称为乌蛮，主要分布在云南府、武定直隶州、大理府、楚雄府、元江直隶州、临安府等地。武定彝族，民国以后，武定县境内有纳苏、纳罗、乃苏、撒尼、密切、罗罗等支系，主要分布在九厂、近城、己衣、东坡、田心、猫街、插甸、环州等地，据民国35年的《分布册》统计，全县有彝族50100人。经过70年的发展，武定彝族人口不断增长，2018年末全县总人口28.07万人。总人口中，少数民族人口15.8万人，占总人口的56.37%；其中彝族人口89571人，占总人口的31.91%，占少数民族人口的56.61%。千人以上的少数民族还有傈僳族（32549人）、苗族（25169人）、傣族（7991人）、回族（1114人）。[①] 可见，彝族是全县少数民族人口最多的民族。

武定县彝族与傈僳族、苗族、傣族、回族等少数民族交错杂居，有150个少数民族聚（散）居自然村，民族风情浓郁，文化底蕴深厚，彝文典籍、彝族毕摩经、傈僳族“阿考诗经”“祭祀经”等文化典籍众多，孕育了集“帝王文化、佛教文化、牡丹文化、罗婺文化”于一体的丰富鲜

---

① 《2018年武定县国民经济和社会发展统计公报》，武定县政府网。

明的文化特色。近年来，随着西部大开发和面向南亚、东南亚辐射中心以及滇中经济圈步伐的加快，武定的优势地位不断凸显：武定是国家南北交通干线京昆高速公路和规划内环滇中城际高速铁路圈和高速公路圈经济轴线的交会点之一，是云南入川至中原的重要通道和攀西、川渝经济区走向南亚、东南亚的重要门户，具有建成昆攀经济带、滇中—成渝区域交通综合枢纽和物流中心的基础和条件；同时，武定资源丰富，金沙江流经境内4乡北部，水能理论藏量9万千瓦，有钛、铁、铜、铅、锌、木纹石等10多种矿产资源，野生植物种类繁多，素有“云南白药之乡”美誉，因佛教而有“西南第一山”之誉的狮子山与水城河、新村湖、香水箐和己衣大裂谷等旅游开发资源，森林覆盖率达55.3%，是金沙江流域重要的水源涵养区和生态屏障。

有关彝族的研究，在新中国成立初期已开始，彝族研究和调查的专著有50余种、论文100余篇，内容涉及彝族的自然环境、社会制度、经济生活、风俗习惯以及历史族源等方面，有影响的学者有徐益棠、张云波、曾照轮、任映苍、岭光电、杨成志、林耀华等人。新中国成立后，1956年进行的彝族社会历史调查，抢救了大量有价值的材料，成就了方国瑜、马长寿、江应樑、马学良、林耀华等老一辈著名学者以及稍后的刘尧汉、何耀华等对彝学有深入研究的名家。改革开放以来，彝族研究突飞猛进，成立了云南楚雄彝族自治州彝族文化研究室，后升格为研究所，中国社会科学院民族研究所的彝族学者刘尧汉担任所长。该所对楚雄彝族自治州的彝族研究取得了丰硕成果：一是彝族史学研究，包括彝族族源、南诏史、彝族通史、凉山彝族奴隶制、彝族天文史、文学史等专题史以及历史人物传记等；二是彝族哲学宗教研究，主要是对彝族原始宗教、宗教仪式、毕摩、民间巫术，彝族宗教与文学、艺术、旅游的关系，宗教与基层社会发展的研究等；三是彝族文化研究，包括服饰、诗学、舞蹈等；四是彝族伦理、习惯法研究，彝族传统社会习惯法在民族地区社会关系中的作用研究等；五是彝族经济社会研究，集中彝族经济社会发展不平衡、经济社会落后的现状、原因、启示研究；六是彝族地区生态研究。总之，彝族研究取得了令人瞩目的成绩，但近年来彝族研究有些重理论轻应用，系列研究和深入调查研究缺乏，本次综合调查正是弥补这一缺陷。

有关武定的研究：国内学者对武定的研究成果较少，主要有《武定风氏本末笺证》[1]，这是研究武定彝族社会历史的一本重要著作，此书的价值不仅在于它详细记载了武定彝族凤氏家族数百年的兴衰史，更重要的是，为研究武定地区彝族封建领主制社会提供了难得的材料；为研究中央王朝与云南地方、彝族与汉族、白族的相互关系，提供了珍贵的资料。作者广征博引，古今印证，提供了武定地区彝族社会历史的比较完备的资料。此外，还有《清代武定彝族那氏土司档案史料校编》[2] 以及武定史料考证研究，如清代武定彝族那氏土司概述、武定元年王仁兴“心造记”铭考、武定彝族《指路经》、彝族碑记、雕刻和祖简等一些研究论著。20世纪90年代之后，有一些研究武定文化，包括武定彝族和傣族文化、彝族的刺绣、礼仪、武定狮子山旅游的研究等论文问世；此外还有关于武定的宗教和习惯法研究，如基督教对民族基础教育的影响。近年研究较多的是武定经济，包括经济结构调整、林农矿产旅游业的发展培育；此外，云南省社会科学院于1997年在武定狮子山召开了“中韩指空研究学术研讨会”，推出了一批重要的学术论文。

与本项目最接近的是对武定县域经济实现跨越式发展的一些调查，但相关研究多为个案考察，没有系统性，尤其是缺乏对武定彝族经济社会发展的综合调查和完整的透视。1949年中华人民共和国成立后特别是党的十一届三中全会之后，武定彝族在政治、经济、文化、社会、生态等各方面取得较大的发展成就，60多年来彝族人民生活发生了深刻变化。武定经济、社会、文化等快速增长。2018年，全县实现地区生产总值78.6亿元，增长11.9%；完成规模以上社会固定资产投资增长20%；招商引资完成协议总投资214亿元，增长31.1%；实现社会消费品零售总额25.4亿元，增长12.2%；完成地方公共财政预算收入6.3亿元，增长7.6%；城镇和农村常住居民人均可支配收入分别为34626元、10041元，分别增长8.4%、9.4%。同时，社会事业发展良好，基本公共服务水平有新的提升，2016年，武定全县城镇新增就业4377人，失业人员再就业2077人，组织农业富余劳动力转移就业3.8万人。加快推进教育卫生事业，全面实现“普九”，武定一中、民族中学、香水中心、职业中学教学条件更趋完善，建成猫街、白路、环州、发窝等乡镇中心幼儿园。2016年，武定义

---

① 何耀华：《武定凤氏本末笺证》，云南民族出版社1986年版。

② 楚雄彝族文化研究所，王梅堂、黄建明、陆裕民校注：《清代武定彝族那氏土司档案史料校编》，中央民族大学出版社1993年版。

务教育阶段小学初中共有28553人，其中，少数民族学生18771人，占学生总人数的65.74%，呈现出民族教育快速发展趋势，同年小学适龄儿童入学率达99.94%，巩固率达99.97%，少数民族儿童入学率达到99.96%；初中阶段学龄人口入学率达99.96%，巩固率达97.48%；高中教育阶段质量不断提升，教学质量保持楚雄州同类学校中上水平，高考总上线率保持在98%左右，本科上线率在70%以上。科技攻关、科技成果转化率不断提高，2018年上报省州级以上科技计划项目24项，批准立项10项，受理专利申请125件，批准专利54件。卫生医疗条件逐步改善，全面实施基本药物制度，基层医疗卫生机构运行机制进一步完善。2016年，武定全县共有各级各类医疗卫生机构173个，全县有50万元以上设备28台，100万元以上设备15台。每千人有医护人员4.4人，拥有病床4.27张，所有乡镇都设立了卫生院，有115所村卫生室，100%的村建立了村级卫生室；全县有228572人参加新型农村合作医疗，参合率达99.14%；全面实施“两孩”政策，人口自然出生率为4.1‰；全面实施基层中（彝）医药服务能力提升工程，争创全国基层中医药先进示范县，目前，100%的社区服务站和83.9%的村卫生室能够为农民提供“简、便、验、廉”的中彝医药服务。公共文化服务体系进一步完善，广播电视村村通、直播卫星户户通工程全面推进，广播“村村响”、“两馆一厅”免费开放，城乡群众性文化体育活动蓬勃开展，公共文化服务体系示范区通过国家验收。民族团结进步事业全面加强，创建和提升州级民族团结示范乡（镇）1个，县级民族团结示范乡（镇）7个、示范行政村22个、示范社区7个、示范自然村156个、企业3个、学校24所、和谐寺观教堂48个；创建民族团结示范户250户；创建民族特色产业示范基地5个、产业协会1个；成立民族文化研究学会4个。宗教工作全面加强，“民族团结、宗教和顺、社会和谐”的良好局面进一步巩固。但是，在发展的同时，武定县经济社会发展中也有一些突出的矛盾，表现为：经济落后，贫困问题突出，是集“民族、宗教、贫困、山区”于一体的国家级重点扶持贫困县之一，贫困面广、贫困人口多、贫困程度深，贫困乡镇、贫困行政村、建档立卡贫困人口分别占全州的28%、26.8%、30.8%，贫困发生率为32.64%，贫困人口和贫困发生率均排在楚雄州第一位，是全州脱贫攻坚的主战场，脱贫攻坚任务十分艰苦。[1]

从宗教信仰而论，武定也是多元宗教信仰并存的一个县，信教群众占总人口的8.8%。除了彝族本民族的原始宗教毕摩教，还有汉传佛教，比如武定狮子山正续寺迄今已有700余年的历史，寺院的扩建者指空禅师一僧跨三国传播佛教，狮子山成为中、印、韩佛教交流的重要纽带。基督教也较早进入武定，清末有基督教会在武定洒普山、涛谷、插甸等苗族、傈僳族聚居地分别创办过教会小学。

“小众教”发源于武定[2]，“小众教”骨干经常谋划上访和组织集会，“东方闪电”等七种邪教曾在武定流传，宗教问题、民族问题、贫困问题相互交织，影响民族团结稳定；生态环境脆弱，土地承载力有限，地质灾害频繁。这些经济、社会和生态问题严重制约了武定尤其是彝族等少数民族的经济社会发展。这需要通过开展深度的学术研究，对武定经济社会发展进行深入的调查，为武定的进一步发展提供可以借鉴的研究成果。

武定县因其历史、民族、文化等方面的多元性在云南有其突出的特点，在彝族聚居区也有独具一格的特点，选择武定县作为调研点是很有意义的，可以通过透视武定以彝族为主体的多民族格局和多元文化格局，看其文化和谐并存和发展的道路，同时也通过武定来分析在云南县域经济和社会发展中，历史、民族、宗教以及吸收现代化科学技术等诸多因素在现实发展中的互动和互补的作用。

2014年6—7月和2017年3月，本项目课题组深入武定彝族聚居区开展了深入调研，依据调研资料，围绕21世纪以来武定彝族聚居区的发展状况为主线，全面分析了民族区域自治制度为重要内容的社会主义政治文明在彝族地区的实践，总结彝族社会主义民族关系和谐、共同繁荣的实践经验，准确把握彝族经济社会发展中的问题和面临的困境，透析彝族社会发展中特殊问题和社会冲突事件背后的深层原因，探讨彝族经济社会跨越发展的对策与前景，为创新边疆民族团结发展繁荣稳定理论做出有益探索。具体内容包括如下几点。

---

[1] 本书中所涉及数据源于2017年3月调研组在武定调研时，相关部门提供的文本资料，2018年数据源于2019年武定县政府工作报告。

[2] “小众教”是一个约定俗成的称呼，简略地说，“小众教”是指滇中山区武定、禄劝两县的一批基督徒，在“文化大革命”期间受极“左”路线的打击迫害，一些信众断章取义《圣经》的有关内容，抵制国家法律法规和政策，以认识偏激、行为极端为主要特点。事实上，无论是信徒自己，还是政府部门，都未将其视为一个教派。

1. 武定县彝族经济发展的基本状况、存在问题及发展思路。武定县域经济包括经济增长、产业结构调整、产业经济发展（如生态农业、林业、矿产业、旅游业、文化产业等），调研武定产业结构状况、产业经济状况、市场发展状况、劳动力资源状况、滇中经济圈对武定经济发展的作用、西部大开发和面向南亚、东南亚辐射中心建设对武定经济发展的影响及其自身的适应等，分析武定经济发展滞后的深层次问题与矛盾，结合武定实际，探讨武定经济发展的战略方案。

2. 武定彝族社会转型、进步与发展状况调查。彝族社会的转型与进步涉及本民族教育、彝族传统文化的保护传承与发展、彝族人口素质的提高、彝族医疗卫生的进步、彝族精神文化建设等多方面的内容。着重调研分析了武定彝族社会的稳定状况及其影响因素，中央对武定社会发展的政策支持及其效用，武定彝族与各民族关系状况与评价，武定基础设施、教育、科技、医疗、卫生、社会保障以及民生改善等社会建设问题，分析其存在的主要问题，提出了武定彝族社会进步与发展建议。

3. 武定彝族地区政治结构与政治发展调查。调查了楚雄彝族自治州自治权执行情况、民族自治机关建设情况、坚持和完善民族区域制度的机制、彝族社区基层政权建设情况、彝族干部的培养状况、实行自治权对彝族政治发展的影响以及中央与彝族自治政府之间的关系状况等方面，就武定彝族聚居区在民主政治建设、党组织建设以及行政管理体制改革方面的情况进行了详细研究。

4. 武定彝族传统文化传承与发展调查研究。详细调查武定彝族传统文化实态，彝族传统文化整理、保存、传承与发展以及非物质文化遗产保护的情况，传统文化对彝族生产生活的影响以及对现代化的适应性，探讨彝族文化保护传承与可持续发展的现实路径。

5. 武定彝族民族教育和医疗卫生建设事业的发展。对新中国成立前、20 世纪下半叶教育事业的重振与发展、21 世纪以来教育事业三个阶段的教育进行了调查分析，深刻剖析了民族教育发展存在的深层次问题，提出了相应的对策。调查了武定彝族聚居区历史上和当前的医疗卫生状况，分析目前医疗卫生事业发展需要解决的难题，探索出可行的措施。

6. 武定县建设民族团结进步示范县取得了突出成绩。2015 年 1 月，习近平总书记在云南考察工作结束时的讲话中要求云南要“主动服务和融入国家发展战略，闯出一条跨越式发展的路子，努力成为我国民族团结进步示范区、生态文明建设排头兵、面向南亚东南亚辐射中心，谱写好中国梦的云南篇章”。这是习近平为总书记的新一届党中央着眼新的时代背景和全国发展大局，为云南发展确立的新坐标、明确的新定位、赋予的新使命。可以说云南省在民族团结进步、边疆繁荣稳定示范区建设中走在了全国的前列。2013 年，武定被云南省民族事务委员会列入云南省民族团结示范区建设“十县百乡千村万户工程”的 10 个示范县建设，武定启动了民族团结进步示范县建设三年行动计划。县委、县政府紧紧围绕省委、省政府提出的十大示范创建目标，坚持“全面统筹，重点突破”的创建工作原则，结合武定实际，实施以突出“县域民族经济跨越发展、民族文化繁荣发展和民族团结宗教和顺”为主要目标的民族团结进步示范工程。经过 3 年努力，民族团结进步示范取得了“三跨越”“三提升”的明显成效。一是实现了县域经济的跨越发展；二是实现了基础设施建设的跨越发展；三是实现了民族团结进步事业的跨越发展。武定多年来没有发生因涉及民族宗教问题引发的群体性事件和越级上访事件。2014 年，武定被国务院表彰为全国民族团结进步模范集体。“三提升”的具体内容为：一是县域经济综合实力提升。由 2011 年的第 50 位上升到 2014 年的第 23 位。二是少数民族群众生活水平提升。2014 年农村常住居民人均可支配收入达到了 7660 元，少数民族群众生活条件明显改善，生活水平得到了提升。三是示范县建设的条件和环境得到提升。通过 3 年的示范县创建工作，武定呈现出经济持续发展、社会和谐稳定、文化繁荣发展、民族团结进步的良好局面。经济总量的增加、产业结构的优化、质量效益的提高、财力保障的增强，使推进民族团结示范县创建的条件和环境得到了有力提升。通过 3 年的示范县创建，武定实现了经济总量的增加、产业结构的优化、质量效益的提高、财力保障的增强、基础设施的改善以及各民族的团结、宗教的和顺，使推进民族团结示范县创建的条件和环境得到了有力提升。

调研组在深入武定相关部门和彝族聚居区所在的乡镇、村民小组开展实地调研，通过查询史料、座谈、入户访谈、观摩、问卷等方式收集掌握了第一手资料，后通过课题组成员的整理、分析和写作，形成这本研究报告，全书八个部分分别对彝族聚居区经济、政治、社会、文化、教育、医疗卫生、生态环境、民族团结进步八大内容作了比较全面的展示，在较高程度上反映了云南彝族聚居区的经济社会发展面貌。

武定彝族接受汉文化的时间比较早，根据史书记载，楚雄彝族正式接受汉文化教育大致始于元明时期。元祐七年（1092年）已设定“武定路儒学”。武定县自明朝隆庆三年（1569年）正式创办儒学到清朝末年先后设置过书院、义学、私塾等教学机构，这促进了历史较久的彝汉文化的交流。在调研报告中，对当代教育的变迁和发展增加了一些典型个案来叙述主题。

关于学校教育和彝族的本土文化教育，本调研报告中也指出，社会快速的发展与变迁，使得武定彝族以及其他少数民族地区的本民族语言文化面临传承的危机，适龄儿童在寄宿/半寄宿的现代乡村教学模式之下，不但失去了很多成长在父母身边接受本民族传统文化的家庭教育的机会，更重要的是他们失去了本民族语言的习得环境。这样的问题，不仅仅存在于武定彝族地区，在云南各地都是普遍现象，本报告通过武定的情况，揭示了这个事关民族文化传承发展的“民汉”双语教学所存在的问题。

20世纪90年代后，武定县各民族的社会生活也发生了重大的变迁，这个调研报告也提到了变迁中的一些问题，比如因为各乡镇的彝族年轻人大量外出务工，尤其是年轻女孩子的外出，颠覆和打破了彝族原有的通婚圈，使得传统的缔结婚姻的方式难以为继，既导致了婚姻圈的变迁，也导致了村子里光棍增多。本报告根据实地调查，披露了这些方面的问题；分析了导致这些问题的多方面的原因，比如计划生育导致村里独生儿子家庭多，他们多数只能留守家中照顾父母，即使有条件出去打工，出于赡养父母，为父母养老送终考虑，也不敢娶回外地女，怕待不长。

作为21世纪初中国少数民族地区经济社会发展综合调查报告之一，这份调查报告，仅仅是提供了一份武定彝族聚居区跨越发展的初步调查，提出一些不太成熟的看法和建议，还有待以后作更进一步的深入调研。

第一章

经济发展

第一节 21世纪以来的经济发展

一 经济发展总体态势

进入21世纪以来，武定生产力得到极大解放，步入发展的快车道，经济实力显著增强，人民生活水平不断提高，经济建设取得了显著的成就，逐步探索出了一条符合武定实际的跨越发展路子。

国民经济实现历史性飞跃，经济实力显著增强。经济总量持续增长，不断迈上新台阶，从2000年的66397万元，增加到2015年的55.4亿元。按照可比价格计算，2000—2015年，生产总值增长了7.4倍，年均增长10.6%；人均生产总值迅速增加，从2000年只有3063元，增加到2015年的19957元。按照可比价格计算，人均GDP增长了5.5倍，年均增长8.6%。财政实力显著增强，财政收入从2000年的3416万元，增加到2015年的4.99亿元。财政收入的快速增长为经济发展、基础设施建设和社会保障等提供了有力的支撑。

经济结构调整取得积极进展，产业结构得到优化。产业结构不断优化，第一、第二、第三产业的比重由2000年的45.3∶18.4∶36.3调整为2015年的29∶30∶41，同2000年相比，第一产业在国民经济中的比重下降了14.3个百分点，第二产业比重提高了11.6个百分点，第三产业比重提高了3.7个百分点，三次产业结构由世纪之交的“一、三、二”逐渐转变为“三、二、一”。所有制结构向多元化发展，非公有制经济从小到大、从弱到强，基本形成了以公有制为主体，私营、个体等多种经济成分共同发展的局面。2015年，非公经济增加值占全县GDP比重达52.5%，对全县经济增长的贡献率达56.8%，非公有制经济成为武定国民经济的重要组成部分和促进经济发展的重要力量。就业结构明显改善，全社会就业人员在三次产业中的配置呈现出新的格局，第一产业就业人数比重不断下降，第二产业尤其是第三产业就业人数显著提高。2000—2015年，三次产业吸纳就业人员的比例从64.19∶18.01∶17.80调整为43.7∶23.2∶33.1，第一产业吸纳就业人员的比例显著下降，而第二、第三产业吸纳就业人员的比例迅速提高。

农业经济全面发展，综合生产能力稳步提高。农业生产总值大幅增加，全县农林牧渔业总产值从2000年的34223万元，增加到2015年的28.9亿元。按可比价格计算，年均增长6.86%。农业经济由单一的粮食种植向农、林、牧、渔等全面发展，农业内部结构进一步优化。

工业经济发展较快。2000—2015年，全县现价工业总产值和增加值年均分别增长16.93%和17.49%，2015年全县现价工业总产值达27亿元，工业结构调整初具成效。2015年，全县新增规模以上工业企业4户达19户，其中，新增黑色金属采选业1户、农副产品加工业1户、医药制造业1户、非金属矿物制品业1户，改变了过去以化学原料及化学制品制造业、黑色金属和有色金属采选、冶炼及压延加工业为主的单一产业结构。冶金矿产业逐步实现转型升级。武定德胜矿业有限公司现已转型发展生态养殖基地，武定永丰钛业有限公司、武定盛源钛业有限公司、武定武星钛业有限责任公司、云南万鑫钛业有限公司、武定玉宏冶炼厂等企业扩产升级，改扩建提升改造高钛渣建设项目。

基础设施明显改善，经济发展后劲显著增强。京昆高速公路永仁—武定、武定—昆明段已建成通车，国道108线得到提升改造，全县通村公路硬化率100%，村（社区）路面硬化率100%。建成110千伏田心输变电站、110千伏西和输变电站，新建110千伏线路46千米、35千伏线路14千米、10千伏线路198.94千米，户表改造率100%，建成三月山风电场一期工程。建成汾州水库、羊旧水库，启动仁和水库、保处鲁水库建设，新增蓄水260万立方米，新增有效灌溉面积1.1万亩，解决了5.76万人的饮水安全问题，城镇供水能力达到1.2万吨/日。建成县城西北片区、罗婺彝寨、旧城改造狮山大道等城市基础设施，启动县城北部新区城市基础设施建设，全县城镇化率提高到30.77%，年均提高2个百分点以上。

城乡居民收入水平不断提高，生活水平明显改善。城乡人民收入以前所未有的速度增长，城镇居民年平均可支配收入从2000年的4912元，增加到2015年的26841元，不考虑价格因素，增长了约4.5倍，年均增长8.77%。农村居民年人均纯收入由2000年的1385元增加到2015年的7592元，增长了约4.5倍，年均增长8.72%。消费结构改善，食品消费所占比例大幅下降，城镇居民恩格尔系数由2000年的49%下降到2015年的32%；农村居民恩格尔系数从2000年的60.83%下降到2015年的35.59%，食品消费向绿色、营养、环保化发展。住宅、汽车成为消费热点，医疗保健、交通与通信、文化教育、旅游等现代消费支出的比重越来越大。

二　经济发展面临的困难和问题

发展不足，发展滞后。这是影响武定与全国全省同步全面建成小康社会的主要问题。2015年，人均生产总值仅为全国平均水平的35.59%，城镇居民人均可支配收入仅为全国的84.8%，农村常住居民人均可支配收入仅为全国的64.63%，城乡收入比为3.6：1，差距明显大于全国的2.9：1。城镇化率低于全国平均水平25.69个百分点，社会事业发展和相应的基本公共服务提供面临着总量供给不足，城乡、区域、不同人群之间资源配置不均，整体服务水平不高等突出问题。

结构失衡。这是制约武定经济发展的核心问题。武定经济增长主要依靠自然资源的消耗、劳动的投入，经济结构层次不高、产业链不长、产品科技含量不高、附加值低，产业发展仍处于资源开采和初加工为主的阶段，特色产业竞争优势不明显，重点产业支撑力不强，产业散小弱、发展后劲不足等问题仍然较为突出，增长的可持续性差，抗风险能力弱。产品结构多为初级产品，附加值低、与高精尖无缘，基本上是资源型、原料型产品。2015年，武定规模以上工业企业中，从事采矿业、农副食品加工业、化工等行业的比重接近规模以上企业的100%，没有高技术产业行业的企业。

贫困面大、贫困人口多、贫困程度深。受自然条件、市场情况、政策因素、区域环境、发展机会、个体素质等致贫因素的影响，武定乡镇之间、民族之间，社会和经济发展之间存在着极大的不平衡性，农村贫困面大、贫困人口多、贫困程度深。按照现行贫困线标准，到2014年底全县有7个贫困乡镇，占云南楚雄州25个贫困乡镇的28%；有59个贫困行政村，占全州220个贫困行政村的26.8%；有7.95万建档立卡贫困人口，贫困发生率为32.64%，脱贫任务艰巨繁重。贫困人口集中分布于金沙江南岸低热河谷地区、高寒冷凉地区、边远少数民族地区“三大区域”，脱贫攻坚成本越高、难度越大、见效越慢。脱贫攻坚既面临一些多年未解决的深层次矛盾和问题，也面临不少新情况、新挑战。一是新的贫困时有发生。不少贫困户稳定脱贫能力差，因灾、因病、因学返贫情况时有发生。经济下行压力加大，贫困人口就业和增收难度增大，一些农民因失去工作重新陷入贫困。二是发展条件差。贫困地区生存条件恶劣，水、电、路等基础设施薄弱，群众行路难、饮水难、增收难等问题没有得到根本解决，贫困人口自我发展能力弱。三是产业化水平低。贫困地区依然停留在传统农业发展阶段，农业产业化进程缓慢，以产业促发展的机制尚未形成，农民增收困难。缺少龙头企业的示范带动，群众抵御市场风险能力差，农业产业化发展内生动力不足。

基础设施瓶颈制约仍未根本缓解。支撑武定经济发展的交通、水利、能源、信息等基础设施仍然是经济社会发展的主要瓶颈。境内无铁路覆盖，全县高等级公路占总里程的3%，低于全国平均水平8个百分点以上。内河航运基础设施落后，航道大多处于天然状态，航道等级低。全县水资源时空分布不均，资源性、工程性缺水问题依然严重。城乡能源保障网络不健全，互联网基础设施不完善。

经济下行压力持续加大。经济下行压力加大与转型升级优化并存，工业产品价格继续下降，2015年，高钛渣每吨4500元左右，与2012年相比下降42.3%，酸渣每吨2700元左右，与2012年相比下降51.8%；铁精矿每吨500元左右，与2012年相比下降44%，铜精矿42000元左右，与2012年相比下降17.6%。企业面临产品价格下跌、市场低迷、流动资金紧缺、经济效益下滑等困难，致使工业企业经营状况不佳，工业经济发展不平衡、不协调、不可持续的矛盾日益显现。

保持经济较快增长的压力进一步加大。全县经济总量小，产业不强、规模不大、结构不优，工业经济回升压力大，财政收支矛盾凸显，转方式、调结构任重道远。发展现代农业面临新困难，近年来，随着农村外出务工和从事非农产业的人员越来越多，劳动力特别是青壮年劳动力紧张，农作物播种面积和增产增收技术措施落实难度增大，农业生产比较收益下降，农民生产积极性受到影响。同时，极端天气事件增多、农产品价格起伏波动频繁、农业生产成本攀升等影响“三农”的不稳定不确定因素增多。

资源环境约束趋紧的压力进一步加大。随着国家转型升级的要求越来越高，在工业化、城镇化进程加速推进中，保持经济平稳较快增长与环境保护的矛盾日益突出，资源环境的约束压力必将进一步加大。武定冶金、有色、化工等为主的资源型、高耗能的传统产业调整结构、转型升级任务艰巨。“十三五”时期，国家提出更加严格的资源消耗控制和环境质量改善指标，倒逼经济转型升级，对能源消费从总量和单位能耗进行“双控”，节能减排压力问题将越来越突出。

企业发展能力弱小。多数企业生产技术、工艺落后，传统产业所占比重较大，高新技术产业比重较小，导致企业和产品竞争力不强，抗风险能力弱。部分企业生产经营状况不理想，企业自有资本和资本积累十分有限，融资能力弱、投资乏力、技术创新能力不足。企业的人才意识不强、待遇偏低、发展机会少，企业既不能稳定本地人才又不能吸引外地人才，多数企业缺乏现代经营管理人才、技术创新人才、市场营销人才以及资本运作人才。大多数工业企业集中在“两高一资”领域，随着国家产业政策和节能减排措施的落实，企业的生存和发展空间将受到挤压。部分企业盲目扩张企业规模，资金投入较大，受市场下行压力影响，产品价格下跌，产品积压严重，资金回笼困难，企业生产销售入不敷出，致使部分企业流动资金严重紧缺，为解决资金问题，一些企业除了银行贷款外，转向民间借贷，加大了企业的债务风险。

第二节　经济发展趋势

一　发展机遇

随着国家“一带一路”、长江经济带、新一轮西部大开发、乌蒙山片区扶贫开发和脱贫攻坚等重大发展战略的深入实施，大力支持革命老区、贫困地区、少数民族地区加快发展，滇中城市经济圈一体化建设的加快推进，武定面临千载难逢的机遇，《国务院关于依托黄金水道推动长江经济带发展的指导意见》（国发〔2014〕39号）明确指出，“重点建设曲靖—

昆明—楚雄、玉溪—昆明—武定发展轴”，把武定作为滇中城市经济圈重要一极来定位，使武定更好地融入全国发展大局，随着滇中城市经济圈一体化建设加快推进，武定经济社会将迎来一个快速发展的时期。

随着国家“一带一路”、长江经济带建设重大发展战略的深入实施和推进，武定在国家和云南战略交会点的地位和作用进一步凸显，进一步提升了武定在国家和云南发展和开放大局中的重要战略地位，为武定经济社会发展进一步融入更大的发展格局，在更大空间和更广领域发展经济、调整结构、开拓市场、加快发展提供了机遇。

随着国家新一轮西部大开发战略深入实施，继续推进集中连片特殊困难地区扶贫攻坚力度的加大，更加关注西部民族贫困地区民生和社会事业发展，进一步加大农田水利、铁路、公路、能源、通信、保障性安居工程、生态建设等领域投资的倾斜，进一步加大生态转移支付力度，进一步加大对民族、贫困和革命老区扶持力度，精准扶贫措施的实施，对于贫困面大、贫困程度深的武定来说，是难得的发展机遇。

随着滇中城市经济圈一体化建设加快推进，滇中经济圈高速公路网项目之一的武易高速开工建设，对武定与滇中其他地区的互联互通有很大的促进作用，武定的经济社会将迎来一个快速发展的时期。

二　发展条件

武定区位优势明显。武定是滇川大通道上的重要节点，新开工建设的武昆高速公路通车后距昆明仅 64 千米，属昆明半小时经济圈。新开工建设的武（定）易（门）高速公路作为滇中新区建设中南北向的重要一纵，连接 108、320 和 213 国道；108 国道横贯境内 4 个乡镇，位于滇中经济圈、滇中城市群核心地带和滇川大通道、昆攀经济带、长江经济带重要节点，京昆高速公路、国道 108 线和武定至易门、武定至倘甸至寻甸高速公路交会境内，与禄劝至大松树高等级公路相连，昆明至武定至元谋城际铁路、环滇中城际铁路和武定通用机场纳入国家和省综合交通规划，交通网络覆盖整个县域，交通区位优势凸显，具有承接产业转移的区位优势和发展潜力。

资源禀赋良好。境内矿产资源富集，钛储量 1800 万吨，铁 2.46 亿吨，铜矿 6.86 万吨，红砂岩 350 亿立方米，木纹石 34.8 亿立方米，木纹石储量居云南之首；武定壮鸡、野生食用菌、中药材等特产备受国内外市场青睐；旅游资源独特，境内有“西南第一山”和“中国八小佛教名山之一”美誉的狮子山、风光旖旎的水城河、山清水秀的新村湖、静谧清幽的香水箐和鬼斧神工的己衣大裂谷。

战略地位提升。京昆高速公路建成通车和滇中高速公路网武定至易门、武定至倘甸至寻甸高速公路开工建设，使武定参与长江经济带建设，与滇中新区联动发展，积极主动承担武定在滇中北部的枢纽功能，在滇中乃至全省范围聚集要素、配置资源，发展开放型经济的条件更加优越。依托立体综合交通融入成渝、长三角、珠三角经济区乃至向沿海开发合作，主动承接产业转移，拓宽发展空间，培育产业集群，提升产业竞争力搭建了新平台。

三　发展定位

“十三五”时期，武定将集中力量打造“一极一园三县三基地”。

滇中城市经济圈北部增长极。推进武定—滇中新区联动发展、武定—禄丰协同发展、武定—禄劝一体化发展，融入滇中城市经济圈发展，建设滇中北部生态化新兴产业示范组团，加快滇中北部区域集中连片扶贫攻坚，主动融入和服务国家战略，打造滇中城市经济圈北部增长极。

昆明、攀枝花城市“后花园”。依托优越的区位条件，便捷的交通网络，优质的生态环境，丰富的旅游资源，深厚的文化底蕴，宜居的地理条件，以休闲度假为亮点，打造以生态疗养、休闲度假、农业观光为主要功能的区域旅游服务基地，吸引昆明、攀枝花等市民前来休闲旅游和疗养居住，打造昆明、攀枝花城市“后花园”。

民族团结进步示范县。以整村、整乡推进和易地扶贫搬迁为平台，系统连片改善到乡到村到户的基础设施、基本公共服务，培育壮大富民产业，着力改善各族群众生产生活条件，建设民族团结进步示范县。

生态文明建设先行示范县。建设资源节约型、环境友好型“生态武定”，实现人与自然、环境与经济、人与社会和谐发展。

金沙江对内开放合作经济带重点县。依托京昆高速公路，配合协调推进武定至易门、武定至寻甸高速公路，争取建设武定至己衣高等级公路，积极推动武定通用机场、昆明至武定至元谋高速铁路客运专线、环滇中城际铁路规划建设，形成云南省金沙江对内开放合作经济带重要交通物流枢纽、滇川大通道重要节点和昆攀经济带重要门户，打造金沙江对内开放合作经济带重点县。

冶金建材产业基地。加快工业园区建设，完善配套功能，把培育壮大新兴产业作为全面提升工业园区产业承接和发展水平、推进自主创新与承接产业转移有机融合的重要突破口，积极引入和培育领军企业，进一步完善产业体系，重点加快引进新材料、生物、新能源、高端装备制造等产业。

高原特色农业基地。建设主导产业清晰、规模合理、基础设施良好、科技水平先进、经营机制完善，种植、养殖、加工、销售结合的“一乡一园”现代农业示范园区或农业庄园，拓展园区生产示范、农产品加工、信息服务、农产品物流四大功能，推进高原特色农业发展。

民族文化旅游产业基地。依托京昆高速公路、武易高速公路、武定至己衣公路等，有机融入昆明—攀枝花—丽江—香格里拉黄金旅游线，加快建设罗婺民族风情走廊，建设一批休闲度假为一体的复合型产品的转型升级，把武定建设成为具有较高知名度和影响力，能够吸引中远程目标客源市场，产业体系健全、经济效益显著的旅游目的地。

四　发展重点

（一）精准施策，推进精准脱贫

聚焦金沙江南岸低热河谷地区、高寒冷凉地区、深山边远少数民族地区“三大”扶贫攻坚主战场，抓好片区开发与扶贫攻坚、基础设施、产业培育、民生改善、社会事业、培训就业、生态保障七大攻坚行动，建立精准扶贫机制、部门联动机制、脱贫考核机制、脱贫激励机制、资金投入机制、社会参与机制、干部驻村帮扶机制、扶贫攻坚与基层党建“双推进”机制八项攻坚机制，认真落实对象精准、目标精准、任务精准、措施精准、责任精准、投入精准、帮扶精准、考核精准八个精准措施，实施好产业发展、道路建设、水利设施、基本农田、电力保障、信息网络、危房改造、金融扶贫、培训就业、教育扶贫、卫生扶贫、文化扶贫、生态建设、环境整治、科技扶贫、政策兜底到村到户民生工程，提升贫困乡村和贫困户的发展基础。

大力实施“五个一批”工程。引导和支持所有有劳动能力的人依靠自己的双手开创美好明天，立足当地资源，加快特色产业扶持发展，推进“一村一品、多村一品”发展和农业产业化经营。深入推进脱贫增收工程，培育贫困群众增收的支撑点，对有劳动能力、通过生产发展可以实现脱贫的贫困村、贫困户，加大产业培育扶持力度，大力发展贫困人口参与区域特色产业。实施易地扶贫搬迁三年行动计划，搬迁1万户3.5万人，建设120个安置新村。对居住在生态脆弱或生态保护区的贫困人口，实行生态保护补偿，结合生态环境保护和治理，积极探索一条生态脱贫的新路子，实现脱贫致富。利用国家教育经费要向贫困地区倾斜、向基础教育倾斜、向职业教育倾斜的政策机遇，大力改善贫困地区办学条件，加强乡村教师队伍建设，落实好生活补助政策。对完全或部分丧失劳动能力的贫困人口，由社会保障来兜底。统筹协调农村扶贫标准和农村低保标准，实现农村扶贫标准线和农村低保标准线“两线合一”，发挥低保兜底作用。

（二）加强交通基础设施建设，破解发展瓶颈制约

推进以高速公路为主体的对外大通道建设，形成“六射”的高速公路网、“两纵五横”干线公路网，打通出境通道，增强对滇中北部地区的集聚和辐射能力。配合推进滇中城市经济圈环线武定—易门、武定—倘甸—寻甸、武定—禄丰高速公路建设。完善县域交通网络，加快县际联网互联互通，实现与周边城市组团之间快速无障碍连接。提升县乡、乡镇之间、资源地和城镇与产业园区之间公路等级。加快旅游连接线建设，力争全县通乡镇、通村公路实现全面网络化、100%的建制村通水泥路（油路）。

加强公路、水运枢纽和县乡客货运站建设，加强货运港站和物流园区的集疏运体系配套建设，推进客货运功能结合的农村站场建设，建成县城北部客运站和一批农村客运招呼站、停靠站、公交车站点、货运站、综合停车场，形成农村客货运站点网络，促进物流业发展。

依托乌东德水电站库区水运资源，发挥长江黄金水道运输优势，推进港口建设，形成功能互补、分工合理的港口集疏运体系。配合推进昆明—武定—元谋高速铁路客运专线、滇中城市经济圈内环昆明枢纽环线禄劝—嵩明—宜良—澄江—晋宁—易门—禄丰—武定—禄劝城际铁路建设项目。

（三）推进产业转型升级，发展县域现代产业体系

加快农业生产结构调整，构建现代农业发展体系。突出产业优势、调优产业结构和区域布局，根据全县坝区、半山区、山区、低热河谷地区不同生态条件和产业基础，因地制宜、合理布局，建设专业化、标准化、规模化的优势特色农产品基地，优先发展优质米、反季蔬菜、马铃薯、优质

水果、核桃、中药材、武定壮鸡、黑山羊等特色农产品。推进高产创建、测土配方施肥等增粮项目和农业标准化无公害农产品生产基地建设，做好绿色、有机商品认证工作。加大培育和扶持力度，采取转包、出租、互换、转让、入股等形式推进承包土地有序流转，支持农业龙头企业建设生产基地，引导和发展庄园式农村经济及农村合作股份经营模式，引导群众参与区域特色农业发展。加快农产品市场流通体系建设，推行农业标准化和信息化建设。推进农田水利、土地整治、中低产田地改造和高标准农田建设。健全农产品质量安全全过程监管体系、现代农业科技创新推广体系、农业社会化服务体系，全面提高农产品质量和食品安全。

加快农业产业化经营，培育新型经营主体。缺乏龙头企业带动、形不成规模化效应、农产品竞争能力弱、品牌优势不明显、服务体系不健全、农民增收乏力是目前武定农业现代化推进中存在的主要问题，也是武定农业产业化滞后的主要原因。武定将注重加大对龙头企业扶持力度，推广“龙头企业+农民专业合作社+农户（家庭农场、专业大户）”的组织方式和运行模式，引导龙头企业通过订单收购、合作经营、股份合作等多种方式，加强与合作社和农户的利益联结，引导和支持龙头企业以保底价收购、利润分成、保底分红等方式，让农户分享加工流通环节收益，并为龙头企业提供稳定、优质原料基地，实现互利共赢。通过土地流转、土地股份合作或土地托管等形式，因地制宜打造优势产业带，提高特色产业集约化、规模化水平。依托大数据平台，探索发展“互联网+”等电商经营模式，利用互联网扩大农产品的销售半径和销售渠道。培育新型经营主体和职业农民。扶持新型农民从事专业化、集约化的适度规模经营，注重从本地农民家庭中发展一批种植大户、专业户或者小农场主，引进有技术、有市场、有资金的城市工商资本发展一批新型农业企业等现代农业经营主体。发展一批带动力强的农业企业，培养一批有文化、懂技术、会经营的新型职业农民。通过引导土地经营权有序流转，推进土地经营向种养大户集中，推动产业基地建设向农民专业合作社集中。创新方式，引导土地经营权以转包、互换、入股、股份合作和联合、土地托管等多种方式，向各类新型农业经营主体流转，促进适度规模经营。适应适度规模经营需求，积极推动农业社会服务进园区，发展农资供应、配方施肥、农机、质量检测、烘干收储、加工营销等社会化服务，大力提供技术创新、品牌培育推介、融资、物流、网络交易等新兴服务。发挥农技推广、农资、农机、疫病防控、质量监管等基层服务机构作用，支持供销合作社扩大经营服务领域，支持龙头企业、农民专业合作社、专业服务公司、专业技术协会、专业大户、农村经纪人等新型服务主体发展。

推进农村改革，增强农业农村发展内生动力。统筹城乡发展，加快户籍制度改革，探索农民变市民、共享改革发展成果的城乡发展之路。推进农村土地承包经营权确权登记颁证工作，以农村土地经营权有序流转为突破口，加快农业适度规模经营，满足生产和市场需要。推进新型农业经营主体培育，培育农业产业化龙头企业、新型农业职业经理、新型职业农民。完善征地补偿机制，解决好被征地农民就业、住房、社会保障，深化集体林权制度改革、农村土地经营权流转改革等各项改革。

优化农业产业布局。南部地区立足农业生产条件较好的基础，强化粮食供给保障能力，提高农业机械化水平，在稳定粮食生产的同时，发展高效精品农业和都市农业，加快推进标准化生产和集约化品牌化经营，依托工业园区布局绿色食品和天然药业精深加工基地。中部以老108国道的交通区位和丰富的生物资源为基础，布局烟草、经济林果、畜禽养殖、天然药业、食用菌、高山夏秋反季蔬菜、食用花卉等特色产品生产、初加工基地，建成全县农副产品生产及初加工中心和流通中心。北部生态产业建设区以水城河、己衣大裂谷、万德土司遗址、环州万松山等旅游资源为支撑，充分发挥水资源和土地资源优势，加快经济林果、烟草、畜禽养殖、绿色蔬菜、天然药业、油菜、淡水养殖等绿色农业基地建设，推进休闲农业与乡村旅游业建设，推动传统农业向现代农业转变。

推动工业与信息化深度融合，发展能源、医药、冶金、建材、化工、装备制造、农特产品加工等重点产业，形成工业优势产业集群，构建工业投融资、技术创新、服务保障、园区基地支撑体系。改造提升传统产业，冶金矿产业开展低品位铜、铁、钛资源的回收利用和难选矿的技术突破，提高资源综合利用效率，利用新技术、采用新工艺改造提升高钛渣冶炼行业，促进冶金矿产业升级。推进石材资源整合，规范特色石材开发秩序，改变石材企业量多质少的现状，走专、精、深的发展路子，着力建设云南最大的石材基地，力争石材开发提高到500万平方米。大力发展食用菌、果蔬、畜禽产品、魔芋、豆馅为主的绿色食品加工业。

培育发展天然药业产业、装备制造业等新兴产业。以云南白药集团中药材优质种源繁育有限责任公司为龙头，扶持武定知青中药材、新源药业、楚雄新天地等龙头企业发展壮大。在全县建设重楼、续断、三七、草乌、附子、金银花、玛卡、辣木等为主的中草药种植基地，建设产品初加工工厂3—5个。以武定工业园区禄金新型工业片区为载体积极承接东中部发达地区和昆明、攀枝花产业转移，培育发展家电、五金、矿山机械配件、电气设备制造、数控机床制造、环保装备制造，包括清洁能源汽车在内的汽车零配件加工业。

依托丰富的旅游资源，优越的区位条件，便捷的交通网络，优质的生态环境，深厚的文化底蕴，宜居的地理条件，发展壮大以文化旅游业为代表的第三产业。发展融自然风光、人文景观、历史文化、宗教和谐文化、民族风情为一体的特色旅游业，实现武定旅游档次提高、知名度提高，由一般产业型向支柱产业型转变、由单一的自然观光型向休闲度假、生态、民族风情、康体、科考、探险旅游等复合型旅游转变。突出佛教文化、罗婺文化、帝王文化、精品牡丹、休闲度假胜地、武定壮鸡佳肴特色，把文化旅游业培植成武定的支柱产业、主导产业。发挥旅游区位优越、历史文化厚重、彝族风情浓郁、自然风光多样、生态环境优美的优势，融入昆明大理丽江攀枝花旅游环线，依托快速综合交通网络，与周边县市联合打造精品旅游环线，参与打造州外旅游环线，打造昆明—武定—攀枝花—西昌—成都省际旅游线路，打造昆明—楚雄—大理—丽江—攀枝花—永仁—元谋—武定—昆明旅游环线，使武定成为昆攀文化旅游经济带上的短线旅游目的地，长线旅游过境地。

依托交通区位优势，发展商贸物流业。打造区域性的冶金矿产品物流交易中心、石材产品物流交易中心、农特产品物流交易中心、中药材产品物流交易中心、五金建材产品物流市场、汽车摩托车交易修理市场、日用消费品物流配送中心。以“万村千乡市场工程”试点企业及其农家店网络为骨干，以乡镇集贸市场为节点，形成化肥、农药、种子、农机具等农资和农村居民生活资料下乡，各种种植、养殖农产品进城的通畅物流渠道，完善“万村千乡市场工程”信息化平台，构建服务农村生活和农业生产的信息网络。

（四）加快新型城镇化建设，推进城乡一体化

推进城市道路、公共交通、公共停车场、供水、农贸市场、垃圾和污水处理、消防、人防等设施建设，加快城市基础设施转型升级。加快旧城改造和城市棚户区、城市危旧房改造步伐，推进县城北片区、西南片区和

南片区开发，完善城市道路网络系统，提升道路网络密度，提高城市道路网络连通性和可达性。完善客运站、停靠站、公共停车场等配套服务设施建设，加强道路林荫绿化、照明等设施建设，加快城市供水、电力、污水、雨水、燃气、通信等综合管廊建设。结合城乡环境综合整治、棚户区改造，加大社区公园、街头游园、郊野公园、绿道绿廊建设，提高城市绿地率，提高县城绿化建设水平，构筑“林在城中，城在林中，树成林，花成片，植树成景”的城市生态环境，推动生态园林城市建设。推动海绵城市建设，提升城市绿地及湿地公园汇聚雨水、蓄洪排涝、补充地下水、净化生态功能。配套城市公用设施建设，完善便民超市、农贸市场、农产品批发市场、城市停车场、立体车库、大中型商业设施，统筹布局建设学校、医疗卫生、文化设施、体育场所等公共服务设施。

把武定县城建成县域或区域交通枢纽和物流中心，滇中旅游度假胜地，滇川大通道重要节点。与禄劝联动一体化发展，打造滇中城市经济圈北部增长极中等城市。发展中心城镇和重点城镇。把猫街建成县域次中心城镇，插甸、万德、高桥、白路、己衣发展成为重点城镇，建成产业特色突出、基础设施配套完善的农产品集散、加工基地和农业科技推广服务中心，带动城镇周边地区的发展。发展一般城镇，发展一批基础较好、发展潜力较大的城镇，大力发展农村服务业，把乡镇驻地建成功能齐全、带动能力强的农村集镇。适度发展集镇，将发展条件较好，规模较大的农村居民点发展成为集镇，加大集镇基础设施和服务设施建设，建成农村综合服务点。引导发展重点村庄。选择基础条件好的村庄进行重点规划建设，在所选村庄中根据各村庄的资源、环境、人文、风貌等进行分类引导发展，建设一批各具特色的美丽村庄。

以农民工、城中村居民、失地农民等农业转移人口为重点，兼顾高校毕业生，城镇间异地就业和城区城郊农业人口，统筹推进户籍制度改革和基本公共服务全覆盖。适应经济社会发展规律和自然历史文化特点，加快发展现代农业，改善农村基础设施和人居环境，提升农村基本公共服务水平。

（五）推动开放发展

拓展对外开放的广度和深度，构建全方位、宽领域、多层次的开放型经济新格局，以大开放促大发展。

以重点产业、重点区域、重要客商为主线，整合资源，创新方式，推动产业招商、专业招商、资本招商、资源招商，提升招商实效。立足武定主导产业和优势产业，围绕特色农业、生物医药、文化旅游等产业基地和特色产业集群建设，谋划重点对外招商项目。

积极参与区域分工合作。通过主动融入滇中城市经济圈、长江经济带等区域经济建设，加强与周边县市在基础设施建设、产业建设、生态保护等方面的合作，实现互利共赢。重点加强与国内区域间和省内周边地区的产业承接和对接，积极开展在产业转移、融合创新、市场开放、平台搭建、信息共享、要素聚集等方面的战略协作。积极引导县内在产业链、价值链和供应链上有相对或绝对优势的企业，积极引进人才、技术、项目，以优质资源参与国内外区域合作和产业协作，以区域分工合作带动和倒逼产业转型升级和县域对外开放水平提升。抓住国内外产业转移的有利时机，积极承接产业转移，大力引进一批外向型企业，特别是产业链条长、出口带动能力强、具有战略性投资的大型项目，发展壮大外贸出口企业群体。

第二章

政治结构与政治发展

第一节　民主建政与行政沿革

一　武定彝族传统政治权力格局

中华人民共和国成立前，传统的封建领主制和封建地主制是武定彝族社会政治权力的主要格局，同时，奴隶制的残余形态仍还普遍存在。大体上，山区和边远地区为领主制经济社会，为土官统治，代表封建领主阶级的利益；坝区为封建地主经济社会，为流官统治，代表封建地主阶级的利益。武定彝族的奴隶制、封建领主制、封建地主制，三种社会政治形态的过渡与共存时间漫长，属于一种发展进程中的过渡性社会政治形态，这在彝族政治社会发展史上具有典型的意义。

彝族先民罗婺部落在南诏后期逐渐强盛，成为“三十七蛮部之首”，势力范围扩大到今天的武定、禄劝和元谋等地的大部分地区。南宋孝宗淳熙年间（1174—1189 年），其先贤阿而能服其众，被大理段氏推举为罗婺部长，武定周围大片彝土一直为罗婺部管辖；元朝时，罗婺部酋长矣格被封为罗婺万户侯，实行酋长统治。明朝弘治三年（1490 年），武定世袭土知州阿英被皇帝赐姓凤，凤氏土司势力强大。明朝中叶起，为加强中央王朝权力，在彝族地区实行“改土归流”，裁革大批彝族土官，改设由中央政府委任的地方官员（称“流官”）来进行统治，史称“改土归流”。凤氏土司对明朝中央政治的政策进行了反抗，遭到朝廷武力平息，土司凤思尧降授武定府经历，以承其嗣，不久也被革除，凤氏土司势力受到沉重打击。同时，明朝采用“剿抚”办法推行“改土归流”政策，任命凤氏家族的凤拔为和曲州土舍，凤拔子者峨袭土职，为和曲州土官，清初改为那氏，其势力虽难与凤氏相比，但在当地彝族中仍有较大影响。凤氏土司和那氏土司是武定彝族土司制发展的前后两个阶段，二者有着密切的联系。

武定彝族地区在宋、元时期进入封建领主制社会，明、清时期封建领主制已居于主导地位。武定彝族领主制度是乌蒙地区封建领主土司制的典型代表，领主拥有自己的领地，养有家奴。家奴被视为土司家里的财产，为土司耕种领地，服从其他各类差役。土司承认中央王朝统治，除承担一定负担外，在政治、经济、军事、司法等方面有一定的独立性。土司职位的继承人是从命妻[①]中选取，由土司指定，报官府批准，若命妻无子，有的则过继土目子弟为子。土司的立授、承袭和废除，既受到中央王朝为加强对该地区统治的需要，又受到彝族社会发展状况的限制。土司职衔曾袭云南布政司参政（从三品）、土官知府，或被革职后降为武定府经历、土舍、照土舍管事、从“二品执”等。土司作为清政府在彝族地区的代理人，头人，世袭土职，主要职责是替官府征纳钱粮，巡捕匪盗，维护地方治安。土司在政治上有一套严格的统治机构和工具，有土司衙门、监牢、刑具等；设有马司、撮司、管家、师爷等官吏。下设头目，包括曼士，是代土司收管各种租谷的总头目；团头，按村寨编为八个团，每个团设有一个团头，为片村内的行政长官；从士，团头下面各村的小村官，其职为催交租谷；卡士，从士副手，村内行政事务方面的村官；教官，即土司卫士的总头目，是土司宫内卫士的教练。土司另有朝廷要求的“奉调助剿”之责，保留土目、土练，遇战事供官府调遣。土目、土练系贫乏农民，他们常因战事在春耕时节无法回乡耕种，更加重了他们的负担。“奉调助剿”使土司疲于奔命，也不断加重了彝民的负担，那氏、李氏土司时期，彝族社会正处于封建领主制濒临崩溃，封建地主势力迅速壮大的发展阶段。

中央集权统治推行的“改土归流”措施破坏了领主制，这为汉文化进入和地主经济的发展创造了条件。加之武定彝族土司的土地使用权可以典当、买卖，土地就逐渐集中到少数人手中，土地的集中便形成地主、富农。新形成的地主、富农采取“分租制”的形式出租田地。佃户交纳官租、田赋后余下的对半分；或按正常年景产量，合并官租、田赋定下租额，丰年不加、灾年不减，租额占正常年景产量的70%左右。这样一种分租形式，使财富集中在地主、富农手中，形成了封建地主阶级。由此，

① 命妻指的是土司娶的第一任妻子。

武定彝族民众受到封建领主和封建地主的双重压迫和剥削。

武定彝族传统的政治权力变化，表现为与中央王朝的权力关系上。元朝以前，彝族先民政治体系的独立性较强，中央王朝承认并保障其独立性；元朝以后，在形式上逐步削弱了彝族先民政治权力的独立性，“改土归流”政策推行至清朝雍正年间，已逐步在形式上取消了滇东北彝族土司的统治。但武定、禄劝彝族地区直到中华人民共和国成立前，一些凭借政治权势的土司、土目统治的山区，仍残存着封建领主制。中华人民共和国成立时，武定茂连（今万德）那土司和环州李土司，占有全县近30%的土地面积，实际管辖148村，约860平方千米土地，辖区内全部土地包括林地、荒山、宅基、坟山均为土司所有。余下的70%被封建地主、富农阶级占去其中的54%，贫苦农民多为佃农，除交纳租金外还要交纳从土司衙门到各村户层层头目加收的各种赋税。①

武定彝族贫苦农民在封建领主、地主和上层富农的剥削下，又要遭受国民党政府的派款和苛捐杂税的经济掠夺和政治压迫。民国时期，中央政府推行“设流不改土”政策，准许土司制度继续存在，至1931年，蒙藏委员会规定西南土司不再补官袭职，并在土司统治地方先后设置弹压委员和设治局，为建立县、乡、保甲制度做准备。武定有彝族人口50100人（据民国35年《分布册》记载），设直隶州，1934—1935年，国民党政府在武定推行保甲制度，委派土官、土目担任区长、乡长、保长、甲长，将封建领主统治与保甲制度合二为一，政权仍受当地土司掌控。同时，武定彝族长期处于封建领主的专制统治之下，汉化程度较高，国民党统治时期，地主和乡绅权力是武定彝族社会的主要权力形态，地主、乡绅代行政府的正式职能，征收赋税且对乡村社会进行控制。

二　武定彝族地区民主改革和政治的结构性重组

解放战争时期，1949年6月23日，中国人民解放军滇桂黔边纵队第三支队（以下简称三支队）二十五团在团长张天祥、代政委王健带领下从禄劝县茂山乡进入武定开辟新区，解放了插甸镇，建立了第一个基层人民政权——插甸镇人民解放委员会。同年7月初，云南省工委决定成立中共滇北地方工作团，以统一领导安宁、富民、禄丰、罗次、盐兴、禄劝、

① 张开培：《历史性变革》，载《武定文史资料》（第三辑），中国人民政治协商会议云南省武定县委员会编，2005年1月。

广通、武定8个县的工作，并组建禄武工作队下到农村开展“三征”“减租减息”运动，充实和改造各乡（镇）基层政权，组建游击武装队伍，9月又成立了中共滇北地方委员会（简称滇北地委），统一领导滇北地区工作，加强基层政权建设。历时3个月，除近城镇、九厂镇、西华乡、启明乡、凌云乡5个乡（镇）外，各乡（镇）基本建成了人民的乡村两级政权。1949年12月14日，国民党武定县县长李永珍随卢汉起义，中共武定县工委在边纵游击队的配合下接管了国民党武定县政权，成立了武定县临时军政委员会，武定县全境解放。

武定解放后，1950年1月19日，滇北地委撤销武定县临时军政委员会，建立了近城、启明、凌云、西华、九厂5个乡（镇）行政委员会，将同原14个乡（镇）领导开展建政工作和反霸斗争。同年3月9日，“西南服务团”的部分干部到达武定，与武定地方干部会师并成立了中共武定地委、武定专员分署、武定军分区，相继开展征粮剿匪、清匪反霸、减租退押、民主建政等工作。6月8日，武定县人民政府正式成立，负责建党、建政和恢复发展国民经济的历史重任。至此，武定彝族人民获得解放，进入民主改革时期。

（一）武定地区的民主改革

中华人民共和国成立后即开启了恢复国民经济，在城市和农村进行民主改革。武定民主改革分为两步：第一步是土地改革，废除落后的剥削制度；第二步是社会主义改革，各民族过渡到社会主义阶段。

中共云南省委根据不同实际情况制定了分类土地改革（以下简称土改）政策，分为：在内地坝区和低山区民族聚居区采用与汉族相同的土改政策；在内地与边疆之间的民族地区采取比较温和的“缓冲区土改办法”，获得社会民众同情的方式；在民族杂居的高寒山区采用由本民族农民群众斗争本民族地主的方式；在边疆民族地区采用自上而下与民族上层和平协商和自下而上层层发动群众的土改方式等类型。中共武定地委指示少数民族聚居区土地改革必须慎重，选派能坚决执行党的民族政策的干部去工作。1950年1月起，武定县政府根据实际分期分批进行土改，先在九厂、姚铭厂、吴溪厂三个小乡进行土改试点取得成功后，开始在坝区土改和城市民主改革。环州、万德等山区彝族农民还生活在封建领主土司残余的统治下，土改工作难度大，6月中旬，武定组建了山区土改工作队对28个点展开土改工作。工作队深入群众，发动群众，大大地增强了贫苦农民要求土地改革的决心。土地改革中，废除了封建领主、地主的官租、地租、杂派、高利贷等封建剥削和各种封建特权；没收土司、地主的土地房屋，征收富农的出租土地，将土地分配给无地少地的农民，部分财物调到贫困山区救济贫困户。至1952年10月，武定土改工作基本结束。1953年2月，武定县土改工作组在凉山乡发动群众，进行和平协商土地改革，环江区凉山乡是彝族居住区，其土地改革采取特殊政策，即土地改革执行边疆民族地区缓冲政策，对民族上层实行宽大处理；对地主阶级，只没收土地，不没收浮财；分配土地时，体现照顾，对地主比内地其他地方适当放宽；各民族斗地主时，以本民族为主等，凉山土地改革结束后，成立凉山民族自治乡人民政府。至此，武定县顺利完成了土地改革，土地改革的完成为社会主义改革奠定了基础。

土地改革结束后，中国共产党中央委员会提出了党在这个过渡时期的总路线，即："党在这个过渡时期的总路线和总任务，是在一个相当长的时期内，逐步实现国家的社会主义工业化，并逐步实现国家对农业、手工业和资本主义工商业的社会主义改造。"① 要逐步实现对整个农业的社会主义改造，即实行合作化，使农村人民共同富裕起来。1953年11月15日，武定县委在县城召开了全县互助合作代表会议，之后在姚铭乡新庄村及西和乡永吉村试办初级农业生产合作社，经县委批准后，1954年1月13日，武定县第一个农业生产初级合作社在新庄村诞生了，即幸福合作社，农民有"入社自愿，退社自由"的权利，农民入社的土地为私有，评产入社按股分红。合作社贯彻"民主办社、勤俭办社"的方针，计划、劳动、财务、物资管理和分配由合作社管理委员会提出方案，经社员代表大会讨论修改，实行民主监督执行。合作社的组织机构由社长、副社长、财经委员兼会计、妇女委员、保管员、管理委员会等组成，组织机构的成员由全体社员选举产生。初级社在彝区的创办，使生产普遍获得丰收。收益的分配实行独立核算、独立分配，一年的全部收入，先去除税金、提留和生产成本外，按土地和劳动力、出工情况进行分配。

1955年底，毛泽东《关于农业合作化问题》在全县互助合作会议上传达后，全县掀起了合作化建设高潮，一面建社、一面并社，至1956年1月，全县组建和合并共302个合作社，占总农户的80%。同时，开始办

① 《毛泽东选集》第五卷，人民出版社1977年4月第1版，第89页。

高级社，县委决定把一区16个办得较好的初级合作社转为高级社。一般以乡为单位建立，村落分散的可办2—3个社，社以下分生产队和作业小组。高级社成立社管会，设主任、副主任和总会计，生产队和作业小组是基层生产组织，由队委会和小组长负责组织社员完成下达的任务。至冬，全县302个初级合作社并为169个高级社，入社农户占总农户的99.8%，全县实现了全社会主义性质的合作化，在农村确立了以生产资料公有制为基础的社会主义经济体制，标志着农村社会主义革命胜利完成，彝族人民跨越进入了社会主义社会。

（二）政治权力的结构性重组

土地改革按经济地位对彝族人民的身份进行了重新界定，彝族传统的等级制度受到国家权力的冲击，农村阶级阵线已明朗，彝族群众得到进一步发动，分得土地的农民喜气洋洋，情绪高涨，并涌现了一批经过锻炼的骨干，为基层政权建设创造了条件。经过不断的探索和改革，武定县完成了政治结构性重组。

首先是武定民主政权机构的建立。1950年1月，先成立了武定县临时人民政府，管辖全县5区和19个乡镇；继而，又成立了中共武定地委、武定专员公署，地委书记是梁家、副书记兼组织部长为李天柱，并成立了秘书处、组织部、宣传部、政策调查研究组、社会部5个工作机构。年内又先后成立了纪律检查委员会、统一战线工作部、青年工作委员会3个工作机构。中共武定地委认真贯彻党中央“团结第一、工作第二”的方针，派出一批南下干部和部队干部充实和健全各县县委、县人民政府领导班子。4月，武定地委调整武定县工委班子，并宣布成立武定县人民政府，由耿耀岳（王健）任书记，罗仲瑜任副书记兼组织部长。接着，县工委派出5个区的主要干部，开始建立新机构的工作，5月上旬，中共武定县工委派出工作组开展设区建乡工作，撤销19个乡（镇）行政委员会，改为19个乡（镇）公所，设立5个区公所管辖19乡镇。至6月8日，武定县人民政府正式成立，县长陆介福，副县长窦维均、罗仲瑜。县政府先后设立了秘书室、人事室、民政科、财政科、建设科、文教科、县粮库、县公安局、人民法院、人民法庭、人民医院、县人民武装部等机构，武定县人民政权得以建立，实现了民主建政与重组。

其次是武定农村基层政权组织建立并逐渐巩固。1950年12月，政务院决定在农会的基础上设立村政权组织，颁布了《乡（行政村）人民代表会议组织通则》和《乡（行政村）人民政府组织通则》，武定县彝族在发展民主、酝酿推荐的基础上，召开以贫雇农主席团为核心的农民代表会，选举产生乡长、副乡长、乡文书，正式挂牌成立乡人民政府，乡人民政府直接领导各村经过充实整顿后的农会，开展各项正常工作。这一时期的政权调整，通过建立乡村政权，整体更替了彝族乡村社会的精英，武定彝族依靠乡镇这个单一权力中心进行维持和协调，实现了政治结构的全面性重组。

基层政权的建立必然实现对政治权力关系的重新建构。武定从中华人民共和国成立初期的土地改革、临时互助组、常年互助组，实行初级合作社到高级合作社，至1958年10月在全县全面实行人民公社制度。人民公社实行"三级（公社、生产大队、生产队）所有、队为基础"的农村制度安排和组织形式。在人民公社体制下，国家权力中心不断通过农村集体经济生活的固定化和集权化，特别是"政社合一"的农村基层政权组织模式，用经济合作组织取代了政权组织职能，将所有权力都集中于公社，这使武定彝族农村政治政构发生了彻底改变，武定彝族的政治权力关系，由原先的领主、家支血缘关系逐渐过渡到国家政治权力与农民的关系，实现了对彝族政治关系的全面整合。[①]

三　武定地区行政沿革

武定彝族是世居土著民族，繁衍生息数千年。始于罗婺部统治，元宪宗七年（1257年）为罗婺万户府，元至元八年（1271年）并仁德（今寻甸一带）、于矢（今贵州西部盘县、普安一带）二部入罗婺部，更置为北路，设北站总管，至元十三年（1276年）为武定路；明改武定军民府；清乾隆三十年（1765年）裁军民府为武定府，三十五年（1770年）降武定府为直隶州，辖元谋、禄劝二县，1913年更名为武定县。武定历经元、明、清、民国时期的中央权力与彝族土司权力的博弈斗争，其辖区包括禄劝、元谋、武定和四川会理一部分地区，乃至贵州西部的普安地区，不断变迁缩小。云南省人民政府成立后，根据国家有关法令，对民国时期云南

① 上述内容参考资料：中共武定县委党史征集研究室编：《罗婺故土上的曙光：中共武定县党史资料第一辑（1927.5—1950.6）》，楚文新（99）准印字18号，1999年第一次印刷；中共武定县委党史研究室编：《中国共产党武定县历史大事记》（1950—2000年），云南美术出版社2009年5月第1版。

的行政区划进行了改建和调整，废除行政督察区，改设专区。1950 年全省划分为 12 个专区，武定专区为其中之一，辖昆明、元谋、武定、安宁、罗次、禄劝、富民 7 个县，1953 年武定专区与楚雄专区合并，改属楚雄专区，1958 年楚雄彝族自治州成立以后，武定直隶州改为武定县隶属楚雄彝族自治州至今。

1953 年 4 月，中共中央西南局批准将中共武定地方委员会、武定专员公署与中共楚雄地方委员会、楚雄专员公署合并为中共楚雄地方委员会、楚雄专员公署。1955 年 11 月，楚雄专员公署文件批准，将武定五区、七区、八区一部分划属元谋县，将一区一部分划属富民县。1956 年 8 月，又将划属富民县的小甸乡重新划属武定县。10 月，元谋县合并入武定县，元谋县的红旗人民公社、先锋人民公社、金江人民公社合并为武定县红旗人民公社、先锋人民公社、金江人民公社。1959 年 11 月，恢复元谋县建制，设元谋县政会，元马、苴林、江边人民公社归属元谋县。

“文革”时期，以公社制为基本单元，进一步对武定、元谋、禄劝 3 县的行政管辖区进行了调整。1966 年 10 月，羊街区的甘泉、平地、己波龙、花同、平安、高姑、木溪 7 个公社面积 282. 8 平方千米正式划归元谋县管辖。1961 年 5 月，武定县猫街区 20 个自然村面积 87 平方千米划归禄丰县管辖。1967 年 10 月，禄劝县新民公社的新民、志力新村、长田、以进干、鲁布古、大地 6 个生产队面积 18 平方千米划属武定县万德区；同年 11 月，万德区多立公社的哪咪、多立、背达咪、鲁嘎、老过、七多黑、山脚、老坝 8 个生产队面积 44 平方千米划属禄劝县管辖。

1950 年 1 月，中共滇北地委决定成立武定县临时人民政府，全县划为 5 个区，含近城、九厂、插甸、高桥、枳旧等 8 镇和启明、西华、永兴等 11 乡。建立了近城、启明、凌云、西华、九厂 5 个乡（镇）行政委员会，将原 14 个乡（镇）解放委员会改为行政委员会。4 月，武定地委调整武定县工委班子，县工委派出工作组开展设区建乡工作，即撤销 19 个乡（镇）行政委员会，改为 19 个乡（镇）公所；设立 5 个区公所，即近城、插甸、高桥、汤郎（后改为猫街区）、环江（环江和江边），下辖 19 个乡（镇）公所。至 12 月，开展划定小乡工作，区划调整为 5 个区管辖 59 个小乡，无镇的编制。1952 年 5 月，武定县进一步调整区乡规模，调整为 5 个区 140 个乡，11 月改设为近城、插甸、高桥、猫街、江边、万德、环州、羊街 8 个区，至此，武定乡镇规模基本确定。

1956年，遵照中央《关于农村建立人民公社问题的决议》，全县撤销区乡，合并高级农业生产合作社，实现人民公社化，建立7个政社合一的人民公社。7个人民公社管辖159个管理区及近城镇民委会1个居委会。至1958年，实行撤区并乡，撤销近城、插甸、高桥、猫街4个区公所，保留万德、环州、甘泉3个区公所，年底全县实现了人民公社化。1967年恢复为近城区、插甸区、田心区、高桥区、白路区、猫街区、万德区、环州区8个区，管辖85个公社及近城镇居委会；1972年，调整成为14个社（镇）298个大队，其中：以大队为核算单位的167个，以生产队为核算单位的125个，公社农、林、牧场6个。

1981年2月，撤销武定县革命委员会并恢复成立武定县人民政府，开启了县体制改革。1983年全县设有近城镇，近城、九厂、插甸、田心、发窝、己衣、万德、高桥、猫街、环州、白路、尼嘎古、东坡共13个公社，辖143个大队及3个居委会。根据中央和中共云南省委关于农村体制改革和社队机构改革的指示精神，废除人民公社体制，设立区乡体制，以人民公社的地理范围设立区、以生产大队的地理范围设立乡（称为“小乡制”）。1984年，农村体制改革，撤销人民公社及生产大队，建立区乡，将14个社（镇）改为14个区（镇），将大队改为乡或办事处。改革后，武定县划分为1镇13区，管辖6个区属镇、120个乡和4个办事处。

1987年推行第二次区乡体制改革，撤销区和小乡制，建立大乡、镇政权体制，“小乡制”改为村公所。武定将近城区、近城镇合并为近城镇。1988年4月，进一步调整农村区乡规模，将全县12区1镇130个乡（办事处）调整为3镇10乡，辖33个办事处79个村公所。

2000年全国改革村级体制、实行村民自治，改革村公所（办事处）辖区设立村民委员会，以合作社或自然村设立村民小组。乡村政治结构的调整是武定地区政治体制改革的重要内容。武定县改革基层行政体制，建设了区乡制和开启“村改委”和“村改居”工作，村公所（办事处）改建为村民委员会，原以生产合作社或自然村设立的村民委员会改建为村民小组。同年10月底，武定县村级体制改革结束，全县辖3镇10乡、128个村民委员会、1543个村民小组、1915个自然村。“村改委”是村级体制改革的重要途径，实行民主选举和村民自治。依照《村民委员会组织法》和《村民委员会选举法》的规定实行村民自治，由村民直接选举产生村民委员会；村民进行自我管理、自我教育和自我服务，由村民处理自己的内部事务，接受基层人民政府的指导，不受基层政府等其他组织的干涉。

“村改委”的成功为“村改居”工作奠定了基础，2002年4月，武定开展社区建设工作。同年8月17日成立了“武定县社区建设领导小组”，将近城镇原城区的村民委员会划分改建为中马、西门、南街、北街4个社区，并于11月底完成了社区的民主选举和组织建设工作。全县建立3镇10乡127个村民委员会，4个社区居民委员会、1578个村民小组。2004年3月，田心乡发块村民委员会与鸡街子村民委员会合并为鸡街子村民委员会。2005年，根据中共楚雄州委、州人民政府“积极稳妥开展适度撤并乡镇工作”指示精神，全县开展适度撤并乡镇工作，撤销九厂乡并入近城镇，组建狮山镇；撤销石腊它苗族乡并入高桥镇，原13个乡（镇）减为11个。经过不断调整，至2012年，武定县辖11个乡镇，即狮山、高桥、猫街3镇，插甸、田心、发窝、万德、己衣、白路、环州7个乡和东坡傣族乡，133个村（居）民委员会，1570个村（居）民小组。[①] 2014年4月，撤销插甸乡，设立插甸镇；撤销白路乡，设立白路镇；撤销己衣乡，设立己衣镇；撤销万德乡，设立万德镇。调整后，全县辖7个镇、4个乡（其中1个民族乡）。至2015年，经再次调整全县辖3镇10乡、126个村民委员会、4个居民委员会、1571个村民小组。[②] 其间经过不断调整乡镇建制，截至2018年底，全县辖7镇3乡1民族乡共11个乡（镇）、133个村民（社区居民）委员会、1572个村民（社区居民）小组。至此，武定基层政权体制改革基本完成，“村改居”是新时期推动城县发展的重要路径和建设城乡的一项重要内容，“村改居”工作进一步理顺了城县管理体制，落实属地管理制度，增强居民的城县意识，推进城县基层民主政治建设。武定经过不断调整完善乡村政治结构，适应新形势下政治发展的需要，城乡居民的政治参与意识不断提高，推动了武定基层民主政治建设的发展。

四　武定彝族聚居乡镇的建立和沿革[③]

民国35年（1946年）的《分布册》统计，武定全县有彝族50100

① 中共武定县委党史研究室编：《中国共产党武定县历史大事记》（1950—2000年），云南美术出版社2009年5月第1版；中共武定县委办公室、中共武定县委党史征集研究室：《中共武定县委年鉴》（2013），第108页。

② “武定信息网‘武定县情’”，http：//www. wuding. gov. cn/。

③ 本节所采用数据源于武定县人民政府网，http：//www. ynwd. gov. cn/inderjsp。

人，占全县人口的55.41%，主要分布在近城、九厂、猫街、高桥、插甸、已衣、东坡、田心。据20世纪50年代初的调查，武定一区的凌云、启明、石板沟、麻地、冷板桥、杨柳河、麦地冲、九厂，二区的插甸、后山、茂莲、莲溪、西华、六器、叠汗斗斗，三区的高桥、永兴、树己、枳旧，四区的勒品、汤郎、隆庆，五区环江的环粉、戛莫、拉卓、拿直、芭市则、松树林等均分布有彝族的不同支系。① 武定解放后，彝族主要聚居在狮山、猫街、插甸、发窝、白路、环州、万德和己衣等乡镇。

狮山镇：位于武定县境东部狮子山东麓，东接富民县，北连禄劝县，南与禄丰县接壤，西与高桥、插甸、猫街3镇相邻，总面积407平方千米。境内居住着彝、傈僳、苗、汉、回等19个民族。2018年末总人口85979人，其中少数民族人口29889人，占总人口的34.76%。2010年末，彝族人口18500人，占总人口的22.64%，主要聚居在羊旧关、山居下村、杨柳河、马豆村等自然村。

狮山镇因坐落在雄奇秀丽的狮子山脚下而得名，其行政区域包括原九厂乡和近城镇。2005年撤销九厂乡并入近城镇，并将行政区划调整后的近城镇更名为狮山镇。据史料记载，在明、清以来一直是府、州、专区驻地，元、明为武定府治，清代武定直隶州治所，1934年设近城镇，1940年废区，1953年升为县辖镇，1954年又降为第1区辖，1958年撤区设为中心乡，次年改成近城公社，1963年恢复镇建制，1967年恢复为近城区，1971年复置镇，分辖近城公社和九厂公社。1987年近城区、近城镇合并为近城镇，2005年并乡后新组建为狮山镇，为县人民政府驻地，全县政治、经济、文化中心。至2018年全镇辖7个社区居民委员会和21个村民委员会，292个村民小组。

高桥镇：位于武定县西北部，东接狮山镇，西交白路，南连猫街，北接东坡、插甸，全镇占地面积404.6平方千米，国土面积422平方千米，境内住有汉、彝、苗、哈尼、傈僳等12个民族。2018年末，全镇总人口36549人，其中少数民族人口22470人，占总人口的61.5%。2010年彝族人口15002人，占总人口的41.07%，主要聚集在旧衣干、新衣干、羊干石、格章拉、山南、新村、赊甸村、七棵树、白米甸等自然村。

沿清制，民国元年（1912年）为武定高桥境，1923年为高桥区，设

① 云南省编辑组：《中央访问团第二团云南民族情况汇集》（下），云南民族出版社1986年11月第1版，第8页。

团保事务分所，驻新龙街及积旧井，1930 年国民党推行自治，高桥为第 3 区；1940 年为编组保甲，废区扩大乡、镇，高桥设为镇属第 3 区。武定县临时政府成立后，全县划为 5 个区，高桥建立行政委员会，1950 年 7 月建立高桥区公所，1951 年 7 月复为区辖 9 乡，1958 年撤区为乡，1961 年设高桥区辖 5 社，1969 年改为高桥公社。1984 年，建立高桥区，2000 年撤区设乡镇，高桥设为镇，2005 年撤销石腊它苗族乡并入高桥镇。至 2018 年底，辖高桥、海子、花桥、老滔、大村、石腊它、树沟、庄良等 17 个村委会，212 个村民小组。

猫街镇：位于县境南部，地处金沙江在武定县境内的最大支流勐果河上游，东邻狮山镇，南邻禄丰县中村乡，西接元谋县羊街镇，北与高桥镇、白路乡毗邻，东西最大跨度 36.8 千米，南北最长纵横线 40.1 千米，国土面积 477 平方千米，是武定县占地面积最大的乡镇。境内居住有彝、汉、回、苗、傈僳、白等 9 个民族。2018 年底，全镇总人口 26590 人，其中少数民族人口 18986 人，占总人口的 71.53%。2010 年末彝族人口 14902 人，占总人口的 55.35%，主要分布在小汤郎四组、凹子、宜嘎古、黄栗树、五柞甸上、五柞甸下、阿未俄上、阿未俄中、后作、则栽俄、啊卓卡、保加、果加、田心、大村等自然村。

清代为较大的集镇，逢虎日赶集，故名虎街，清道光年间改称猫街。民国 12 年（1923 年）武定行政区域 6 境 3 乡，分为 9 区，猫街为第 6 区驻地。1950 年全县开展设区建乡工作，划为 5 个区，设汤郎（后改为猫街区），1958 年 3 月设为猫街中心乡、10 月改设猫街公社。1961 年划出猫街公社的白草坪、河底、大鲁支、大小三家村等 20 村 87 平方千米划归禄丰县，1966 年升为辖公社的区，1969 年改区为公社，1984 年建立猫街区，辖猫街镇 1 镇 14 个乡，1988 年全县村级体制改革，改为猫街镇，辖 15 个村民委员会。至 2018 年，全镇辖 15 个村民委员会、160 个村民小组。

万德镇：地处金沙江畔，位于武定县城北部，东接发窝乡，南邻东坡傣族乡，北连己衣乡，西与四川会理县隔江相望。国土面积 241 平方千米。镇政府驻地为万德村。境内居住有汉、彝、苗、傈僳、傣等 11 个民族，2018 年末总人口 15736 人，其中少数民族人口 8358 人，占总人口的 54.9%；2010 年末彝族 4334 人，占总人口的 27.51%，主要分布在以潘德、召不苛、发土卧、牛多、万德、长坝塘、尼拉格、大平地等自然村。

万德系彝语“放猪的坝子”，万德是曾经威震一方的那氏土司府所在地，是武定历史上著名的罗婺土司最后驻地，万德土司遗址位于万德乡境内。清咸丰年间设茂连乡，1923 年改设区，1940 年改设乡，1958 年改为万德公社辖 31 个管理区，1961 年复为区辖 6 个社。1966 年 11 月划出多立公社的哪咪、多立、背达咪、鲁嘎、老过、七多黑、山脚、老坝 8 个生产队归禄劝县。1961 年改区为公社，1984 年改为万德区，1988 年改建万德乡，2014 年撤销万德乡，设立万德镇。至 2018 年，全镇辖 8 个村民委员会 149 个村民小组。

环州乡：位于武定县境西部，东邻东坡傣族乡，南邻白路乡和田心乡，西北与元谋县黄瓜园镇和江边乡接壤，北邻金沙江大峡谷。全乡总面积 226 平方千米。境内居住有彝、傈僳、苗、傣、汉、满 6 个民族，是一个典型的少数民族乡。2018 年全乡总人口 11008 人，其中少数民族 8641 人，占人口总数的 78%，其中彝族 1698 人，占人口总数的 15%，主要聚居在环州村、咨车大村、故天云、移山队等自然村。

环州系彝语，意为“封闭的岩洞”，也是彝族罗婺部与华竹部的接合部。乡政府所在地环州村是武定最大的彝族村，是个有着千余年历史，384 年土司历史文化的古寨，曾是环州李氏土司第三代至第十六代的衙署所在地，李氏土司筑于明朝嘉靖年间的古营盘城堡以及有镌刻于明嘉靖和清康熙年间的许多汉、彝文崖刻等遗址。咨车大村曾是历史上第二代土司安尔的衙门所在地，因而都蕴藏着丰富的彝族文化和土司历史文化。1940 年为环江镇，1950 年为武定第五区（环江区），1953 年为环州区，1958 年为环州公社，1984 年复改环州区，1988 年设乡。全乡辖环州、五谷箐、乔山、大雪坡、千则古、滔谷、拉务、他贞 8 个村民委员会 78 个村民小组。

插甸镇：位于县境中部偏东，东接禄劝县茂山乡、云龙乡，南抵狮山镇，西起高桥镇，北与田心乡、发窝乡接壤，总面积 351 平方千米。境内是以汉、彝、苗、傈僳、哈尼为主的少数民族聚居地。2018 年末，全乡总人口 24187 人，其中少数民族人口 14564 人，占 60.21%，彝族 6624 人，占总人口的 27.4%，主要分布在扯依咋、嘎纳村、上乐美等自然村。

插甸系彝语，义为产稻坝，属罗婺部居住地上的一个驿站。清为插甸境，民国时期间改设区，1940 年设镇，隶属武定县。1949 年 6 月中共领导下的滇桂黔边纵曾设插甸解放委员会，1950 年改为武定县第二区，1951 年称插甸区，1959 年建插甸公社，1961 年复改区；1972 年调整社，1988 年改插甸乡，2014 年 4 月撤销插甸乡，设立插甸镇。全乡辖插甸、安德、古普、哪吐、增益、和尚庄、老木坝、康照、水城、上沾良、安拉、乐茂河12个村委会，127个自然村，142个村民小组。

发窝乡：地处武定县中北部，东邻禄劝县云龙乡，南接插甸镇、田心乡，西接东坡乡，北接己衣乡、万德乡，国土面积284平方千米。境内居住着彝、苗、傈僳、汉等9个民族。至2018年末总人口14395人，其中少数民族人口10674人，占总人口的75%；2010年末彝族5195人，占总人口的35.85%，聚居在花园村、它亨一组、它亨二组、下糯作、乍基、中梁子、左梁子、小发窝、阿过咪村、咪南古旧村等自然村。发窝乡有着浓厚的民族文化，是打造“民族文化之乡”的天然宝库，2010年7月被楚雄州民族事务委员会评为“州级民族团结示范乡”。

清代时属茂连乡，那氏土司辖地，反土司斗争后加入插甸境。1940年改建为永兴乡，1949年改建发窝乡解放委员会，1950年划归武定县第二区，1962年划归田心区辖，1973年增设发窝、尼嘎古两公社，辖125个大队及1个居委会，1984年农村体制改革，撤销人民公社及生产大队，建立区乡，发窝区驻发窝乡，辖11个乡，1988年改建为乡。至2018年底，全乡辖山品、自期、发窝、大西邑、阿庆争、中村等11个村民委员会，124个村民小组。

己衣镇：位于武定县境北部，地处两省三县交界的金沙江畔，东连禄劝县汤郎乡，南接万德乡、发窝乡、西北隔金沙江与四川省会理县相望。国土面积219.65平方千米。境内居住有汉、彝、傣、苗、傈僳5个民族。至2018年末，全镇总人口15918人，其中少数民族人口8584人，占总人口的53.93%；彝族4112人，占总人口的25.8%。己衣系彝语“訾姓居住的地方”，原为那氏土司辖地，清代属茂连乡，1950年属万德区，1958年改为万德公社，1971年分建己衣增设为公社，1984年建立己衣区，辖己衣、新民、罗能、板桥、汤德古、平山、分耐、资亨乡、更德乡9个乡，1988年更为己衣乡，2014年设立己衣镇。2018年，全镇辖己衣、新民、罗能、更德等9个村民委员会、133个村民小组。

第二节　政治制度的建立与发展

一　党组织的建设与发展

武定的党组织建设较早，1927年5月，中国共产党云南省特别委员会派党员到武定开展革命工作，发展党员，成立了楚雄地区第一个党支部——中共武定特别支部（简称特支），开展地下革命活动。1928 年 10 月，由于云南反动政府贯彻国民党的“清党”政策，中共武定特别支部遭到破坏，党员全部牺牲。中共武定特别支部是楚雄彝族自治州建立的最早的党支部，武定县是楚雄州最早开展地下革命活动的地方。①

直至解放战争时期，1949 年 6 月，中国人民解放军滇桂黔边纵队第三支部二十五团从禄劝县茂山乡进入武定开辟新区，解放了插甸镇，建立了第一个基层人民政权——插甸镇人民解放委员会。二十五团在武定活动的 6 月至 7 月间，广泛宣传党的方针政策，建立游击根据地。同年 7 月，中共滇北地方工作团成立，并组建了禄武工作队，先后派出 100 余名共产党员、民主青年同盟和进步青年组成的工作干部到达禄武新区开展工作。1949 年 9 月 1 日，成立了禄武禄罗游击大队特别支部，加强政治思想工作，9 月中旬，中共滇北地方委员会成立，统一领导滇北地区工作，9 月中旬，成立了中共武定县工作委员会领导武定地方工作和加强基层政权建设，武定党组织在基层政权建设中得到较好的发展，只有个别地区还没有建立党的组织。②

武定全境解放后，1950 年全县党支部包括县工委机关支部和县人民政府机关支部共 2 个支部，21 名党员，其中少数民族党员 2 名。1952 年，第一批土改结束后，县工委开始在第一区（近城区）发展党员、建立党的基层组织。农村建党工作与土改复查工作紧密结合，中共武定地委组织工作组在三区（今高桥镇）、大田心（今老滔）、勒外、松子园、窝堵做试点工作，然后全县铺开。至 1952 年底，近城区各乡（镇）相继建立党支部 16 个，其中机关支部 9 个，农业支部 7 个。党员增加到 119 名，其中农业 73 名，机关 46 名。

从 1954 年开始，在互助合作基础上大力发展党员，以大队为单位建立农村党支部，生产队建立党小组，在此期间，农村党员和少数民族党员发展迅速，至 1958 年全县有党员 2708 名，其中少数民族党员 1032 名，占全县党员总数的 38.11%，短短 8 年间，少数民族党员增加了 1030 名。

① 中共武定县委党史研究室：《武定县第一批中共党史教育基地：中共武定特别支部纪念碑》，http://www.wuding.gov.cn/news/1346379527479.html，2014-02-12。

② 中共武定县委党史征集研究室编：《罗婺故土上的曙光：中共武定县党史资料第一辑（1927.5—1950.6）》，1999 年，第 4—9 页。

20 世纪 60 年代初期，武定除在农村积极分子中发展新党员外，在工人中吸收一批积极分子入党，还在商业战线发展一批党员，党员数量由 1961 年的 2439 名增加到 1965 年的 3245 名，其中少数民族党员 1666 名，占 51.34%，已超过汉族党员比例。随着党员数量的增加，1962 年 9 月至 1963 年 1 月，中共武定县委根据县级机关整编后的情况，设立县人委党组、公检法党组、财经党组、公交党组、文卫党组、农林水党组 6 个党组。

“文化大革命”期间，县委受到冲击，陷于瘫痪，县革委设党的核心小组，区委会被区革命委员会及后来的公社革命会取代。至 1971 年 3 月，建立公社党委会，同年 4 月恢复中共武定县委员会，党的组织活动才得以继续发展。特别是“四人帮”被粉碎后，重新抓党的思想建设和组织建设，1977 年全县有党员 5201 名，其中少数民族党员 2722 名，占全县党员总数的 52.34%。

中共十一届三中全会后，县委、县人民政府组织全县干部、职工开展真理标准讨论；中共十二大后，武定各级党组织加强党员的思想教育；特别是 1979 年以来，重点吸收科技、教育等战线的知识分子和各行各业的骨干加入党组织，到 1985 年全县有党员 6604 名，其中少数民族党员 3354 名，占党员总数的 50.79%，大专以上党员由 1965 年的 8 名增加到 43 名，中专由零的突破达到 146 名，高中由 22 名猛增到 360 名，党员队伍中知识分子比重大幅增加，高中以上文化程度的党员，由 6.26%上升到 8.31%。①

武定党组织建设以农村党建工作为试点，迅速发展壮大，与中共滇北地委正确指导分不开，也与党员代表大会的正确决策分不开。中共武定县第一届代表大会于 1956 年召开，选举产生了由 21 名委员组成的中共武定县第一届委员会。第五届代表大会于 1981 年召开，着重讨论如何进一步贯彻党的十一届三中全会精神。1995 年 2 月 18 日，中共武定县委第九届委员会第三次全体会议讨论通过《中国共产党武定县委员会工作条例（试行）》，该《条例》是实现县委工作制度化、规范化和科学化的基本准则，其顺利实施，促进党的组织建设进一步加强，到 2000 年末，全县共有地方党委 1 个，机关党组 8 个，基层党委 18 个，党总支 13 个，党支部 381 个，党小组 1056 个，党员 10158 名，少数民族党员 4973 名；乡镇

---

① 以上参见云南省武定县志编纂委员会编纂《武定县志》，天津人民出版社 1990 年版，第 349—353 页。

党员 8294 名。[1]

进入 21 世纪后，武定县党委高度重视党组织建设工作，把党的基层组织建设作为凝聚人心、促进团结、推动发展、维护稳定的重要基础工程来抓，全面提升党建工作整体水平。一是创新党建工作机制，建立了县委书记负总责、亲自抓，分管领导及成员单位各负其责，组织部门牵头抓总的党建工作领导机制。二是完善党建工作制度，研究制定了《关于进一步加强机关基层党建工作的意见》《关于进一步加强和改进企业党建工作的意见》《关于进一步加强农村基层党建工作的意见》；完善了《武定县各级党委（党组）抓基层党建工作责任制实施意见》，强化乡（镇）党委书记抓农村基层党建工作第一责任人的责任；建立了《武定县基层党委、部门党组落实党建工作目标责任制考核办法及细则》，完善了工作规则和议事制度，明确了成员单位工作职责，形成了在县委统一领导下，各司其职、密切配合、齐抓共管的基层党建工作新格局。三是切实推进党内民主建设，尊重党员主体地位。坚持和完善党委讨论决定重大问题、任用重要干部票决制，建立健全各党委定期向县委报告工作制度，积极探索党代表执委制；全面推行农村党员民主议事制度、村级事务民主听证质询制度和发展党员预审、公示及票决等制度，积极扩大党内民主；实行党员“首议”、党内情况通报、情况反映、重大决策征求意见、党务信息发布以及党员服务承诺、人民勤务员、乡村干部民情恳谈等制度，积极推行党务公开，努力营造党内事务的渠道，切实把尊重党员主体地位、落实党员民主权利的要求落到实处。四是抓党风党纪建设，纯洁党员队伍，制定出台了《武定县党风廉政建设责任追究制度》《武定县不合格党员处置办法（试行）》，对不合格党员提出了新要求，纯洁党员队伍；同时完善党建工作目标责任制，通过开展党建联系点的工作，驻社区在职党员“双管双带”活动以及推进村党组织书记队伍建设等基本制度的科学化和规范化，探索出了武定县党建工作的新途径、新方法，党员的先锋模范作用不断显现。

近年来，武定县坚持“围绕发展抓党建、抓好党建促发展”工作理念，实行党建工作目标管理责任制、“三级联述联评联考”制度、服务联系群众强化党建支撑；把抓投入和创新载体作为促党建求实效的重要保障。为解决基层党建活动经费不足，活动设施不配套的问题，从 2009 年

① 中共武定县委办公室、中共武定县委党史研究室编：《中共武定县委年鉴》（2001），第 108 页。

开始加大了县级财政预算额度，农村党员活动经费和党建专项经费由2008年的50万元增加到130.9万元；核定村（社区）委会办公经费为5000元，2010年增至2万元；至2014年，全县共投入党员教育培训、党代表活动、村（社区）、村（居）民小组办公经费等党建工作经费1105.14万元。探索出了“三型四有”统筹城乡基层党建工作新模式，以及具有武定特色的“五联一区全覆盖”“五入一帮聚民心”“五有一化强党建”的党建新方法。根据全国扶贫开发战略部署，武定党建工作坚持扶贫开发与基层党建“双推进”、机关联系基层和干部联系群众“双联系”活动以推动任务落实；深化为民服务平台便民功能，建立健全县、乡、村三级党群服务中心（站、点）133个，选聘为民服务平台操作员133人，形成了横向到边、纵向到底的党群联动服务体系；基层党员带领群众以创业致富贷款为抓手，发展壮大村集体经济，进一步增强基层党组织的造血功能，形成了全社会参与党建、投入党建、保障党建的良好氛围。如今，武定党组织先锋引领和党的政治功能作用得到充分发挥，党组织建设日益健全，党员培养、发展、教育和管理工作日益规范化，党员素质不断提高，党员数量日益增多，2012年末，全县有党员14546名，其中少数民族党员7191名，占党员总数的49.44%；党员的学历层次不断提高，具有大学、大专以上学历党员3324名（研究生有18名），占党员总数的22.85%。基层党组织1627个，其中基层党委12个，政府组成部门党委7家，党总支部151个，其中建制村党总支126个，社区党总支7个，1464个党支部，全面消除党员空白村。① 武定全县实现党组织和党员在所有村组的全覆盖。

党的十八大以来，党要管党、从严治党，成为新一届中央领导集体的治国理政方略之一，是当前各级党委政府开展党建工作的指导思想。武定党建工作与民族团结示范县建设相结合，注重示范带动，围绕服务型党组织建设，创新党建工作载体，在巩固提升现有党建示范点的基础上，巩固好平台、发挥好作用、培育好典型，着力培树了一批新的党建工作示范点，促进了党建示范点的辐射带动效应和党建工作全面创新。同时，结合全面从严治党要求，武定县将党员教育工作作为党建的一项基础性工作，武定

① 以上参见中共武定县委办公室、中共武定县委党史征集研究室《中共武定县委年鉴》（2009年，第103页；2010年，第233—234页；2013年，第6页）；丁艳军《武定县实打实推进基层党建工作》，云岭先锋网，2015年7月22日。

全县各级党组织紧紧围绕提高党的执政能力建设，切实抓好党员教育培训工作，特别是通过开展党的群众教育实践活动，全县党员队伍作风明显改善。立足于新时期学习型干部队伍建设的需要，制订《2015—2018年武定县党员教育培训规划》，从党员干部党性修养，党员世界观、价值观、人生观重塑等方面，根据党员的岗位、职责、身份，开展农村党组织书记培训工程、党员的创业就业技能培训工程、并建立了党员教育培训工作领导协调机制、教育管理责任制、经费保障机制等制度，切实提高了武定党员教育培训工作的科学化水平，党员队伍素质不断得到提高，吸引了一批高素质的城乡中青年加入党组织，至2016年底全县发展到22个党（工）委、154个党总支、基层党组织1778个、党员15210名，党的基层政权不断巩固。

中共云南省委将2016年确定为“基层党建推进年”。武定按照省州两级组织工作会议要求，以“书记抓、抓书记”为切入点，采取项目化、清单式落实党建工作。制定实施《关于实施“基层党建推进年”的工作方案》，全力实施强基固本、机关示范带动、社区规范化建设、“两类组织”党建覆盖、“领头雁”、管党治党、网络党建、党建品牌创建、“双推进”九大工程。

基层党建亮点凸显：一是村（社区）规范化建设试点，制订了《武定县社区党建规范化建设实施方案》，按照规范服务、规范制度、规范管理的方式，以全县7个社区和插甸镇12个村为试点，采取“县委补助一点、镇党委投入一点、社区自筹一点、向县级包保部门和驻区单位争取一点”的“四个一点”办法，整合多方力量，投入131万元，全力抓好基层党建规范化。同时，加大村级党组织活动场所建设，从2014年起每年拿出100万元专项资金，按照建设面积不少于60平方米的要求，建成一个补助2万元。目前，全县村民小组党支部党员活动场所覆盖率达70%。二是全县在加大农业专业合作社、专业协会、产业链上建立党组织的同时，注重非公经济组织和社会组织党组织的组建，目前，非公企业党组织覆盖率达到97.08%，社会组织党组织覆盖率达到100%，园区非公企业党组织达到100%，在县市场监督管理局成立“小个专”党委、在县民政局成立社会组织党委，有效补齐“两类组织”党建短板。三是“互联网+党建”行动计划，2012年开始，武定以插甸镇为试点，推进网络综合服务平台建设，2014年建成覆盖133个村（社区）的平台站点146个，整合团委、妇联、文体等到村资金，聘请 133 名平台代办员，实现了由“群众跑”向“网络跑”的转变，2016 年 8 月，插甸镇哪吐村被中共云南省委组织部确定为全省 11 个农村电商试点之一。四是罗婺党建长廊建设，武定县委安排 200 万元资金，用于建设罗婺党建长廊，各乡镇按照一乡一品牌、一村一特色的要求，从村级活动场所规范化建设入手，去除村级行政化办公，规范办事流程，亮化活动场所，添置服务设施，使活动场所的服务功能、政治功能得到提升。目前，各乡镇均已按要求开展了罗婺党建长廊建设工作，已推出狮山镇吆鹰村、猫街镇永泉村、己衣镇平山村等一批规范化建设的典型。继续深化开展“多彩罗婺，幸福武定红旗村”争创活动，评选出 33 个红旗村。五是建设标准化村民小组党支部活动室，从 2013 年开始，县财政每年拿出 100 万元，按照建成一个补助 2 万元的标准，每年推动 50 个村民小组党支部活动场所建设，到目前，全县 1230 个村民小组党支部中，已有 889 个有党员活动场所，覆盖率达 72.3%。

武定县委还结合武定少数民族众多的实际，将党建工作融入民族群众生活，如利用民族语言宣讲党建、民族节日宣传党建、民族活动融入党建。经过卓有成效的基层党建工作，形成了武定党建“四有”新格局，即有人干事、有钱办事、有地点办事、有制度管事。

案例：党建扶贫“双推进”模式分析

武定是国家扶贫开发工作重点县，全县有 7 个贫困乡镇、59 个建档立卡贫困村、2.5 万户、7.95 万贫困人口。2012 年，中共云南省委组织部部长刘维佳挂钩扶贫武定，2014 年，全国政协主席俞正声将武定选为第二批教育实践活动联系点，两次来武定指导工作。为打赢武定扶贫攻坚战，武定把扶贫开发与基层党建紧密结合，以干部联系群众、机关联系基层的“双联系”为基础，探索出党建扶贫“双推进”模式，在全县 11 个乡镇开展扶贫开发与基层党建“双推进”，把扶贫开发工作与基层党建工作同安排、同规划、同落实、同督查、同考核。

“双推进”是一种“以党建带扶贫、以扶贫促党建”的工作思路，是基层党建与脱贫攻坚工作互融互促模式，包含体系建设、阵地建设、队伍建设、资源优化、服务建设、增收致富、服务群众 7 个方面的内容。武定县坚持脱贫攻坚在哪里、党建工作就跟进到哪里，脱贫项目在哪里开展、党员作用就在哪里发挥。[①] 武定县委县政府坚持将党建与扶贫工作一起研究、统一部署，从阵地建设、队伍建设、服务质量提升等方面着力，以县、乡镇、村领导班子换届为契机，着力选优配强带头人，切实将能带领群众脱贫致富的人员选进基层组织；严格选派扶贫干部到贫困村担任第一书记，重点从优秀年轻干部和基层经验丰富的干部中选派，配强配好驻村干部。2013年，武定“双推进”工作全面启动实施，分别投入插甸镇1000万元、白路镇2000万元的扶贫开发与基层党建整乡“双推进”和投入发窝乡发窝村扶贫综合开发工作1000万元以及投入己衣镇、万德镇、东坡乡、发窝乡各2000万元启动实施“双推动”工作。从乡镇、村委、村民小组三个层面着力，即乡镇做到统筹规划、资源整合、组织保障、责任落实四个到位；村级做到基础设施建设、特色产业发展、强基惠农“股份合作”经济三个推进；村民小组发挥支部引领、党员带头两个作用，实现了“强组织、富百姓”，提升了基层党组织服务发展的能力，破解了基层党建与经济工作两张皮。

县乡政府统筹部署推动实施“双推进”项目。武定成立以县委主要领导为组长，县委县政府分管扶贫工作的领导为副组长，组织、扶贫、财政等相关单位负责人为成员的扶贫开发领导小组，把扶贫开发与加强基层党建工作统一研究、统一部署、统一推动、统一监督、统一考核。为强化“双推进”工作责任，县、乡、村、组层层签订《项目建设责任书》，层层落实目标责任，一级抓一级，从群众最关心、最直接、最现实的问题入手，坚持缺什么补什么，最大限度完善贫困村的生产生活条件，尤其注重基础设施建设、文化教育扶贫、社会保障等民生问题。在深入开展学习“两学一做”学习教育活动中，武定制定下发了《关于在“两学一做”学习教育中开展“比学赶超”活动的实施方案》，深入开展“比学赶超”活动。抓实“关键在做”，以“两学一做”凝聚脱贫攻坚力量，层层签订《脱贫攻坚责任书》，立下军令状，组织125个单位、5000余名干部职工挂包125个村2.95万户，同时，结合2016年县乡村换届工作，调整不适应工作岗位的村“三职”干部，从省州县选派村党总支第一书记125名、队员538名驻村开展扶贫工作，为农村扶贫开发工作提供强有力的组织保

① 李绍德：《党建引领致富路》，武定信息网，2016年10月9日。

障，助推全县59个贫困村如期脱贫“摘帽”。

“创富贷款”促进党员群众增收致富。基层党员带领群众创业致富贷款，基层党员直接向党组织提交申请，金额最高30万元，期限为5年，政府贴息、敲动金融，方便快捷。目前，全县共发放“创富贷款”1365户8753.4万元，培树出狮山镇吆鹰村委会大石房村民小组卢红丽、插甸镇安德村委会陈建、古普村委会王文会等一大批致富能手，解决了基层党员发展缺资金的难题，带动了党员群众增收致富。同时，为发挥示范激励效应，每年评选表彰一批致富先锋示范户，各乡镇评选表彰党员先锋示范户、种植示范户、养殖示范户、邻里和谐示范户、安居工程示范户等，充分发挥其先锋模范和领头雁作用，以带动本辖区内项目的顺利实施，实现创业致富目标。

“股份合作”壮大村集体经济。强基惠农股份合作经济主要结合村集体经济，以国家公益性资源（如水库、山林）转让给有经营能力的大户，大户将收益的部分如2万—3万元上交给集体，保证了集体经济的稳定，解决了集体经济的不足和分配矛盾。目前，共建成“股份合作经济”实体120个，除白路镇古黑、中村、洒布柞3个村外，其余130个村（社区）均已有1万元以上的集体经济收入。同时，武定县委县政府安排100万元作为发展壮大村集体经济的奖励资金，将每村3万元、每个社区5万元、每个村（居）民小组1000元、村（居）民小组党支部600元、县级党代表人均1000元、乡镇党代表人均600元的办公经费列入财政预算，投入2000万元提高村“三职”干部和乡镇干部待遇。目前，社区书记主任补贴每月为2106元，其他职工每月为2006元；村党总支书记、村委会主任补贴每月为1620元，副书记、副主任为1600元。目前，狮山镇狮山村成立开发经营部、插甸镇安德村建立大耳黄羊养殖专业合作社、水城村整合土地修建停车场壮大村集体经济等做法被收录省级案例。

优化产业结构，实现产业富民。通过整合资金、项目，成立合作社、引入合作企业，采用“支部+合作社+基地+农户”的形式，推行“产业建支部，品牌闯销路，党员带头富，群众增收入”的工作模式，将党的政治优势与专业合作社的经济优势有机结合起来，推动产业向现代农业发展。农业产业迅速发展，如在插甸镇康照、水城村委会种植雪桃3000亩，在白路镇、发窝乡发展核桃种植2万亩，在狮山镇古柏村委会发展蓝莓种植1000亩，在己衣镇己衣、新民村委会发展芒果种植1万亩；插甸镇大耳黄羊养殖专业合作社、发窝第一香壮鸡养殖合作社、武定彝峰种鸡养殖场、高桥宏谷生猪养殖场、万年青公司肉牛养殖场等一大批龙头企业引领了农村发展。

实施老党员关爱体系。结合实际有益探索，针对农村面广，党员年龄偏大，实施老党员关爱体系，通过财政投入一点、跟上级争取一点、在职党员捐助一点、党费关爱筹集一点“四个一点”，对年满 60 岁的困难党员定补每人每月 15 元，加上社保基金每人每月 60 元，困难党员月补助 75 元，以缓解生活困难压力。

“双推进”项目实施以来，通过各种形式的宣传动员，充分调动干部群众参与建设的积极性，民力、民智、民资形成有效集聚，干部和群众的精神面貌发生了巨大的变化。县乡镇干部坐办公室的少了，在项目现场、村组一线、田间地头的多了；群众参与“双推进”积极性高涨，据初步统计，“双推进”工作开展以来，在项目建设中由群众投工投劳以劳折资达 3.76 亿元，期盼多年的水泥路进村了、村间路硬化了、路灯明了、村庄美了。许多群众说：“没有党的好政策，没有实施‘双推进’，家乡的面貌不可能变化这么大，我们的生活也不会改善这么快。”

武定“双推进”工作的全面实施，成效显著，党建与扶贫工作整体得到平稳协调推进，主要经验有：一是党建是“双推进”高效落实的保障。将扶贫开发与基层党建有机结合，实现扶贫硬件与党建软件“两手抓”，既是扶贫工作的一项创举，也是党建创新的有益尝试。武定县通过发挥党组织的战斗堡垒作用和广大党员的先锋模范作用，不仅使扶贫项目安全、高效得到落实，使农村基础设施大大改善、造血功能进一步增强，而且通过党员带头落实集体项目，党员的荣誉感得到提升，服务群众的宗旨意识进一步增强。二是发展产业是“双推进”解决脱贫的基础。扶贫的目的在于脱贫，缺少产业支撑，扶贫就成了“救济”，只能解一时之渴。武定县积极引入企业，突出产业建设，发展了烟草、核桃、蓝莓、猕猴桃、玫瑰等种植业和大耳黄羊、生猪、壮鸡等养殖业，使脱贫有了基础。三是真心帮扶是“双推进”取得成效的关键。必须充分发挥各级组织的政治优势和组织优势，强化资源整合、力量整合，围绕各级各部门的职能职责，分硬任务、下硬指标，促进社会各界特别是经济综合部门，资金集中投向贫困村组，政策集中向贫困地区倾斜，技术集中向贫困农户推广，干部集中到一线抓好落实。帮扶部门要用真心、动真情、真帮扶，驻村干部要住得下、想干事、干成事，实实在在为贫困群众办实事、好事、大事，解决群众的实际困难，才能打赢扶贫开发这场硬仗。

二　县乡人大的建设和发展

人民代表大会作为我国的根本政治制度，是人民当家做主行使权力的有效组织形式。武定县的人民代表大会制度是在 1950 年 4 月、7 月和 1951 年 5 月分别召开的三次各族各界人民代表会议的基础上建立起来的。

1950 年 4 月 10 日至 12 日，武定县举行了第一届各族各界人民代表会议，会议着重讨论了搞好农业税合理负担，税收、贸易，以及换工互助等问题。时隔三个月，7 月 3 日至 5 日举行了第二届各族各界人民代表会议，对当时一些重要工作，即如何进一步搞好农业税合理负担、组织民兵、建立情报网、配合政府剿匪肃特，垦荒、禁种鸦片等问题进行了着重讨论。此届会议还选举产生了第二届各族各界人民代表会议常务委员会，这为县人大常务委员会的建立奠定了基础。第三届各族各界人民代表会议的召开，对全县人大的建立具有划时代的意义。此次代表会议上，中共武定地委专员宿士平亲临大会指导，宣布“经云南省人民政府批准，此次县各族各界人民代表大会代行人民代表大会职权”。因此，会议听取、审议和通过了第二届常务委员会工作报告，选举产生了由 25 名委员组成的县各族各界联合政府委员会及县长、副县长，选举县第三届各族各界人民代表大会常务委员会委员 14 人及主任委员、副主任委员，这为武定县人大制度的建立奠定了基础。

1954 年 3 月 27 日，武定县开展了新中国成立以来的第一次普选发动、宣传工作，任命以罗克为主席的全县 11 人组成的选举委员会，组织和筹备县选举首届人民代表的工作。6 月 27 日至 30 日，武定县第一届人民代表大会第一次会议召开，会议听取、审议了《武定县人民政府工作报告》，做出了贯彻总路线精神，以互助合作、爱国增产为中心等若干决议。选举产生了县长、副县长和武定县第一届人民政府委员会委员 15 人，审议通过武定县第一届人民代表大会第一次会议决议。这意味着武定县人民代表大会制度的正式建立。

武定县人大成立后，1956 年召开了第二届人民代表大会，肯定全县社会主义革命的成就，确定今后的任务是进一步巩固合作化，发展农业生产，选举产生县人民法院院长。1958 年至 1965 年每两年一届共召开了 4

届人民代表大会。在“文化大革命”期间，武定县人民代表大会制度遭受破坏，1968 年第七届人大是支“左”委员会召开的贫下中农、革命职工、红卫兵代表大会，选举产生了革命委员会，之后县革命委员会正式成立，代替人民政府行使职权，县人民代表大会制度瘫痪。中共十一届三中全会后，武定县人民代表大会制度得以恢复和发展。1981 年 2 月 24 日至 28 日举行了第八届人民代表大会，此次会议主要是贯彻执行中国共产党第十一届三中全会、全国五届人大三次会议等中央工作会议精神；民主选举产生了县人民代表大会常务委员，作为常设机构，对本级人民代表大会负责并报告工作，设立了办公室。常委会建立后，为进一步开展人代会工作，陆续健全了内设机构，1985 年 3 月第九届设立了人大常委会法制工作委员会、财政经济工作委员会、科教文卫工作委员会、民族工作委员会；2002 年内设机构调整为“五委一室”，代表工作委员会改为选举联络工作委员会，2011 年成立农业与环境资源工作委员会，成为“六委一室”。县人大六个内设的委员会为常委会在闭会期间开展工作、行使职权，完善人民代表大会，创造了很好的条件。

武定县根据《中华人民共和国宪法》之规定，1954 年至 2017 年全县召开了 17 届人民代表大会，第一届至第十二届人代会每 3 年召开一次代表大会，每年举行一次代表会议，从第十三届开始，人代会每 5 年召开一次代表大会。武定县第八届人民代表大会是人大制度恢复和发展的新起点，大会后恢复了武定县人民政府名称。此后，每届人民代表大会充分履行职责，对“一府两院”工作进行审议，商讨全县工作重心，按期进行换届选举，行使对一府两院的选举权和任命权。同时，县人大常委会充分行使重大事项决定权，对事关全县改革、稳定、发展大局的一些重要事项作出决议、决定；组织代表视察人民群众关心的热点、焦点和一些重大建议事项；认真办理代表提出的议案、建议，切实履行法律监督和工作监督职能。

新时期以来，武定县人大坚持以邓小平理论、“三个代表”重要思想和科学发展观为指导，全面贯彻党的十八大，十八届三中、四中、五中、六中全会及习近平总书记系列重要讲话和考察云南重要讲话精神，并结合武定经济、社会、文化的特点和社会发展需要，正确履行宪法和法律赋予的各项职责，围绕全县工作大局，发挥权力机关的作用，不断加强自身建设，充分发展社会主义民主政治，积极推动法制建设。人大常委会始终把依法治县工作列入重要工作日程，1996 年，依法治县领导小组办公室设在县人大常委会，实行部门执法责任制、理顺执法权限，抓执法队伍整顿和执法培训。开展法律监督，依据《云南省民族乡工作条例》《狮山国有林区暂行管理条例》，对矿产资源开发、社会综合治理工作执行监督检查。2011年批准《武定县2011—2015年依法治县规划》《武定县关于在全体公民中开展法制宣传教育的第六个五年规划》等，围绕依法治县，认真组织执法检查活动，把保证宪法和法律在武定的实施作为法律监督的重点，围绕人民群众普遍关注的热点难点问题作为法治工作的重点，认真监督落实“六五普法”规划，审议并批准了“七五普法”规划。《武定县国民经济和社会发展第十三个五年规划纲要》明确提出：围绕建设法治武定的目标，坚持依法治县、依法执政、依法行政共同推进，坚持法治政府、法治社会一体化建设，积极推进科学立法、严格执法、公正司法、全民守法，为与全国全省全州同步全面建成小康社会提供强有力的法治保障。建立县、乡镇人民政府、村居委会（社区）的政府法律顾问队伍，为各级人民政府及部门依法履职提供保障支持。到2017年，实现县政府及其部门法律顾问全覆盖；到2020年，全县各级党政机关及企事业单位普遍建立政府法律顾问制度。

武定县人民代表有汉、彝、回、苗、傣等多个民族，少数民族代表比例高于汉族人口比例，从县第九届至第十四届代表的民族成分看，少数民族代表占代表总数比例分别为52.5%、57.3%、55.2%、59.6%、54.7%、55%。同时，当选代表的文化素质也明显提高，如第十四届人民代表大会代表中大专以上学历的47名、占代表总数的26.11%；中专（高中）学历的50名、占代表总数的27.78%等。① 第十七届人民代表大会代表的学历层次提升到新的档次，代表中研究生及以上学历的8名、占4.44%；大学本科以上学历的31名、占17.22%；大专及高职学历的25名、占13.88%；中专职高及高中学历的49名、占27.22%。年龄结构和知识结构均有明显提高。而且，代表结构也越来越合理，第十七届人大代表中，政党和人民团体推荐当选27名、占15%，选民10人以上联名推荐当选153名、占85%；非党员61名、占33.89%；妇女代表60名、占33.33%；党政代表38名、占21.11%；少数民族代表101名、占56.11%。从阶层来看，农民代表134名、占74.44%；公务员代表38名、占21.11%；工人代表2名、占1.11%；

① 武定县地方志编纂委员会编：《武定县志（1978—2005）》，云南人民出版社2012年版，第134—137页。

事业单位负责人代表1名、占0.55%；专业技术人员代表3名、占1.67%；解放军或武警代表1名、占0.55%；宗教界代表1名、占0.55%；非公经济人士代表1名、占0.55%。选出的人大代表能代表各个阶层、各个方面的人士，普遍具有高度的政治热情，较强的社会活动能力和较高的履职水平，充分体现了代表的广泛性、代表性和先进性，代表结构更加合理、素质有所提高，为代表履行职责、发挥作用打下了坚实的基础。

从党的十一届三中全会恢复人民代表大会制度以后，武定县第八届至第十七届人大常委会主任、副主任构成来看，少数民族比例远超过汉族，彝族占比最高，充分体现了彝族在武定民主政治建设中的重要作用。（详见表2-1）

表2-1　武定县第8—16届人大常务委员会主任、副主任一览（1981—2013年）

选举会议	职务	姓名	民族	任职时间
县第8届人大第一次会议（1981年2月24—28日）	主任	和汝澈	纳西族	1981.2—1984.6
	副主任	柏熙梁	汉族	1981.2—1984.6
		佘英波	汉族	1981.2—1984.6
		王盛福	苗族	1981.2—1984.6
县第9届人大第一次会议（1984年6月25—30日）	主任	和汝澈	纳西族	1984.6—1987.4
	副主任	王盛福	苗族	1984.6—1987.4
		李成祖	汉族	1984.6—1987.4
县第10届人大第一次会议（1987年4月24—29日）	主任	和汝澈	纳西族	1987.4—1988.4
		文瑞知	傣族	1988.4—1990.3
	副主任	李成祖	汉族	1987.4—1990.3
		李正达	彝族	1987.4—1990.3
		杨彪	汉族	1987.3—1990.3
县第11届人大第一次会议（1990年3月12—17日）	主任	李应科	彝族	1990.3—1991.4
		歹国甫	汉族	1991.4—1993.3
	副主任	李正达	彝族	1990.3—1993.8
		段启文	汉族	1990.3—1993.2
县第12届人大第一次会议（1993年3月16—21日）	主任	歹国甫	汉族	1993.3—1995.4
		杨耀云	彝族	1995.4—1998.3
	副主任	李正达	彝族	1993.3—1997.8
		马有芳	回族	1993.3—1998.4
		李如林	汉族	1993.4—1998.3

续表

选举会议	职务	姓名	民族	任职时间
县第13届人大第一次会议（1998年3月9—14日）	主任	杨耀云	彝族	1998.3—2003.3
	副主任	马有芳	回族	1998.3—2002.1
		李如林	汉族	1998.4—2002.1
		章世钦	彝族	1998.3—2003.3
		肖孟亮	汉族	1998.3—2003.3
		张兴菊	汉族	2002.2—2003.3
		陈继明	汉族	2002.3—2003.3
县第14届人大第一次会议（2003年3月10—15日）	主任	宋文权	汉族	2003.3—2008.3
	副主任	章世钦	彝族	2003.3—2006.3
		张兴菊	汉族	2002.2—2008.2
		李学玉	傣族	2003.3—2008.2
		刘发春	汉族	2003.3—2008.2
		杨宗德	彝族	2003.3—2008.2
县第15届人民代表大会第一次会议（2008年2月17—22日）	主任	宋文权	汉族	2008.2—2012.5
		李茂学	彝族	2012.5—2013.1
	副主任	张兴菊	汉族	2008.2—2012.1
		鲁志廉	彝族	2008.2—2012.5
		李建云	汉族	2008.2—2012.1
		杨春城	苗族	2008.2—2013.1
县第16届人民代表大会第一次会议（2013年1月30日至2月5日）	主任	李茂学	彝族	2013.1—2017.1
	副主任	鲁志廉	彝族	2013.1—2017.1
		杨春城	苗族	2013.1—2017.1
		李正芝		2013.1—2017.1
		刘永康		2013.1—2017.1
		鲁自福	傈僳族	2015.11—2017.1
		李建平	彝族	2015.11—2017.1
县第17届人民代表大会第一次会议（2017年1月9日）	主任	李茂学	彝族	2017.1—
	副主任	杨春城	苗族	2017.1—
		李正芝		2017.1—
		鲁自福	傈僳族	2017.1—
		李建平	彝族	2017.1—

资料来源：《武定县志（1978—2005）》（政治建设篇）、《中共武定县委年鉴》（2013）和课题调研以及武定信息网。由于资料不全和存在断代，难免存在信息错漏。

新形势下，为保证县乡人大依法行使职权，提高县乡人大工作水平，健全县乡人大组织制度和工作机制，推动人民代表大会制度和人大工作不断完善，2015年6月，中共中央转发《中共全国人大常委会党组关于加强县乡人大工作和建设的若干意见》，明确提出了加强县乡人大工作和建设的总体要求、重要原则和重要措施。中共云南省委对进一步做好人大工作，包括加强县乡人大工作和建设做了全面部署，同年12月专门印发了《关于加强县乡人大工作和建设的实施意见》，对县乡人大进一步做好选举、监督、决定、任免、代表等工作提出了具体要求。楚雄州人大高度重视县乡人大工作，每年安排300万元经费专门解决县乡人大办公设备的配备和建设，以确保各县乡人大工作正常运转。①

同时，为充分发挥人大代表作用，武定县加强代表活动阵地建设，改进人大代表活动条件，投入82万元，在常委会机关、11个乡（镇）和城区代表团创建了13个“人大代表之家”、66个“人大代表工作站”，为代表开展活动、学习交流和依法履职搭建了平台，架起了群众、代表、政府的连心桥，拓宽了“联系服务群众最后一公里”的渠道；同时，制定《人大代表学习培训制度》《人大代表活动制度》《人大代表联系选民和向选民述职制度》《人大代表视察制度和持证视察办法》《人大代表接待选民日制度》等，保证了“家站”开展活动有章可循，规范有序；县乡人大代表活动经费、乡（镇）人大主席团工作经费、“人大代表之家”和“人大代表工作站”工作经费，每年都保障性地列入了财政预算，为开展代表活动提供了资金支持。而且，武定县人大在健全专门委员会和常委会工作机构以及建设代表活动阵地的同时，也不断加强了乡镇人大建设。

乡镇人民代表大会制度是我国最基层的一级国家权力机关，在基层民主政治建设中具有不可替代的地位和作用。1953年1月，依据《中华人民共和国全国人民代表大会及地方各级人民代表大会选举法》规定，乡镇人民代表大会代表由选民选举产生，县人民代表大会由各乡镇人民代表大会选举产生。1月20日，武定县选举委员会成立，在九厂、西和、古柏、勒外4个乡试点，由选民选举产生乡镇人民代表大会代表，选举产生了3047名乡镇人大代表，接着各乡镇召开了人民代表大会，选举产生乡长和乡政府委员以及出席县人民代表大会的代表。此后，到1965年8月，

① 左超：《加强县乡人大工作助推实现跨越发展》，载《云南日报》2016年5月3日。

武定县共举行了6次直选①。“文化大革命”期间，革委会代行人大职权，直选工作被停止，一直到1980年才恢复直选。

1980年开始，第五届全国人民代表大会第二次会议通过的选举法规定，由选民直接选举社、镇人民代表。在这一背景下，武定县第一届、第二届乡镇人民代表大会，在武定县人大常委会领导和主持乡镇直接选举下，进行了两届换届选举工作。《中华人民共和国地方各级人民代表大会和地方各级人民政府组织法》颁布后，1987年县乡人大代表通过直接选举产生。时值农村撤区建乡体制改革，乡镇体制改革与换届选举同时进行，各乡镇成立了选举委员会，选举产生了各乡镇第三届、东坡傣族乡和石腊它苗族乡第一届人民代表大会代表。同时，武定县在此次乡镇换届选举时设立了乡镇人民代表大会主席团，为乡镇机构向县人大常委会负责报告工作。至2006年，全县11个乡镇人大逐步建立和完善了主席团工作职责、人大主席工作职责、人大办公室主任工作职责、主席团会议制度、人大代表小组活动制度、主席团成员联系代表小组和人大代表制度、工作评议和述职评议办法、代表持证视察办法等工作制度。这些制度的建立和完善，进一步规范了乡（镇）人大代表工作，使代表工作的开展有章可循，确保各乡镇人民代表大会能充分发扬民主，严格依法办事，扎实有序地推进工作。②

新时期，武定乡镇人民代表大会制度呈现出新亮点，特别是换届选举工作信息和相关法律法规方面，创新宣传工作形式，用民族语言、歌舞形式把选举宣传工作做实。如第十七届人大换届选举宣传工作，印发《彝汉双语版换届选举宣传册》《致全县选民的一封公开信》，采取群众喜闻乐见的形式组织编写山歌《县、乡换届就是好》、彝剧《我的选票我做主》《选举前夜》等节目，由县文联艺术团、武定彝族民歌文化传媒演艺公司和各乡（镇）文艺队深入乡（镇）、村组进行巡演560多场次，让换届选举家喻户晓，深入人心，激发了广大农村选民的政治热情和参与选举的积极性。第十七届乡镇人大代表中农民代表540名，占83.46%；妇女代表226名，占34.93%；党政代表82名，占12.67%；少数民族代表

① 中共武定县委党史研究室编：《中国共产党武定县历史大事记》（1950—2000年），云南美术出版社2009年版，第40、129页。

② 中共武定县委办公室、中共武定县委党史研究室编：《中共武定县委年鉴》，2004年第193页，2007年第233页，2013年第270页。

399 名，占 61.66%。其中，农民代表比例比上届上升，做到了村村有代表，保障了每个村都有代表参政议政督政，严格控制党政干部代表比例，少数民族代表比例不仅高于全县少数民族占总人口的比例，而且本行政区域内聚居的各民族都选出了代表，实现了“两升一严一保证”的选举要求和“人人平等、地区平等、民族平等”的原则。

三 政治协商制度的建立与发展

中国共产党领导的多党合作和政治协商是我国的一项基本政治制度。武定县在 1951 年 5 月召开的第三届各族各界代表会议第一次会议期间（5 月 14 日），选举产生了由 15 名委员组成的武定县政治协商委员会。委员会设立有主席 1 名，委员代表由政府代表、中共代表、少数民族上层人士、宗教界、文教界、工商界代表和农民代表组成，包括彝族、傈僳族、苗族、傣族、汉族等民族。6 月 10 日至 16 日，武定县政治协商委员会召开 1 次协商会议，这是武定县人民政协的前身。此后，由于受到“左”倾思想和“文化大革命”的影响，政治协商委员会停止活动，党外民主人士部分被吸引到国家机关工作或部分被吸收为省、州政协委员、县人民政府委员或部分作为省、州、县人民代表大会代表。①

直到 1983 年，中共武定县委统战部按中央和省委指示，拟定了《关于武定县第一届政协委员会的初步意见》，提出政协委员 73 名。1984 年 2 月 25 日，成立了武定县政协筹备委员会，经过充分准备，政协武定县第一届委员会第一次会议于 1984 年 6 月 23 日至 30 日举行，成立了中国政治协商会议武定县委员会。此后，武定县政协在武定县委领导下，以《政协章程》为依据，加强制度建设，如制定《关于县政协履行政治协商、民主监督、参政议政职能的实施办法》，依照规定认真履行政治协商、民主监督、参政议政三项职能；完善了政协武定县第六届委员会《主席会议工作规则》《常务委员会工作规则》《专门委员会工作规划》《机关工作规则》等，进一步健全完善了常委会、主席会、专委会、委员小组、机关建设、党风廉政建设、理论学习制度，为积极推进县政协履行职能制度化、规范化和程序化建设打下了良好的基础，使制度越来越健

① 武定县地方志编纂委员会编：《武定县志（1978—2005）》，云南人民出版社 2012 年版。

全，工作越来越规范。①

作为武定党委实行多党合作和统一战线的一个重要载体，武定政协充分发挥其党派民主、界别民主和协商民主的作用，不断加强自身建设。武定政协由成立初期的15名委员7个界别，增至2003年17个界别的174名委员。界别主要分布为中共界、无党派界、工青妇界、工商联界、台侨“三胞”暨眷属界、科学技术界、经济界、农林水界、教育界、文体新闻界、医药卫生界、少数民族界、宗教界、财税金融界、政法界等，界别分布、民族比例和委员构成更加合理，代表涉及的领域更加宽泛。从民族构成来看，武定县主体民族彝族的参政议政意识不断加强，体现出主体民族的特点。(详见表2-2)

表2-2　政协武定县第一届至第六届委员会少数民族委员主要民族构成一览

届	少数民族															
	人数	比例(%)	其中：(比例是指占总委员数的百分比)													
			彝族	比例(%)	傈僳	比例(%)	苗族	比例(%)	傣族	比例(%)	回族	比例(%)	纳西	比例(%)	哈尼族	比例(%)
第1届	67	41.6	37	22.98	7	4.35	11	6.83	4	2.48	5	3.11	1	0.62	/	/
第2届	76	45.78	43	25.9	7	4.22	17	10.24	3	1.81	4	2.41	1	0.62	/	/
第3届	80	45.7	44	25.1	8	4.6	18	10.2	4	2.3	5	2.9	/	/	1	0.6
第4届	74	42.3	42	24	8	4.6	12	6.9	6	3.4	5	2.9	/	/	1	0.5
第5届	92	48.9	50	26.6	16	8.5	9	4.8	9	4.8	6	3.2	1	0.53	1	0.53
第6届	98	46.89	56	26.79	16	7.66	11	5.26	4	1.91	6	2.87	1	0.48	1	0.48

资料来源：《武定县政协志（1950—2007）》第一届至第六届委员名录，表中比例是指占各届委员总数的比例。

政协武定委员会常务委员会建立后，政协的内设机构和专门委员会也不断健全。第一届委员会设办公室、提案工作委员会、文史资料委员会、学习工作委员会、民族宗教组；第二届撤销了文史资料委员会，改民族宗教组为民族宗教委员会；第三届增设经济建设科学委员会、教文卫体委员会。1996年县政协四届第十四次常委会讨论决定将原来的“四委一室”调整为“三委一室”，即办公室、提案工作委员会、经济民族宗教委员

① 中共武定县委办公室、中共武定县委党史研究室编：《中共武定县委年鉴》，2005年第21页。

会、科教文卫体文史资料委员会；到第七届增设了社会法制工作委员会，分设经济建设科学委员会和民族宗教联络委员会。这些内设专门委员会的成立，更符合武定社会发展的需要。同时，武定政协委员十分重视各民族的发展和团结，坚持团结、民主两大主题，团结和动员各族各界各行业人士，以及吸纳一些新的社会群体积极参与社会建设，并在少数民族权利保障和参政议政方面给予充分的民主权利，民族团结进步示范的作用日益凸显。至 2017 年，第九届政协委员协商提名少数民族委员 86 名，占 48.3%，县政协常务委员会少数民族中有彝族、苗族、傈僳族、回族、白族。（详见表 2-3）。

表 2-3　政协武定县第一届至第九届主席、副主席一览（1984—2017 年）

届	职务	姓　名	民族	任职时间
第一届（1984. 6—1987. 4）	主席	魏开祥	汉族	1984. 6—1987. 3
	副主席	申洪治	彝族	1984. 6—1987. 4
		张学渊	彝族	1984. 6—1987. 4
		李世忠	彝族	1984. 6—1987. 4
		陈天俊	汉族	1984. 6—1987. 4
第二届（1987. 4—1990. 3）	主席	张开培	彝族	1987. 4—1990. 3
	副主席	申洪治	彝族	1987. 4—1990. 3
		佘英波	汉族	1987. 4—1990. 3
		陈天俊	汉族	1987. 4—1990. 3
		王忠林	苗族	1987. 4—1990. 3
第三届（1990. 3—1993. 3）	主席	张开培	彝族	1990. 3—1993. 3
	副主席	郑　锦	汉族	1990. 3—1993. 3
		文　学	傣族	1990. 3—1993. 3
		佘英波	汉族	1990. 3—1993. 3
		李亚松	彝族	1990. 3—1993. 3
		万仁介	汉族	1990. 3—1993. 3
		王忠林	苗族	1990. 3—1993. 3
第四届（1993. 3—1998. 3）	主席	杨耀云	彝族	1993. 3—1995. 2
		张国忠	傈僳族	1995. 4—1998. 3
	副主席	郑　锦	汉族	1993. 3—1998. 3
		文　学	傣族	1993. 3—1998. 3
		于帼英	汉族	1993. 3—1998. 3
		王忠林	苗族	1993. 3—1998. 2

续表

届	职务	姓　名	民族	任职时间
第五届（1998. 3—2003. 3）	主席	包　有	汉族	1998. 3—1998. 11
		李振华	汉族	1999. 1—1999. 3
		刘绍明	汉族	1999. 3—2003. 3
	副主席	文　学	傣族	1999. 3—2003. 3
		李自清	彝族	1999. 3—2003. 3
		张明庆	苗族	1999. 3—2003. 3
		夏美珍	汉族	1999. 3—2003. 3
		王忠林	苗族	1999. 3—2003. 3
		李学玉	傣族	2002. 3—2003. 3
		罗守恭	汉族	2002. 3—2003. 3
第六届（2003. 3—2008. 2）	主席	刘绍明	汉族	2003. 3—2008. 2
	副主席	陈继明	汉族	2003. 3—2007. 3
		李自清	彝族	2003. 3—2007. 3
		罗守恭	汉族	2003. 3—2008. 2
		夏美珍	汉族	2003. 3—2008. 2
		王忠林	苗族	2003. 3—2008. 2
		张志伟	彝族	2003. 3—2008. 2
		鲁志廉	彝族	2007. 2—2008. 2
第七届（2008. 2—2013. 3）	主席	刘绍明	汉族	2008. 3—2009. 3
		李思恒	汉族	2009. 3—2013. 3
	副主席	罗守恭	汉族	2008. 2—2013. 3
		杨　德	汉族	2008. 2—2013. 3
		李正芝	汉族	2008. 2—2013. 3
		杨红蔚	白族	2008. 2—2013. 3
第八届（2013. 3—2017. 1）	主席	李思恒	汉族	2013. 3—2016. 5
	副主席	阳庆富	汉族	2016. 6—2017. 1
		杨　德	汉族	2013. 3—2017. 1
		杨红蔚	白族	2013. 3—2017. 1
		郑立华	汉族	2013. 3—2017. 1

续表

届	职务	姓　名	民族	任职时间
第九届（2017.1）	主席	阳庆富	汉族	2017.1—
	副主席	杨　德	汉族	2017.1—
		杨红蔚	白族	2017.1—
		郑立华	汉族	2017.1—
		李建云		2017.1—

资料来源：《武定县政协志（1950—2007）》历届主席、副主席简介和《中共武定县委年鉴（2008—2013）》、武定县政协换届选举公告以及武定信息网上的相关新闻报告。由于资料不全和存在断代，难免存在信息错漏。

21世纪以来，武定县政协在围绕事关全县经济社会发展的重大事项开展“政治协商、民主监督和参政议政”活动，围绕重大问题开展专题调研和视察、考察，相当一部分调研成果成为政府决策。这一过程中，武定县政协把协商民主作为凝聚民心、集中民智、汇聚民力的重要途径，进一步搭建协商平台、丰富协商形式、细化协商内容、明确协商主体、规范协商程序、促进协商成果转化运用，发挥了重大问题在决策执行过程中的民主协商、推动县委政府科学决策、民主决策的重要作用。同时，政协委员会议提出的议案和反映的社情民意，发挥了凝聚民意、服务决策的作用，为推动武定县的物质文明、政治文明和精神文明建设，武定县的小康社会建设、民族团结进步示范区建设以及跨越式发展，发挥了统战、智库和平台作用。

四　行政管理体制改革与发展

1978年，党的十一届三中全会后，我国进入改革开放的新时期，武定县结合自身工作实际，以1980年在农村推行家庭联产承包责任制，拉开了改革的序幕。随后进行了县级机构改革、乡（镇）机构改革、村级体制改革、人事制度改革等系列政治体制改革。通过改革，加快了政府职能的转变，推进了阳光政府、责任政府、法治政府和效能政府建设；提高了依法行政水平，加快了建立群众参与、专家论证相结合的民主决策机制，提高了政府决策的民主化和科学化水平；建立了权责一致、分工合理、决策科学、执行顺畅、监督有力的行政管理体制；完善了公共服务体系，推进了社会治理体系建设。目前，改革取得初步成效，如村民自治制度和基层民主制度创新，建立了公务员制度和废除了领导干部终身职务制，领导干部的行政能力与效能明显提高。

1984年开启了县级机构改革，改革后，县委工作机构设10个，县人民政府机构设40个。此后，又不断根据经济社会发展需要，对县级机构进行了改革、调整，其中较大规模的、富有成效的县级机构改革有4次。1993年至1995年机构改革依据建立市场经济的要求，实施政企分开、政事分开，精简后县委机构为5个，精简率为54.4%；政府系列为24个，精简率为45.9%，确保改革后的部门有权威性、积极性，强化了服务职能。2000年至2002年的机构改革着眼于地方党委发挥总揽全局、协调各方的领导核心作用，转变政府职能。改革后，县级党政群机构设置为工作部门7个，部门管理机构4个，县委管理的直属事业单位2个；县级政府部门机构精简为22个；同时，机构精简的同时精减编制和实行人员分流，大大减轻了行政体制不顺、工作效率不高的问题。2005年机构改革主要是调整机构设置和职能配置，主要调整改组了发展和改革委、经济贸易委员会、安全生产监督管理局，分设建设局、环保局、科技局和科协等，并通过竞争上岗、双向选择办法，确定人员岗位，进行了“三定”（定职能、定编制、定机构）工作。① 2011年围绕效能政府建设，加快推进政企分开、政事分开、政资分开、政府与市场中介组织分开，将发展与改革委员会划入发展和改革局、经济委员会划入经济贸易和信息化局、畜牧兽医局划入农业局、文化局划入文体广电旅游局，民族宗教事务局划入统战部不计入政府机构数、监察局与县纪委合署办公，组建人力资源与社会保障局、住房和城乡建设局、水务局等，改革后政府机构设置工作部门23个、部门管理机构2个，从而不断规范政府职能定位，实现政府职能向创造良好发展环境、提供优质公共服务、维护社会公平正义转变。②

与县级政府机构改革同步进行的乡（镇）机构改革，1984年撤销人民公社，改建乡、办事处和区属镇，按不同的职能设置党政工作部门如党政综合办公室、计生办、工青妇办、民政办、人武部等，保留财政所、工商所、税务所、粮管所、卫生所、信用社、供销社、农机站、农科站等以

① 武定县地方志编纂委员会编：《武定县志（1978—2005）》，云南人民出版社2012年版，第235—237页。

② 中共武定县委办公室、中共武定县委党史研究室编：《中共武定县委年鉴》（2012），第219—224页。

服务农村经济社会。1987 年至 1988 年，实行撤区建乡，撤销 13 区公所改建为 10 乡，含 2 个民族乡，增设高桥、猫街镇。1995 年为理顺县、乡（镇）关系，把县属部门驻乡（镇）服务机构和人员划归乡（镇）管理；2001 年新一轮乡（镇）机构改革实现了精简，机构由 104 个减为 52 个，行政编制由 348 人减为 313 人，精简后的乡（镇）机构更趋于合理，更符合乡（镇）经济社会的发展。

随着农村实行家庭联产承包责任制，农村三级集体经营制形式逐渐减弱，到 20 世纪 80 年代中后期，改革生产大队为村民委员会。农村村级体制改革是选举村民委员会，实行村民自治。第六届全国人大常委会第二十三次会议审议通过并公布了《中华人民共和国村民委员会组织法（试行）》，1988 年 6 月 1 日起施行。这部保障农民民主权利的重要法律颁布后，全面推动农村基层民主和法制建设步入正轨。武定县于 2000 年 6 月制定了《武定县村级体制改革实施方案》，开启了全县村级体制改革工作，通过“公推直选”村干部的有益尝试、同步推进党支部换届选举以及先行试点等有效措施，历时 4 个月，基本完成全县村级体制改革工作。村民民主选举村民委员会 128 个，依法建立村民小组 1543 个，选举产生村民小组长 1543 人、村民代表 3986 人，选举产生村民委员会主任 128 人，同时，建立健全村民委员会组织体系和规章制度，负责本村的公共事务和公益事业，组织协调生产、维护社会治安、宣传计划生育和调解民事纠纷等工作。[①] 最后经过不断地调整，武定村民自治的农村基层民主制度逐步建立起来。21 世纪以来，为加快农村发展，通过派驻农村基层组织建设工作队队员、新农村建设指导员和大学生村官等措施，不断夯实了农村基层民主建设。到 2010 年，全县村级党组织和第四届村民委员会换届选举工作时，全县 126 个村，把具有带头致富能力和带领群众共同致富能力强的人选进村“两委”班子，村组干部队伍结构渐趋合理。新一届村“两委”班子成员平均年龄为 39.9 岁，35 岁以下 459 人，占总数的 26%，高中及以上文化程度 621 人，占总数的 35.2%；妇女干部 350 人，占总数的 19.9%；大学生村官 14 人进入村“两委”班子，其中万德乡女大学生村官成功当选支卧村党总支书记，村“两委”班子成员知识和年龄结构

① 武定县地方志编纂委员会编：《武定县志（1978—2005）》，云南人民出版社 2012 年版，第 238—240 页。

明显优化。①

第三节 民族干部队伍的建设与发展

中国共产党一贯坚持培养和使用少数民族干部政策，重视少数民族干的培养选拔，使之成为执行党的路线、方针、政策的中坚力量。少数民族干部熟悉本民族的历史与现状，通晓本民族的语言文字和民族风俗习惯，具有本民族的思想情感，能代表本民族的诉求愿望，熟悉本民族和本地区的特点。因此，培养使用好民族干部对做好民族工作，巩固和发展全省改革发展稳定大局具有重要意义。武定县是罗婺部生息繁衍之地，彝、傈僳、苗、傣等民族受土司统治上百年，反抗土司斗争不断，民族内部和民族间的关系复杂。民国时期，武定土司统治与政府管辖和统治并存，汉族与少数民族之间、少数民族之间的关系交错复杂，不和谐状态一直延续到武定县解放时期。

一 干部队伍的建设与发展

武定解放后，中共武定县工委结合实际，认真贯彻中央和省委的干部政策，着手抓好民族干部的发现、培养和使用。解放初期，武定县部分民族群众对党的民族政策不了解，甚而抵制，导致了猫街区干坝苗族朱有林受他人欺骗带领苗族人民参与暴乱，造成解放军战士、民众牺牲 7 人的重大事件，后经苗族积极分子朱有林的堂弟劝说，使其退出匪帮。这一事件充分说明了民族地区执行党的民族政策、发展良好民族关系、维护社会稳定的重要性。武定县工委深受启发，把培养使用少数民族干部列为大事，常抓不懈。至 1951 年，全县共吸收区助理员以上少数民族干部 19 人，县各族联合政府委员 15 人；1952 年初，在开展减租退押、清匪反霸及近城区土改中，113 名少数民族积极分子被吸收参加山区土改工作队；土改结束后又挑选部分少数民族积极分子，充实了民族干部队伍。经过十年对少数民族干部的发现和培养，到 1964 年，有 3 人担任县级领导干部，占县级领导干部总数的 43%；区科级干部 88 人，少数民族干部占 37.5%；教师、科员、办事人员 808 人，少数民族占 38.6%。由于少数民族干部文化

① 武定县年鉴编辑委员会：《武定年鉴（2011）》，第 136 页。

程度较低，县工委有针对性地组织积极分子进行文化培训，从中挑选出140余名积极分子，对其中的80名先进行扫盲后或送去地、县组织的党政干部、财贸干部、会计等训练班学习，有的被送去云南民族学院培训，文化基础较好的直接送去中央民族学院和云南民族学院培训，结业后安排到武定县各行各业工作。1964年少数民族干部培养主要从乡干部中选拔，提调担任县、区领导或到县工作，初步实现了民族干部培养使用的正常化。

党的十一届三中全会后，武定县委进一步强调少数民族干部问题，注重少数民族人口与干部比例的协调配备，加大了少数民族干部的选拔培养力度。1985年，武定县少数民族干部职工的比例结构为：县级领导成员19人中有12人，占63.1%；区（局）级干部149人中，占35.1%；干部职工2876人中，占39.8%。①

新时期新阶段的社会主义建设更需要民族干部队伍的发展壮大，武定县加强民族干部队伍建设，因地制宜，把配备少数民族干部工作落到实处。2000年末，全县有少数民族干部2414名，其中：国家机关有787名，县级机关290名，乡（镇）机关497名；高级职务6名，中级职务264名，初级职务1047名；企业单位少数民族干部133名，中级职务3名、初级职务98名。同时，武定县在干部队伍建设中，不断强化“年轻化、知识化、专业化、民族化”，干部队伍的文化程度、年龄结构明显优化。2005年，全县有干部5044人，其中少数民族干部2226人，占干部总数的44.13%；从学历层次看，大学本科以上学历454人，专科学历1748人，中专学历2322人，高中及以下学历520人，分别占干部总数的9%、34.66%、46.03%、10.3%；从年龄结构看，36岁以上1995人，31岁至35岁1121人，30岁以下1928人，分别占干部总数的39.5%、22.22%、38.22%；到“十二五”末，全县各类人才总量达到27133人，全县各类干部总量达5634人，其中党政干部、事业单位总量5534人，企业管理人才100人，干部结构更为合理。②

① 云南省武定县志编纂委员会编自纂：《武定县志》，天津人民出版社1990年版，第143页。

② 中共武定县委办公室、中共武定县委党史研究室编：《中共武定县委年鉴》（2001）、（2013）；武定县地方志编纂委员会编：《武定县志（1978—2005）》，云南人民出版社2012年版，第155—156页。

二　干部的培养选拔

新中国成立后，云南省结合少数民族数量大、人口众多，民族问题具有多样性、复杂性和特殊性等省情，依据党的干部政策，形成了一套切合实际的多层次民族人才培养制度，全省少数民族干部的培养选拔任用走上科学化、民主化和制度化。如云南省委省政府采取了坚持干部标准，在同等条件下优先选拔少数民族干部；坚持对少数民族学生的招生优惠政策，以拓宽少数民族干部来源；采取倾斜政策录用少数民族工作人员；坚持在基层一线培养少数民族干部；加大选拔任用力度，培养优秀年轻民族干部进入各级领导班子等一系列民族干部培养政策，全省少数民族干部结构明显优化。

结合民族众多、发展不平衡的县情，武定县委认真贯彻省的民族干部政策，制定了《武定县科级领导职务任期制》《武定县乡（镇）领导班子及成员工作实绩考核和民主推荐办法》《武定县专业技术人员管理暂行规定》《武定县专业技术职务岗位设置及结构比例意见》《武定县党政机关推行竞争上岗的实施意见》《武定县公开选拔领导干部和推行竞争上岗的实施办法（执行）》《武定县中长期人才发展规划（2010—2020年）》等一系列政策和规划，不断完善了干部选拔、培养、评价、激励机制。2015年，武定乡镇党委委员中少数民族干部配备合理，全县11个乡镇共配备少数民族干部76名，占62.8%，11个乡镇机关都配备了3名以上少数民族干部。

2014年5月，云南省社会科学院课题组在武定县开展了“关于民族政策与政府管理”的问卷调查，发放问卷120份，收回106份。其中回答关于“您如何评价目前当地的民族干部政策”的问题时，有68人选择“好”，占64%；有24人选择了“不好”，占23%；有14人选择了“不清楚”，占13%，选择“不清楚”的人员中除1人是农民外，其余均是在职政府干部。在“您认为好的原因”中，选择“对民族干部充分信任”的有59人，认同“民族干部与其人口比例相称”的有50人，“贯彻民族区域自治”的有37人，“注重后备干部培养”的有25人，“对少数民族有照顾”的有18人，“其他”的有28人。而且，受访者中94%的人认为在少数民族地区工作的干部需要学习和掌握当地的民族语言，仅有1人认为没必要，表示不清楚的有7人，可见，在民族地区开展民族工作，语言是极为重要的沟通工具，能讲民族语言更能获得民族群众的认同，开展工作更为顺利。

武定县委大胆提拔优秀年轻干部充实到基层领导班子，如 2012 年，公开选拔 13 名 30 岁以下的优秀年轻干部到基层一线担任乡（镇）和县级部门中层干部到基层一线担任乡（镇）副职。贯彻落实竞争性选拔干部“1+4”制度，组织开展乡（镇）和县级部门中层干部竞争上岗，先后 2 次组织科级领导干部竞争上岗，对 24 个科级领导职位人选进行公开选拔，打破身份限制，拓宽用人视野，提高选人用人公信度，通过单位岗位选拔、竞争性公开选拔、换届选拔等方式，全县 30 岁左右年轻科级领导干部总数及比例均有所上升。① 2016 年，武定县在乡政府领导干部换届工作中，勇于创新，大胆选拔“三类人员”进领导班子，即优秀村干部、优秀大学生村官、优秀事业单位人员。2016 年县乡政府换届中，选配 6 名村（社区）书记（主任）、4 名乡镇事业人员、1 名大学生村官进入乡镇领导班子，实现每个乡镇党政领导班子中均有 1 名“三类人员”。从而打破了仅从公务员队伍提升的惯例，拓展了干部任用渠道。同时，制定了《非领导职务办法》和《抽调人员的管理办法》，以解决县级公务员职级晋升。

培养、锻炼干部也是武定贯彻民族区域自治制度的重要内容，武定县委采取交流、轮岗、挂职等多种方式培养、锻炼干部，对在乡（镇）基层工作时间较长的干部交流至县城工作，对缺乏基层领导经验的优秀年轻干部交流至乡（镇）经受锻炼、增长才干。注重后备干部的推荐、培养、选拔，2010 年曾选派 100 名新农村建设指导员驻村工作，抓好选聘高校毕业生到村任职，实施“一村一名”大学生计划，选派 30 名大学生村官到村任职工作，充实基层干部队伍。同时，把培养民族地区大学生作为选拔干部的重要渠道，持续选拔优秀年轻干部、大学生到民族地区工作。此外，抓好干部教育培养，2010 年共选派 100 人（次）的县、乡、村干部参加省州相关培训班（次），举办 2 期 390 名村（居）委会“三职”干部培训班、1 期 94 名老干部读书班、1 期 107 名大学生村官培训班，建立武定县乡村农民党员干部教育培训“讲师团”，设立“乡村流动讲堂”，深入乡镇组织开展“乡村流动讲堂”，培训 1200 多名干部群众。2016 年，

① 武定年鉴编纂委员会：《武定年鉴》（2013），第 119 页；《武定年鉴》（2011），第 135—137 页。

武定县以县乡政府换届工作为契机，加大县乡干部交流力度，在乡镇党委、人大、政府领导班子换届中，提拔任用乡镇干部29名；从乡镇交流到县级部门工作10名；从县级部门交流到乡镇任职24名。新一届乡镇人大主席团主席平均年龄43岁，乡镇长平均年龄38.8岁，副乡镇长平均年龄37.02岁。这些措施保障了全县干部队伍的发展。

三 民族干部队伍的培养与发展

全县干部队伍的发展壮大，为民族干部的培养和使用奠定了基础。2009年省委办公厅印发了《关于进一步加强少数民族干部队伍建设的意见》，明确选用少数民族干部“六个优先”原则；2012年颁布了《关于建设民族团结进步边疆繁荣稳定示范区的意见》，明确实施民族干部培养示范任务。武定县在省的民族干部政策指导下，加大民族干部培养力度，如严格执行少数民族干部培养配备和按比例从少数民族青年中公开招考录用公务员的有关规定，5年招考录用少数民族公务员32人。同时，重视少数民族干部培养选拔工作，全县副处级以上干部中，少数民族干部有16名，占43.2%；466名科级干部中，少数民族干部235名，占50.4%，少数民族干部队伍日益壮大，整体素质不断提高。同时，不断完善了少数民族干部交流机制，加大民族地区和东部地区、上级机关干部双向交流力度，加强少数民族干部挂职锻炼和多岗位锻炼。注重培养优秀中高级少数民族领导干部，选派一批骨干到中央和国家机关、东部地区任职锻炼。

武定县是少数民族聚居区，2015年末全县少数民族人口发展到158225人，占总人口的55.62%，其中彝族人口基数大，有89591人，占总人口的31.91%，占少数民族人口的56.61%。[①] 因此，彝族干部的选拔培养一直是全县干部培养工作的重点。武定县在解放后，县乡各级政府、人大、政协等都有彝族干部任主要领导职务，各级重大会议都有彝族代表参加。进入21世纪以后，武定彝族干部的培养选拔进入新的发展时期，彝族干部队伍在各级党政机关、企业单位和各行各业发挥着重要的作用，形成了一支适应现代化建设需要的彝族干部队伍，充分发挥了彝族人民当家做主和参政议政的作用。（详见表2-4）

① 武定县统计局：《武定县2015年国民经济和社会发展统计公报》。

表 2-4 武定县党政机关及企事业彝族领导干部一览（2008—2012 年）

年份	全县干部					彝族领导干部					
	总数	副处级以上		副科级以上		副处级以上			副科级以上		
		小计	少数民族	小计	少数民族	小计	占同级干部（%）	占同级民族干部（%）	小计	占同级干部（%）	占同级民族干部（%）
2008	665	43	10	622	260	7	16.28	70	171	27.49	65.77
2009	529	37	6	492	212	4	10.8	66.67	140	28.46	66.04
2010	524	31	5	493	203	4	12.9	80	134	27.18	66.01
2011	663	38	10	625	275	7	18.42	70	180	28.8	65.45
2012	658	39	14	619	267	10	25.64	71.43	182	29.4	68.16

资料来源：《中共武定县委年鉴》（2009、2010、2011、2012、2013）的县级机构及领导目录。

从表 2-4 可以看出，武定县民族干部的培养工作取得较好的成绩，每年民族干部占干部总数的 40%以上，彝族干部队伍得到较快的发展，2012 年末，彝族处级干部占全县处级干部总数的 25.64%，彝族科级干部占到全县科级干部总数的 29.4%。民族干部特别是彝族干部的培养选拔与使用充分说明民族干部政策在武定县发挥良好的效能。

2016 年是武定县干部集中换届之年，县乡（镇）党政干部调整后，全县有干部 631 名，正科级 139 名，副科级 92 名；少数民族干部 343 人，其中彝族干部有 189 名。全县干部配套符合武定县情，少数民族人口占全县人口的 54%，少数民族科级干部占全县干部的 53%，与人口构成比例相适应。但值得注意的是，干部队伍建设仍有一些棘手的问题：干部断档问题突出，青黄不接，干部队伍年龄老化，难以找到合适的接班人；后备干部队伍建设不足；贯彻上级的“干部能上能下”精神有一定的差距，“能上”做得较好，差距在于“能下”，干部不作为，在执行“能下”时比较困难。同时，彝族干部队伍建设也存在一些需要注意的问题，如彝族妇女干部的培养选拔与配备不足；一些重要的决策部门彝族干部配备不足，结构不合理；高学历专业化彝族干部培养力度有待进一步加强。因此，新形势下，要结合民族团结进步示范区建设的民族干部示范要求，进一步加大民族干部的培养力度，把依法培养民族干部纳入法制化正规化的可持续发展之路，进而保障各民族充分行使当家做主的平等权利。

第三章

社会建设与社会发展

第一节　人口社会结构

一　人口发展

中华人民共和国成立前，由于战乱、饥荒、瘟疫等原因，武定人口呈高出生率，低增长率状况。1911—1950 年，39 年中人口出生率高达 26‰—35‰，年递增率仅 14‰左右。[①] 1919 年全县总人口为 73791 人，到 1950 年全县总人口为 213589 人，其中，发生较大面积的饥荒、瘟疫有："民国 31 年（1942 年），全省霍乱流行，6 月传入武定，并迅速蔓延，当时武定县卫生院院长沈德章也染病身亡。至 1943 年底全县人口减为 13514 户，71721 人。次年麻疹流行，儿童死亡不少，年末登记有 13650 户，73449 人。"[②]（详见表 3-1）

表 3-1　　武定县部分年份总人口　　（单位：人）

年代	总人口	年代	总人口
1919	73791	1938	92673
1923	77471	1943	71721
1924	92799	1945	73449
1932	102351	1950	213589

数据来源：《武定县志》。

① 云南省武定县志编纂委员会编纂：《武定县志》，天津人民出版社 1990 年版，第 93 页。
② 同上书，第 94 页。

新中国成立后，人民生活水平逐渐提高，医疗卫生事业不断发展，武定人口呈现出高出生率、高增长率、低死亡率状况。20 世纪 50—70 年代，人口年均自然增长率在 20%以上，人口年递增率达 14.36‰，并出现 2 个生育高峰，一是 1951—1957 年，年净增 26.65‰，年均净增 3281 人；二是 1967—1971 年，年递增 27.36‰，年均净增 4644 人。

70 年代起，武定县开始实施计划生育政策，严格控制人口增长数量，人口出生率、自然增长率逐渐下降，至 1999 年年末，全县总人口 258280 人，自然增长率 6‰。进入 21 世纪后，人口自然增长率持续下降，2010 年全国第六次人口普查时，全县总人口 271963 人，自然增长率 4.43‰；2015 年，全县总人口 275829 人，自然增长率 4.64‰；2017 年末，全县总人口 280078 人，自然增长率为 4.74‰。从 2008 年开始，武定县人口自然增长率一直低于 5%（详见图 3-1）。

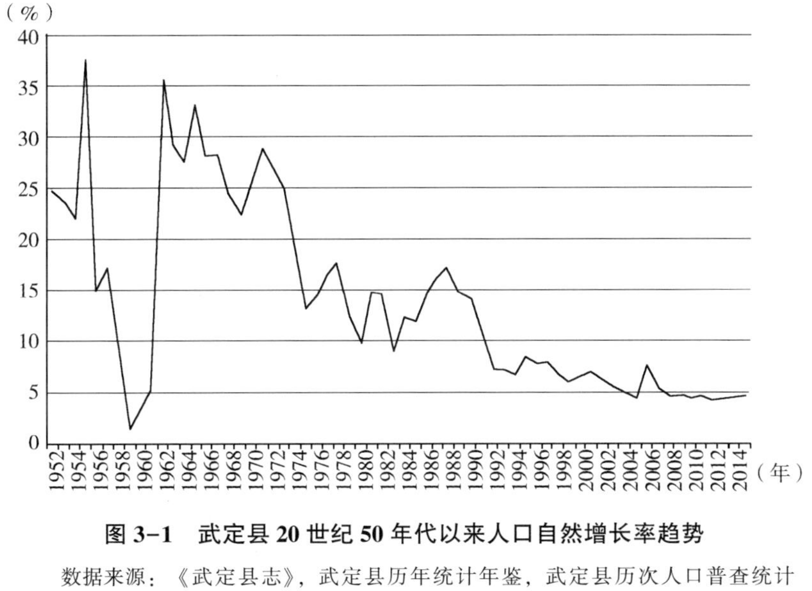

图 3-1　武定县 20 世纪 50 年代以来人口自然增长率趋势

数据来源：《武定县志》，武定县历年统计年鉴，武定县历次人口普查统计数据。

二　人口结构

（一）年龄性别构成

2010 年第六次人口普查时，武定县常住人口 271963 人，其中，男性 138724 人、占 51.01%；女性 133239 人、占 48.99%。性别比为 104.12：

100，与第五次人口普查时的105.32：100相比，总人口增加，男女性别比下降，显然女性人口所占比重有所提高。从年龄上看，男性人口低龄及青壮年数量比女性多，老年数量比女性少。男性常住人口中，0—14岁人口为26440人，比女性多1128人，性别比为104.46：100；15—64岁青壮年男性为102545人，比女性多6321人，性别比为106.57：100；65岁及以上男性人口为9739人，比女性少1964人，性别比为83.22：100。各年龄段人口性别比失衡情况仍突出。从民族上看，汉族人口性别比为109.23：100，彝族人口性别比为99.52：100，傈僳族人口性别比为98.78：100，苗族人口性别比为100.77：100，傣族人口性别比为102.36：100，主要少数民族性别比均低于汉族及全县比例。（详见表3-2）

表3-2　　2010年武定县部分年龄男女人口数量对比　　（单位：人）

年龄	合计	男	女	性别比（%）
总计	271963	138724	133239	104.12
0—14岁	51752	26440	25312	104.46
15—65岁	198769	102545	96224	106.57
65岁及以上	21442	9739	11703	83.22

数据来源：武定县2010年人口普查资料。

（二）民族构成与分布

武定县民族种类较多，世居的少数民族主要有彝族、傈僳族、苗族、傣族、回族、哈尼族。据1946年11月《云南全省边民分布图》载："武定县边民有五种。倮罗，50100人，除近城附近外，各乡镇均有，占全县人口55.41%；傈僳，4000人，分布在江北、环江、滔谷等乡，占总人口的4.4%；山苏，1300人，散居在川边沿金沙江半山地带，占总人口的1.6%；苗人，338人，散居各乡镇山间，占总人口的0.37%。"①

1953年第一次人口普查时，全县总人口为122826人。其中，汉族63339人，占51.55%；彝族35063人，占28.53%；傈僳族13403人，占10.91%；苗族7180人，占5.84%；傣族3081人，占2.5%；回族487人，占0.39%；哈尼族273人，占0.22%；其他少数民族38人，各少数

① 云南省武定县志编纂委员会编纂：《武定县志》，天津人民出版社1990年版，第97—98页。

民族人口占总人口的 48. 45%。

2000 年第五次人口普查时，全县总人口为 262601 人。其中，汉族人口 124334 人，占 47. 35%；彝族人口 79254 人，占 30. 18%；傈僳族 29013 人，占 11. 05%；苗族 20931 人，占 7. 97%；傣族 6809 人，占 2. 62%；回族 988 人，占 0. 38%；哈尼族 844 人，占 0. 32%；其他少数民族 249 人，各少数民族人口占总人口的 52. 65%。

2010 年第六次人口普查时，全县总人口为 271963 人。其中，汉族人口 128477 人，占 47. 24%；彝族人口 81725 人，占 30. 05%；傈僳族 29421 人，占 10. 82%；苗族 23592 人，占 8. 67%；其他少数民族 8748 人，占 3. 22%，各少数民族人口占总人口的 52. 76%。

从总体趋势上看，全县人口中汉族所占比例逐渐下降，由 1953 年的 51. 55%下降到 2015 年的 44. 38%；少数民族所占比例逐渐上升，由 1953 年的 48. 45%上升到 2010 年的 55. 62%。从增长数量上来看，彝族是少数民族人口中增长最多的，从 1953 年的 35063 人增长至 2018 年的 89571 人，增长了 54508 人。（详见表 3-3）

表 3-3　　武定县部分年份少数民族人口数量及所占比重

项目 民族	1953 年		1982 年		2000 年		2015 年		2018 年	
	人数	占总人口（%）	人数	占总人口（%）	人数	占总人口（%）	人数	占总人口（%）	人数	占总人口（%）
汉族	63339	51. 55	111034	51. 15	124334	47. 35	122413	44. 38	122483	43. 63
彝族	35063	28. 53	62767	28. 92	79254	30. 18	87762	31. 82	89571	31. 91
傈僳族	13403	10. 91	21337	9. 83	29013	11. 05	31875	11. 56	32549	11. 60
苗族	7180	5. 84	15669	7. 22	20931	7. 97	23373	8. 47	25169	8. 97
傣族	3081	2. 5	5362	2. 47	6809	2. 62	7752	2. 81	7991	2. 85

数据来源：《武定县志》，武定县历年统计年鉴，武定县历次人口普查统计数据。

从空间分布看，汉族主要集中在经济发展较好的狮山镇、高桥镇、插甸乡；彝族在各乡镇均有分布，傈僳族主要分布在环州乡、东坡傣族自治乡、插甸乡和田心乡；苗族主要分布在狮山镇、高桥镇、猫街镇、插甸乡；傣族主要分布在东坡傣族自治乡、田心乡、己衣乡。（详见表 3-4）

表 3-4　　武定县 2010 年 1000 人以上民族人口分布状况

地区	常住人口									
	汉族		彝族		傈僳族		苗族		傣族	
	小计	占本民族人口（%）	小计	占本民族人口（%）	小计	占本民族人口（%）	小计	占本民族人口（%）	小计	占本民族人口（%）
全县	128477	100	81725	100	29421	100	23592	100	6512	100
狮山镇	63537	49.45	18500	22.64	2896	9.84	5897	25.00	770	11.82
高桥镇	13043	10.15	15002	18.36	1220	4.15	4033	17.09	57	0.88
猫街镇	7535	5.86	14902	18.23	78	0.27	3288	13.94	28	0.43
插甸乡	9513	7.40	5922	7.25	3576	12.15	3420	14.50	36	0.55
田心乡	8656	6.74	3077	3.77	3182	10.82	911	3.86	1501	23.05
发窝乡	3752	2.92	5195	6.36	2139	7.27	1993	8.45	9	0.14
白路乡	3553	2.77	6180	7.56	2506	8.52	1899	8.05	4	0.06
万德乡	6849	5.33	4334	5.30	1366	4.64	1737	7.36	295	4.53
己衣乡	7261	5.65	3373	4.13	2199	7.47	166	0.70	1223	18.78
环州乡	2454	1.91	1467	1.80	6247	21.23	10	0.04	5	0.08
东坡傣族自治乡	2324	1.81	3773	4.62	4012	13.64	238	1.01	2584	39.68

数据来源：武定县 2010 年人口普查资料。

（三）文化素质构成

新中国成立前，武定县教育资源极度匮乏，居民文化程度普遍低下，只有少数地主、富农家庭的子女能上学。以 1932 年为例，当时总人口 102351 人，小学文化占 4.78%，初中文化占 0.19%，高中文化占 0.03%，大学文化占 0.03%，12 岁以上文盲率高达 80.02%。人口文化素质亟待提高。

新中国成立后，武定县在各级党委、政府的推动下，大力兴办教育，先后成立了“省立武定第一小学”“省立武定第二小学”。加大扫盲工作的力度，青壮年文盲数量逐渐减少。到 2010 年，全县 6 岁及以上年龄人口中，小学文化程度占 49.07%，初中 34.18%，高中 7.97%，大学 4.19%，研究生 0.02%，受教育程度有了很大提升。（详见表 3-5）

表 3-5　　部分年份 6 岁以上人口文化构成

年份	占 6 岁以上人口（%）			
	小学	初中	高中	大学及以上
1932	4.78	0.19	0.03	0.006
1982	36.58	11.74	2.85	0.17
1990	43.70	15.91	3.20	0.27
2000	51.63	26.46	3.79	3.79
2010	49.07	34.18	7.97	4.19

数据来源：《武定县志》，武定县历次人口普查数据。

从分地区看，全县 6 岁以上有文化人口中，相比之下，狮山、高桥、猫街等乡镇人口文化程度高，田心、发窝、万德等乡镇人口文化程度相对低，山区文盲人口远高于坝区，且年龄越大，文盲越多。从民族看，全县 6 岁及以上人口中，小学及以上文化程度的汉族为 95.41%，彝族为 95.96%，傈僳族为 94.83%，苗族为 94.34%，傣族为 93.78%。跟 20 世纪相比，少数民族文化程度得到较快提升，文化构成发生了很大变化。（详见表 3-6）

表 3-6　　2010 年武定县各主要民族 6 岁以上人口及文化程度（单位：人）

民族	6 岁及以上人口	未上过学	小学	初中	高中	大专	本科	研究生
全县	253384	11631	124328	86627	20187	6820	3747	44
汉族	121857	5599	50370	48644	11123	3870	2231	20
彝族	75266	3041	38457	24522	6140	2012	1073	21
傈僳族	27031	1397	16357	7023	1544	470	238	2
苗族	21239	1202	15693	3609	529	161	45	0
傣族	5992	373	2771	2047	559	162	79	1

数据来源：武定县 2010 年人口普查资料。

三　人口分布与密度

新中国成立前，因战乱、疾病蔓延及税负过重等原因，武定县人口迁移和变动较为频繁，人口密度较小，主要分布在山区。据《武定县志》记载："1919 年，武定县面积 4154.9 平方千米，每平方千米 22.43 人"①。

① 云南省武定县志编纂委员会编纂：《武定县志》，天津人民出版社 1990 年版，第 94 页。

新中国成立后，随着人口的增加，人口密度逐渐增大，人口逐步向城镇转移。至2010年末，全县面积3322平方千米，人口密度每平方千米81.87人，其中以狮山镇人口密度最高，每平方千米达228.18人。其次是田心、高桥、东坡、插甸等乡镇，每平方千米均在70人以上，最低的是环州乡，每平方千米仅45.08人。（详见图3-2）

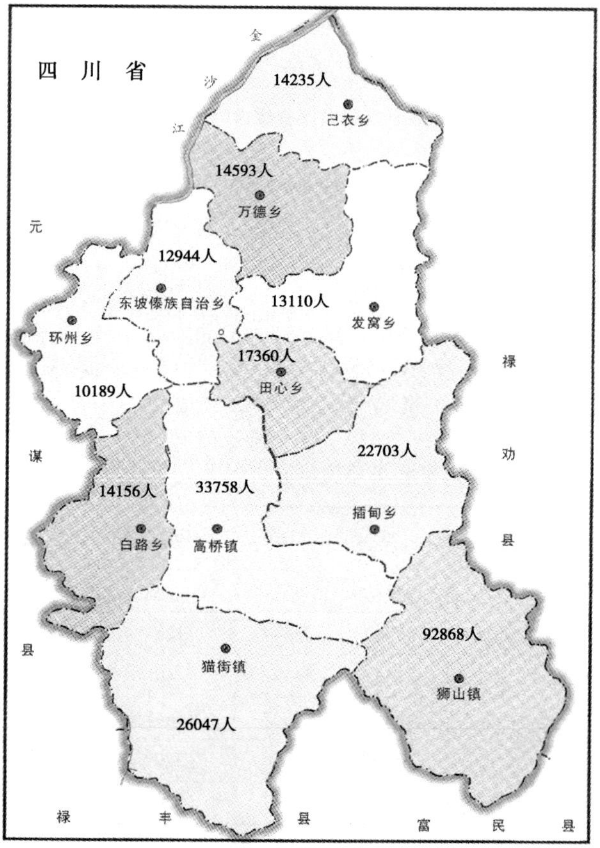

图3-2　2010年武定行政区域内人口密度图

四　人口迁移和流动

新中国成立后，外出卖工、乞讨人员陆续返乡，人口迁移趋于稳定，迁移量逐渐减少，迁移原因多为工作调动、婚迁、参军、复员等。20世纪50年代中期至70年代，因行政区划频繁调整，人口迁移变动情况较大。

原第 5 区江边、姜驿，原第 7 区凉山、旦劳乡于 1955 年 11 月划归元谋县；同月，第 1 区小甸乡划归富民县。共划出 3834 户，18529 人，占当年总人口的 11.39%。1958 年 8 月，小甸又划归武定县，计 156 户，803 人，占当年总人口的 0.54%。

原猫街区白草坪等 20 个自然村，于 1961 年 5 月划归禄丰县辖，计 258 户，1304 人，占当年总人口的 0.881%。

原羊街区中心井等 52 个生产队，于 1965 年 4 月划归禄丰县辖，计 1037 户，4356 人，占当年总人口的 2.62%。

禄劝县新民公社大地、新民等 6 个生产队 144 户，654 人，于 1966 年 10 月划归武定县辖；武定县多立公社老挝等 8 个生产队，237 户，1141 人，于同年 11 月划归禄劝县辖；同年 10 月，羊街区 2108 户，9766 人又划归元谋县辖。以上两抵，共划出 10253 人，占当年总人口的 6.13%。

1971 年 4 月，小甸大队再次划归富民县，划出 413 户，2730 人。①1972 年后，武定县行政区划固定下来，因之发生的人口迁移不再发生。人口迁移和流动原因多为工作调动、工作分配、婚姻迁移、参军复员、学习培训等。迁入迁出变动最多的是集镇，其次是坝区，山区变动最小。县域内，农村迁到集镇较多。（详见表 3-7）

表 3-7　　1985—2005 年间人口迁移变动情况　　（单位：人）

年份	迁入	迁出	年份	迁入	迁出	年份	迁入	迁出
1985	2921	3107	1993	3301	3541	2000	2620	2403
1986	3460	3579	1994	2238	2572	2001	1617	2110
1987	1454	1426	1995	2429	2515	2002	1642	2362
1988	6423	5820	1996	2532	2501	2003	2426	2505
1989	3449	3192	1997	2820	2936	2004	1659	1914
1991	3172	2943	1998	2811	2743	2005	1736	1625
1992	2578	2400	1999	2800	2952			

数据来源：《武定县志》，武定县历年统计年鉴。

进入 21 世纪后，随着外出学习、务工、经商人口增多，迁出人口数量大于迁入人口数量，近年来新的人口迁移主要是扶贫异地搬迁、自然灾害搬迁。但从总体上看，人口迁移规模小、迁移人数少。

① 云南省武定县志编纂委员会编纂：《武定县志》，天津人民出版社 1990 年版，第 96 页。

第二节　社会保障

中共十一届三中全会后，武定县社会保障制度开始起步，全新的社会保障体系初步形成。进入21世纪以来，武定县建立和完善以城乡最低保障制度为基础，以城乡居民养老保险、医疗保险为主要内容，以社会救济、社会福利为补充的新型社会保障体系，保障标准不断提高、受益面积不断扩大，社会保障体系不断健全完善。

一　社会保险

（一）养老保险

“悠悠万事，民生为大”。城乡居民社会养老保险工作是一项重大的惠民工程、德政工程、民心工程。武定县以实现广大城乡居民“老有所养”为最终目标，自1988年开始启动城镇企业职工基本养老保险，主要试行企业职工退休金社会统筹，将国有企业、部分集体企业的退休人员养老金纳入统筹发放；1996年，武定县机关事业单位养老保险开始实施，但由于政策不配套，机关事业单位养老保险自启动以来一直是只收未支，全县离退休人员的养老金仍由县财政发放，2002年，全县停止执行机关事业单位养老保险制度。武定县农村社会养老保险制度的探索开始于1995年，根据国家民政部下发的《农村社会养老保险会计制度（试行）》，武定县在猫街镇试点取得成功，并在全县范围内铺开。群众参保的积极性非常高，当年收取养老保险费近300万元，参保农户达5000多户，但因武定县经济条件有限，故保障水平十分有限。

进入21世纪以来，武定县全面推进基本养老保险改革工作，按照“覆盖全民、更加公平、可持续”的工作方针，立足县情，创新方法，通过梳理参保人员身份、明确缴费档次标准、整合经办机构资源，按照“分类参保、分类管理、分类建档”的原则，多措并举，整体推进，覆盖范围从一开始的国有和集体企业，扩大到城镇各类企业、国营农场，参保人员从过去的企业职工，扩大到城镇个体工商户、灵活就业人员，打破了行业、地域、身份的限制，使更多的劳动者享有养老保障。全县参保覆盖率大幅提升，社会综合保障能力不断加强。党的十七届三中全会以后，各地积极探索建立新型农村社会养老保险制度。2012年，武定县被列为全国第四批新型农村和第二批城镇居民社会养老保险试点县。2016年，全县登记参保人员176347人，其中城镇企业职工基本养老保险参保人数达6925人，机关事业单位养老保险参保总人数7722人，城乡居民社会养老保险参保16.17万人。

（二）医疗保险

新中国成立初期，武定县与全国一样，实行公费医疗、劳保医疗制度；1990年，国家做出了初步改革，将过去由国家或企业统包改为由职工少量负担，同时推行在职职工和离退休职工医疗费用社会统筹。1998年，国务院出台了《关于建立城镇职工基本医疗保险制度的决定》，对城镇职工医疗保险制度进行全面改革。1999年10月，根据国家和省、州要求，武定县实行城镇职工医疗保险改革，实行属地管理原则，由县人事劳动和社会保障局医疗保险管理中心负责常规行政管理及业务。基本医疗保险费用的筹集，由用人单位和个人承担，用人单位的基本医疗保险缴费率为上年度职工工资总额的8%，在职职工个人缴费率为上年度职工工资总额的2%，退休人员个人不缴费，个体工商户、城镇灵活就业人员缴纳全州社会平均工资的10%或6%。2003年开始，国家开始对广大农村地区推行新型农村合作医疗，云南省被列为新型农村合作医疗的首批试点省份，武定县于2006年启动新农村合作医疗保险制度，2007年启动城镇居民医疗保险制度，至此，覆盖城乡各类人员的全民基本医疗保险体系逐步形成。县医疗保险经办机构坚持“以人为本、保障民生、扩大覆盖面、人人享有基本医疗保障、实现全民医保”为目标，不断加强对乡镇、社区、学校的医保政策宣传力度和业务指导，以典型重特病享受到实惠为例扩大影响，积极引导参（续）保，做好重点领域、灵活就业人员、进城务工人员的参保，继续做好外来务工人员的流动续保和转保，以保障外来务工人员的医疗保险关系不间断，待遇不落空。深入推进医保支付制度改革，强化对医疗服务和医疗费用的监管。进一步完善基本医疗保险转移接续工作，完善异地就医即时结算，积极推动生育保险和基本医疗保险合并实施。大力推进医保智能监控，规范医疗行为，保证医保基金合理使用。2014年，武定县城镇职工、城镇居民医疗保险参保人数分别达12674人、15214人，分别兑付医疗保险基金4730万元、2743万元；开展农村医疗救助4187人（次），兑付医疗救助资金639.8万元；城市医疗救助356人（次），兑付医疗救助资金34.8万元；新型农村合作医疗参合人数24.48

万人，参合率 99.12%，共报销减免费用 70.23 万人（次），支付合作医疗基金 7168.74 万元。

（三）失业保险

1994 年，武定县开始实施《云南省国有企业职工失业保险办法》，参保范围是国营企业和事业单位实行企业管理的职工。1998 年，参保范围放宽至集体企业和私营企业。进入 21 世纪以来，武定县人社主管部门紧密结合工作实际，加大基金征缴力度、强化征缴措施，积极协调联合财政、地税和劳动保障监察大队，对企业参保、缴纳失业保险费情况进行实地稽核检查，通过稽核，杜绝了企业参保缴费的“跑、冒、漏”现象。同时，规范失业保险基金收支管理，充分发挥了失业保险的保障失业人员基本生活、预防失业、促进就业的功能。支持参保企业在岗、转岗职工技能培训支出，提升企业职工就业竞争力和适应经济发展方式转变的能力。2016 年，全县登记参保人员 5647 人，收缴失业保险费 388 万元，发放失业救济金 260 万元，失业人员再就业 2438 人，就业困难人员就业 1162 人，城镇登记失业率为 3.03%。

（四）工伤保险

武定县为深入贯彻落实《社会保险法》和《工伤保险条例》，维护广大参保职工合法权益，确保工伤保险待遇落到实处，切实减轻企业负担。近年来，武定县始终坚持以扩面、征缴为抓手，规范工伤保险经办程序，强化工伤保险基金监管，确保工伤保险待遇及时足额兑现。一是加大宣传力度。利用群众赶集日或重大活动日进行上街集中宣传，以悬挂标语、发放宣传资料以及现场咨询的方式进行；深入企业、社区开展工伤保险政策宣传，强化宣传实效。二是强化征缴措施。以劳动密集型企业和建筑领域作为工伤保险扩面、征缴重点，由劳动监察大队牵头，联合社保、工伤、政策法规等部门对工伤保险参保情况进行专项检查，并以企业自查、随机抽查等方式，督促企业、职工应保尽保。三是规范经办流程。进一步规范经办申报的时限和办事程序，以最大限度方便企业和参保职工，坚持“合法性、真实性、关联性”的原则，及时处置工伤案件并逐级上报工伤认定、劳动能力鉴定等材料，确保工伤待遇及时足额兑现。四是全面实施工伤保险省级统筹。实行工伤保险基金按比例上缴集中调剂，统一制度覆盖范围和对象、统一建立省级调剂与各地储备金互补机制、统一工伤认定和劳动能力鉴定办法、统一工伤保险待遇给付水平、统一经办流程与信息系统应用的“一集中，五统一”统筹管理模式。积极推进工伤预防与工伤康复工作。2016 年，全县登记参保人员 14696 人，收缴工伤保险费 400 万元，发放工伤保险金 367 万元。

（五）生育保险

武定县人社局认真贯彻《云南省职工生育保险办法》，积极推进全县生育保险工作，女职工权益保护力度不断加大。一是加大职工生育保险政策宣传。通过印发生育保险宣传手册、设点宣传等方式，引导用人单位积极参加生育保险，并将行政、事业单位纳入参保范围，扩大生育保险覆盖面。二是及时结算生育保险待遇。简化经办流程，参保职工在武定县范围内生育保险定点医院生育，出院时直接报销生育医疗费用。2016 年，全县登记参保人员 4699 人，收缴生育保险费 112 万元，发放生育保险金 93 万元。

二　社会救济

（一）自然灾害救济

由于地理环境、地质构造、气候特征等因素，武定县是一个旱、涝、雹、风、滑坡、泥石流、地震、雷电等多灾地区，灾害种类多、分布地域广、发生频率高。针对自然灾害频发的现状，武定县认真贯彻《自然灾害救助条例》《自然灾害救助工作规程》等规定，建立了“党政主导、分级负责、民政牵头、部门协作、社会参与”的救灾工作机制，制定发布了县乡救灾应急预案及部门操作规程，形成横向到边、纵向到底的救灾工作责任体系，强化县乡救灾物资储备，对民房恢复重建、灾民救助实行台账及项目管理，自然灾害救助工作逐步走上制度化、规范化的轨道。同时还加强防灾减灾宣传和教育培训，提高全县防灾减灾水平。

2016 年初，受低温冷冻、冰雹等自然灾害影响，武定县部分乡镇局部受灾。9—10 月，全县境内遭受近年罕见的强降雨天气，降雨比历年同期偏多 162%，由于降雨过程覆盖面广、强度大、持续时间长，全县范围内农作物、民房、水利、电力、通信等基础设施不同程度受损，造成直接经济损失 22918. 56 万元。灾情发生后，县委县人民政府高度重视，及时启动自然灾害Ⅱ级应急响应，组建应急救援队伍，紧急调运各类救灾物资，全力保障灾区群众生产生活。同时，全面深入排查全县安全隐患，积极组织灾区群众开展生产自救，妥善安排灾民生产生活，共使用救灾资金

384.2 万元。

（二）贫困救济

1. 城乡最低生活保障

1999 年 5 月，根据国家、省、州有关文件规定，武定县政府发出《关于建立城镇居民最低生活保障制度的通知》，正式建立城镇居民最低生活保障制度，落实政策措施，匹配低保资金。当年全县为 166 户 288 名保障对象发放 90080.3 元保障金。2000 年，又面向 13 个乡（镇）政府所在地建立城镇居民最低生活保障制度，扩大覆盖面，发放保障金 158896 元，使 1115 户 1528 人得到了生活保障。保障措施进一步完善，保障对象逐步扩大，2005 年，全县纳入保障范围的低保人数达 1684 户 2991 人，全年发放保障资金 308.01 万元。2007 年 4 月，云南省发布了《关于全面建立和实施农村最低生活保障制度的通知》，武定县开始实施农村最低生活保障制度，划定了实施农村贫困群众最低生活保障的具体范围，根据各农村低保对象的实际生产、生活情况，严格按分类救助标准，逐户预算救助的低保资金和粮食。当年全县共有 4540 户农村贫困户、13250 人获得最低生活保障，享受农村低保人员每人每月 29.81 元的救助，缓解了农村贫困群众生产生活中的困难。在实施城乡低保救助工作中，工作人员认真把好“三道关口、五个环节”，即“把住救助对象界定关、村（居）民代表评议关、县乡两级审批关”；“把好调查摸底环节、张榜公示环节、救助管理环节、资金领取环节、社会参与环节”，力争使救助工作达到群众满意、救助对象满意、政府满意。2016 年，全县有 14514 户 41668 人领取最低生活保障金，其中城镇居民低保 7257 户 16790 人，全年发放保障金 6000.6 万元；农村低保 7257 户 24878 人，全年发放保障金 4522.6 万元。累计为 1933 人次城镇和农村困难群众发放临时救助资金 152 万元。

2. 流浪乞讨人员及孤儿救助

2003 年 8 月国务院颁布实施《社会流浪乞讨人员救助办法》，武定县积极采取有效措施，落实流浪乞讨人员救助政策，成立了“武定县社会流浪乞讨人员救助站”，开展巡回救助、开放救助、应急救助等服务。以“接送流浪孩子回家”“流浪孩子回校园”专项行动为抓手，完善流浪未成年人救助保护体系。健全主动救助长效机制，完善“三级救助服务网络”，逐步实现救助网络全覆盖。积极引导支持社会力量参与救助服务，拓宽救助渠道，解决流浪乞讨人员实际困难，防止再度盲流。2015 年完成县救助站硬件设施建设并投入使用。2016 年，救助流浪乞讨人员 230 人次，接送昆明、楚雄和其他州市救助站送达武定人员 9 人次，解救黑砖厂返乡人员 10 人。

同时，武定县还加强对孤儿的社会救助，全力维护孤儿的合法权益，保障孤儿的基本生活。全面贯彻落实城乡社区（村）儿童福利督导制度，维护散居孤儿权益。继续配合实施孤残儿童手术康复项目等工作。切实做好孤儿保障工作、留守儿童留守老人救助工作。建立专户，严格执行补助，做到及时发放。积极深入孤儿家中，认真调查了解孤儿保障情况，对不符合发放标准的人群立即停发补助，同时加强对孤儿养育状况实行定期巡查和监督评估工作，确保孤儿基本生活费的有效使用。2016 年，全县发放 122 名孤儿和 32 名事实无人抚养儿童基本生活保障金 201 万元。

3. 医疗救助

2004 年，按照国家民政部下发的《关于实施农村家庭医疗救助的意见》和省、州有关要求，武定县制定了《农村医疗救助办法》，全县农村医疗救助工作步入规范化轨道。2005 年，全县发放农村医疗救助金 15.94 万元，救助医疗对象 186 名。2009 年，武定县制定执行《武定县医疗救助补充规定》《城乡居民临时救助办法（试行）》，全年共救助医疗对象 18607 人次，其中城市医疗救助对象 837 人次，农村医疗救助对象 17770 人次，有效缓解了城镇和农村特困群众看病难、就医难问题。2016 年，全面实施武定县城乡医疗救助“一站式”结算平台系统，城市医疗救助全年预计 274 人次，发放救助资金 41.8 万元；农村医疗救助全年预计 3396 人次，发放救助资金 540.2 万元。

三　社会福利

（一）“五保”工作

1958 年人民公社时，武定县曾试办“民办为主，公助为辅”的“五保”老人“幸福院”。据 1959 年 4 月 21 日统计，全县办“幸福院”26 个，集中“五保”老人 232 人。进入 21 世纪后，武定县积极贯彻落实《五保供养条例》，加快城乡养老机构建设，2012 年，完成高桥镇、白路乡、插甸乡敬老院改扩建工程，完成猫街镇中心敬老院新建项目主体工程。上报田心、万德、发窝乡敬老院改扩建项目，落实田心乡敬老院改扩建项目资金 112 万元。提高敬老院管理人员工资待遇，落实“五险”。实行敬老院院长负责制和管理人员岗位工作责任制，强化敬老院内务管理。2015 年，完成已衣、发窝等敬老院的改扩建工作，农村供养条件得到进一步改善，“五保”集中供养率得到进一步提高，已基本实现“应保尽保”。2016 年，全县有“五保”供养对象 1135 人，全年共发放供养资金 646.1 万元。其中，在院集中供养 772 人，供养金 500 元/人/月，分散供养 363 人，供养金 420 元/人/月。

（二）老龄工作

为充分体现党和政府对高龄老人的关怀和照顾，弘扬中华民族尊老爱老敬老助老的传统美德，提高高龄老人优待水平，完善老年人优待政策，推动老龄事业工作健康发展，让广大老年人幸福安享晚年，武定县民政局以“四个规范”加强高龄补贴发放管理工作，确保这一惠民政策落到实处。一是规范申请程序。明确凡属本地户籍，年满 80 周岁的老人可直接向其户籍所在地的村委会（社区）提出高龄补贴申请，确保高龄老人生活补贴受益人申报方便，做到高龄补贴发放工作不错不漏，让每位符合发放补贴条件的老人都能及时享受到此项优惠政策。二是规范审核审批程序。明确村委会（社区）是责任主体，对收到申请补贴的高龄老人逐一入户调查核实。乡镇民政所在收到申请资料后，进行复核和信息录入，建立信息数据库。县老龄办组织召开评审会，严格按照公正、公开、高效、便捷的原则，对乡镇民政所审核后上报的材料进行审批，并且逐级公示，做到公开透明，主动接受群众的监督。三是规范发放程序。明确高龄老人生活保健补贴资金实行专户管理，专款专用，规范运行，全面实行社会化发放，并按照财政国库管理制度由乡镇财政所直接将补助资金发放到享受对象“一折通”个人账户中，严禁弄虚作假、虚报冒领、截留挪用，确保高龄补贴按时足额发放到位，让高龄老人充分享受到经济社会发展成果。四是规范资料管理。明确村委会（社区）、乡镇民政所和县老龄办三级分别对享受高龄补贴对象建立纸质档案和电子档案，及时记载变动情况，并将全县所有高龄老人的信息录入管理系统，对享受高龄补贴的各类老年人实行动态管理，确保信息真实、准确、完整。同时，统筹养老服务事业和养老服务产业同步发展，落实优惠政策，鼓励更多民间资本进入养老服务领域，积极推进幸福养老院建设。武定县德润养老服务中心、大同医养服务中心、江阑阳光康养山庄等项目已在协调推进中。2016 年，全县发放 4194 名 80 周岁以上高龄老年人健康补贴和长寿补贴（其中 100 周岁以上4人）252.84万元。

四　社会事业管理

（一）社会事业管理的主要工作

1. 优抚安置工作

武定县民政局以《军人抚恤优待条例》《烈士褒扬条例》《退役士兵安置条例》为依据，深入开展双拥活动，全面落实优抚安置政策，认真做好了退役士兵的岗位安置和自主就业、自谋职业安置工作，认真做好了退役士兵职业教育和技能培训工作，完善义务兵家属优待金财政保障机制，提高退役士兵培训率和就业率。完善以扶持自主就业为主、多种就业安置方式相结合，城乡一体的退役士兵安置制度，岗位安置符合安排工作条件的退役士兵，开展退役士兵职业教育和技能培训工作，协调落实退役士兵就业服务、小额贷款、个体经营税费减免等优惠政策，鼓励和支持退役士兵创业，退役士兵教育培训知晓率和有意愿参训的退役士兵培训率均达100%。关心伤残军人、复员退伍军人、烈属等重点优抚对象的生活，切实解决他们在生产生活上的实际困难和问题，为他们送去政府的关怀和温暖。2016年，全县向重点优抚对象和驻军部队发放慰问金44.6万元，接收退役士兵55人、退役士官32人、转业士官21人，合计108人，支出退役接待经费26.398万元。拨付参战退役、出国参战民工、农村籍60周岁老退伍军人等各类人员各种经费702.416万元。发放烈士遗属慰问金4500元。

2. 婚姻登记工作

武定县民政局认真贯彻《婚姻法》和《婚姻登记条例》，结合普法教育宣传活动，强化全民法制意识。规范婚姻执法工作，对婚姻登记管理人员进行婚姻登记管理培训，并通过检查指导各乡镇婚姻登记和档案建设工作，有效推进了全县婚姻登记的规范化建设。2015年，全县办理结婚登记手续2035对，补领结婚登记手续395对，离婚登记手续498对。登记合格率100%。

3. 社会组织管理

武定县民政部门按照《社会团体登记条例》，依法依规对社会组织进行管理，坚持从严登记，依法登记，强化管理，并积极引导社会组织参与社会发展和经济建设，促进公益事业发展。加强社会组织监督管理，督促社会组织完善内部管理机制，对未参加年检、年检不合格及违法违规社会组织及时进行整改和处罚，加强非法社会组织查处力度。截至2016年10月底，全县在册登记的社会组织共计121家。其中，社会团体共计101家，民办非企业共计20家。

4. 区划地名工作

武定县民政部门按照《区划管理规定》《地名管理条例》等国家、省相关规定，规范地名管理，开展地名补查和资料更新，健全完善地名数据库，积极稳妥开展全县乡村、城镇设置地名标志设置工作，完成乡镇村民委员会和社区居委会区划调整，武定县现辖11个乡（镇）、133个村民（社区居民）委员会、1570个村民（社区居民）小组。做好界碑的日常维护管理，深化“平安边界”创建活动，定期排查排除边界安全隐患，把问题和矛盾消除在萌芽状态。2014年，武定县设立了第二次全国地名普查机构，并展开了调查摸底，积极推进城区街、路、巷、小区地名命名和住户门牌号的设置工作，有序推进第二次地名普查工作。

5. 殡葬改革

继续深化殡葬改革，采取有效措施巩固和提高火化率，制定《武定县殡葬改革工作实施意见》《武定县人民政府关于殡葬改革禁止乱埋滥葬的公告》《武定县人民政府关于印发〈武定县城乡居民遗体火化安葬补助办法〉的通知》等相关制度，健全和完善县乡殡葬改革工作领导机构，强化村（居）殡葬管理信息联络员队伍，引导村（居）成立移风易俗红白理事会。加强对公墓和殡仪馆规范管理工作。抓好农村公益性公墓建设、规划及项目资金争取工作。落实五保户、城乡低保户、重点优抚对象、农业人口和社区居民火化补助政策。强化殡葬行业内部管理，改进设施，拓展服务领域，提高服务水平，引导群众树立文明节俭、丧事简办的良好风尚。加大殡葬改革执法力度，清理和整治违规坟墓，严格实施殡葬改革工作考核，积极推行生态墓区建设。同时，做好对县殡仪馆、县烈士陵园的日常管理管护工作，清明节、烈士纪念日祭扫公墓、烈士陵园的服务工作，着力推进救灾服务中心五凤山公墓管理所的改革改制工作。2016年1—10月火化遗体180具，发放火化补助资金15.3万元，惠及78户城乡居民。

（二）社会管理创新

武定县在经济社会全面发展的同时，全县的社会管理及其创新工作正处于群众工作的敏感期，科学发展的探索期，破解改革发展难题的深水期，矛盾凸显期。同时，政府社会管理职能的界定不清，社会管理手段较为单一，社会管理体制不顺，运行机制不完善等问题仍然突出，社会管理工作亟待创新。2010 年 10 月，武定县被楚雄州确定为社会管理创新综合试点县。县委县政府成立了由相关县委县政府领导为组长、副组长，32 个县级单位负责人为成员的社会管理创新试点工作领导小组及办公室，11 个乡镇也成立了领导小组。2013 年 4 月完成了县社管综治委的更名及县社管综治办内设机构的设置，形成了由 59 个成员单位组成的社管综治委，设立了实有人口、特殊人群、“两新组织”、社会治安、预防青少年违法犯罪、校园及周边治安综合治理、护路护线联防、矿产资源、民族宗教 9 个专项组，并制定了各专项组工作方案。11 个乡镇配备了 11 名综治办主任、14 名综治专干、4 名综治员。同时提出“七个协同推进”的基本思路：

一是社会管理创新与群众工作协同推进。树牢群众观点，树立正确政绩观，以正确的观点和态度看待政绩，不能牺牲长远利益搞发展，不能牺牲环境搞建设；健全群众工作机制，改进群众工作方法，注重制度创新。

二是建立领导责任制与加强基层基础工作协同推进。构建领导干部接访下访和包案制度、民情责任区制度、民情巡视制度、领导干部定点联系制度、基层组织建设、大调解体系建设、综治维稳基础规范化建设。

三是经济建设与社会建设协同推进。抓好发展要务，加快政府职能转变，加强社会管理与服务体系建设。

四是法治与德治协同推进。贯彻依法办事，促进社会主义核心价值体系建设，加强社会主义道德建设、诚信社会建设、群众性精神文明创建活动、文化事业和文化产业发展，提高舆论引导水平。

五是推动发展与解决民生问题协同推进。做好就业再就业工作，建立健全覆盖城乡居民的社会保障体系建设，解决群众上学难、看病难、住房难问题以及群众所关注的热点难点问题。

六是统筹城乡可持续发展协同推进。统筹城乡规划，加快现代农业发展，推进和谐社区建设，做好失地农民安置工作，搭建为民服务新平台，统筹矿区和水源区可持续发展。

七是抓好城乡特殊人群管理服务工作协同推进。实施民族地区综合开发，依法加强宗教活动场所的管理服务工作，抓好流动人口和特殊人群的管理服务。

第三节　城乡居民收入和消费水平

新中国成立前，武定县主要以种植粮食为主，全县仅有手工业，无现代工业。由于封建领主制和地主所有制并存，农业收入大部分集中在土司、地主、富农手中，并且农民还要负担民国政府名目繁多的门户钱，扣除这一切后，农民所剩无几。新中国成立后，武定县同全国一样，相继进行了土地改革、互助合作运动、社会主义改造，解放了生产力，促进了工农业的稳步发展。1978 年以后，武定县经济较快发展，居民收入不断增加，人民生活水平得到较大提高。特别是进入 21 世纪后，国家扶贫攻坚工程的实施，促进了贫困地区经济的发展和人民生活的改善，城乡居民生活环境明显改善。

武定县是农业大县，农业在三产中占 1/3 强，农业就业人口占 2/3 以上。农民人均收入的变化最能反映当地广大少数民族群众生活水平的变化。1978 年，武定县农民人均纯收入 91 元，2000 年，农民人均纯收入增加到 1385 元。实施新农村建设以后，农民收入增长更快，2008 年，武定县农民人均纯收入 2356 元，到 2015 年，农民人均纯收入增加至 7592 元。2008—2015 年，武定县农民纯收入年均增长 27. 78%（见图 3-3），与全省同期相比高了 7. 08 个百分点（全省同时期年平均增长率为 20. 7%）。

同时也要看到，20 世纪 80 年代，武定县被确定为首批国家级贫困县，贫困人口多，贫困程度深，广大少数民族群众收入长期偏低。近年来，虽然农民人均收入水平增长较快，但并没有从根本上解决农民收入偏低的问题。从横向比较看，2012 年武定县农民人均纯收入 4606 元，为云南省农民人均纯收入水平 5417 元的 85%，全国农民人均收入水平 7917 元的 58%，也就是说武定县农民人均纯收入只有全国平均水平的一半，差距十分巨大（见图 3-4）。近年来，随着国家精准扶贫的深入推进，武定县与云南省农民人均纯收入差距在逐年缩小。

城镇居民可支配收入方面，随着城镇经济的进一步发展，二、三产业占国民生产总值比重逐步增加，非农产业从业人员数量稳步增长，城镇居民可支配收入也在同步增加，加上近年来收入分配制度改革的深入推进，最低工资标准、企业退休人员基本养老金的不断增长，带动了居民工资性

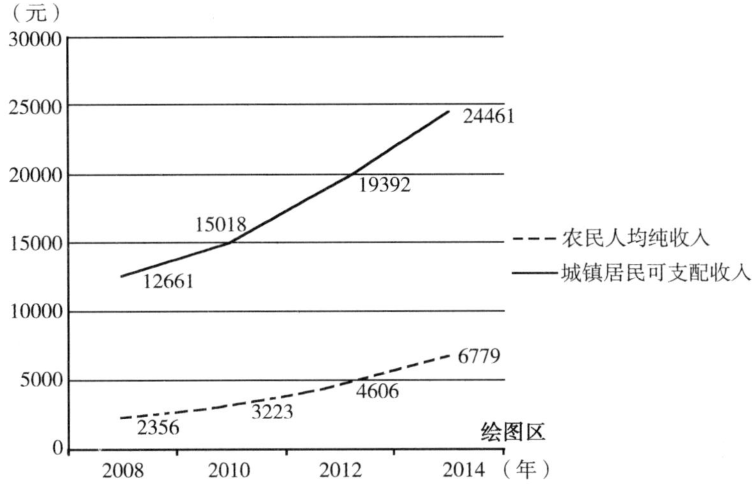

图 3-3　2008 年以来武定县城乡居民收入变化情况

数据来源：历年来武定县国民经济社会发展统计公报。

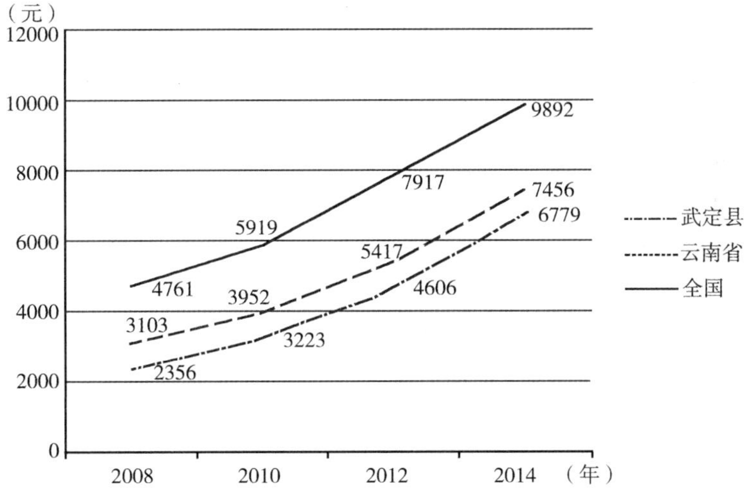

图 3-4　2008 年以来武定县农民人均纯收入与云南省、全国的横向比较

数据来源：历年来武定县国民经济社会发展统计公报，《云南统计年鉴》，《中国统计年鉴》。

和转移性收入持续增加，民生水平不断改善。2008 年，武定县城镇居民人均可支配收入为 12661 元，到 2014 年这一数据变化为 24461 元，接近翻了一番，年均增长率为 13.31%（见图 3-5）。与同期云南省和全国水平相比，武定县城镇居民人均可支配收入增长率已赶上云南省和国家水平，但由于基数低，与全国的收入差距仍十分明显。

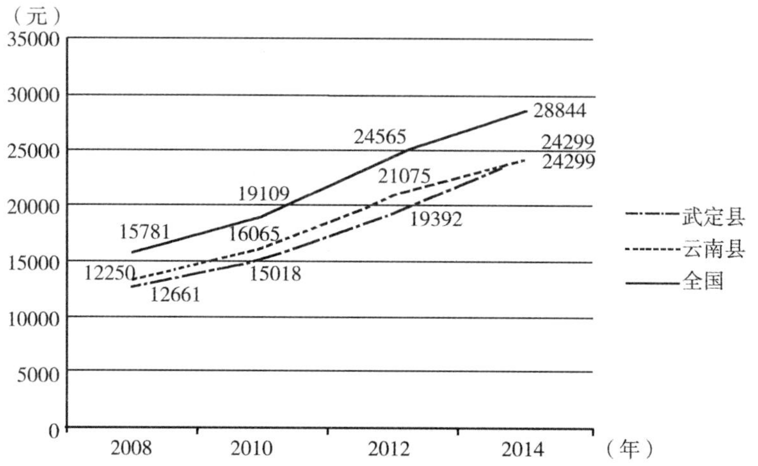

图 3-5 2008 年以来武定县城镇居民平均可支配收入与云南省、全国的情况比较

数据来源：历年来武定县国民经济社会发展统计公报，《云南统计年鉴》，《中国统计年鉴》。

从城乡居民收入差距看，2008 年武定县城乡居民收入差距为 10350 元，2014 年扩大为 17682 元，城乡居民收入差距继续扩大。由于武定县是传统的农业县，地处高原山区，农业基础设施薄弱，生产方式主要以种植业为主，生产方式单一，生产力水平较低。虽然近几年武定县通过新农村建设，夯实农业基础设施，大力推广农业高新技术，培育了一批新型农民，但“靠天吃饭”的现象仍然存在。如何促进农民增收，缩小城乡差距，构建社会主义和谐社会已成为当地政府的重要问题。

从城乡居民收入结构看，家庭经营净收入仍然是农村居民最大的收入来源，占可支配收入的比重超过一半。随着新“四化”进程推进，以及政府转移支付力度加大，农村常住居民收入来源不断丰富，家庭经营净收入占比呈逐年下降趋势。与农村居民相比，城镇居民收入来源机构相对稳定，工资性收入仍是最主要的收入来源。

从城乡居民消费支出水平看，随着城乡居民收入的增加，全县城乡居民消费支出也呈现逐年增长趋势。2005 年，武定县农民生活消费支出为 1803 元，2008 年为 2466 元，2010 年为 3108 元，2014 年扩大为 4104 元，

2008—2014 年间农民生活消费支出年均增长率为 13. 8%。从城镇居民人均消费支出看，2005 年，武定县城镇居民人均消费支出 5900 元，2008 年为 8549 元，2010 年为 10141 元，2014 年增长至 14224 元，2008—2014 年间城镇居民消费年均增长率为 9. 48%。显然，从增长率看，同期武定县农民生活消费支出高于城镇居民消费支出，但由于农民收入水平低，中低收入阶层占有很大数量，消费水平提升有限，导致与城镇居民消费支出差距越来越大。武定县城乡居民消费质量、消费结构有待于进一步提升。(详见图 3-6)

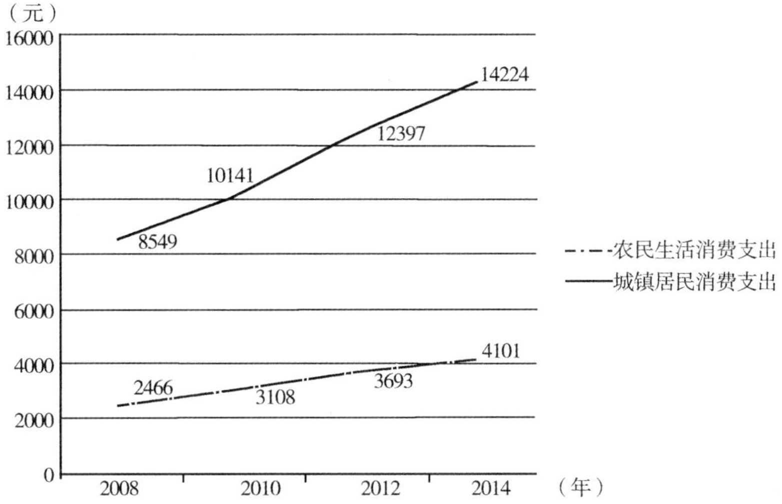

图 3-6　2008 年以来武定县城乡居民消费变化情况

数据来源：历年来武定县国民经济社会发展统计公报。

第四节　扶贫开发

武定县是一个集“山区、民族、宗教、贫困”四位一体的贫困县，1986 年被国务院确定为首批国家级贫困县，2011 年 12 月，国家决定启动乌蒙山片区区域发展与扶贫攻坚规划，武定县处于乌蒙山余脉最西端，列入乌蒙山片区开发县之一。2014 年末，武定县有贫困人口 7. 95 万人，贫困发生率 32. 64%，贫困人口和贫困发生率均排在楚雄州第一位。农民人均纯收入 6779 元，为楚雄州倒数第一。武定县的贫困问题十分突出，已成为制约全县经济社会协调发展的重要因素。

一　扶贫机构[①]

1986年10月10日，武定县成立“中共武定县委、武定县人民政府贫困地区工作领导小组”，同时成立县委县人民政府“贫困地区工作办公室”。1988年，县贫困地区工作办公室定编12人，负责日常扶贫经济开发工作。同年，县委发文通知各乡（镇）在编制中配扶贫专干各1人，年内13个乡（镇）中已配扶贫专职干部10人，兼职干部3人。1991年，根据省、州有关文件精神，将“中共武定县委、武定县人民政府贫困地区工作领导小组”改名为“武定县人民政府扶贫开发领导小组”，县委县人民政府“贫困地区工作办公室”改名为县人民政府“贫困地区经济开发办公室”，办公室由县委县人民政府共同领导改为由县人民政府直接领导，并定编为12人。1995年机构改革时，将“贫困地区经济开发办公室”降格并归县人民政府办公室，保留牌子。1996年机构调整工作中，又将“贫困地区经济开发办公室”从县人民政府办公室划出，升格为一级局，属县人民政府组成部。2001年县编制委员会下达县贫困地区经济开发办公室人员编制19人，其中行政编制10人，行政职能事业编制9人。同年经州机构改革领导小组审核，同意武定县机构改革方案中“保留县贫困地区经济开发办公室，为县人民政府扶贫开发领导小组的常设办事机构”。县贫困地区经济开发办公室内设4个股，即综合股、小额信贷股、异地开发股、外资项目管理股。2005年，县人民政府进行机构改革，成立县扶贫开发领导小组办公室。

二　扶贫开发取得的成效

1986年以来，在各级各部门的关心支持下，武定县结合实际，以基础设施建设、支柱产业培育、社会事业发展、群众素质提高为重点，采取信贷扶贫、外资扶贫、财政扶贫、社会扶贫相结合的方式，健全机制，多措并举，全力推进扶贫开发工作。经过近30年的努力，贫困地区基础设施明显改善，贫困群众自我发展能力明显增强，加快了脱贫致富步伐。

（一）贫困地区基础设施得到较大改善

武定县的扶贫开发工作可分为以下六个阶段。

---

① 云南省武定县志编纂委员会编纂：《武定县志》，云南人民出版社1990年版，第561页。

体制改革推动扶贫阶段（1978—1985 年）。主要特点为体制改革推动扶贫，实行了家庭联产承包责任制、土地承包等改革。1982 年，武定县被列为云南省 41 个贫困县之一。

大规模开发式扶贫阶段（1986—1993 年）。主要特点为把扶贫与开发结合起来。按照 1985 年人均纯收入低于 150 元为特困县的标准，武定县农民人均纯收入还不到 100 元，全县 143 个小乡中有 74 个乡和占总人口 90%的农民温饱问题尚未解决。1986 年，武定被列为国家重点扶持的贫困县。1986 年 10 月 10 日，中共武定县委县人民政府成立了贫困地区工作领导小组及办公室。1989 年，国家招商银行挂钩武定县。

八七扶贫攻坚阶段（1994—2000 年）。主要特点为在坚持以往行之有效的政策和措施的基础上，贯彻和执行《国家八七扶贫攻坚计划（1994—2000 年）》。国家重新划定了贫困县的标准和范围，武定县仍然被确定为 592 个国家级贫困县之一。武定县结合实际，以基础设施建设、支柱产业培育、社会事业发展、群众素质提高为重点，采取信贷扶贫、外资扶贫、财政扶贫、社会扶贫相结合的方式，健全机制，多措并举，全力推进扶贫开发工作。

解决温饱与巩固温饱成果并重阶段（2001—2010 年）。主要特点为扶贫开发从输血式扶贫向造血式扶贫转变，以解决温饱为主要任务转入巩固温饱成果、加快脱贫致富、改善生态环境、提高发展能力、缩小发展差距。贯彻和执行《中国农村扶贫开发纲要（2001—2010 年）》。

“十二五”片区攻坚时期（2011—2013 年）。以《中国农村扶贫开发纲要（2011—2020 年）》制定为标志，按照中央“把集中连片特殊困难地区作为新阶段扶贫攻坚主战场的战略部署和国家区域发展的总体要求”，扶贫方式以片区开发为主，武定县被列入乌蒙山片区。

片区开发与精准扶贫同步推进阶段（2014 年至今）。以《乌蒙山片区武定区域发展与扶贫攻坚规划（2011—2020 年）》进入了国家层面的战略规划为标志，以集中连片特困地区为主战场，统筹金沙江南岸低热河谷地区、高寒冷凉地区、边远少数民族地区“三大区域”的区域发展与扶贫攻坚，同时，按照对象、目标、任务、措施、责任、帮扶、投入、考评等 8 个精准要求，锁定 7 个贫困乡（镇）、59 个贫困村、7.95 万贫困人口，开展脱贫攻坚“挂包帮、转走访”工作。

（二）扶贫开发模式不断创新

武定县在扶贫开发中勇于创新，拓宽思路，创造性地开展工作，探索出一系列行之有效的扶贫开发模式，不断地总结、创新，根据新时期扶贫工作的新要求，努力实现扶贫方式的转变。

一是整村推进扶贫模式。《中国农村扶贫开发纲要（2001—2010年）》提出整村推进扶贫模式，以重点村为对象，以行政村为规划单元，集中实施产业扶贫项目，整村扶持，增加贫困群众收入，结合“修路、治水、通电、护林、兴文、办学、办医、调结构”，扎实推进山区农村建设，完善基础设施建设、发展社会公益事业、改善群众生产生活条件。

二是连片开发扶贫模式。大力实施“资源大整合、社会大参与、群众大发动、连片大开发”战略。2006—2012年全县实施了603个自然村的整村推进，每个村投入资金15万元，其中70%用于基础设施，30%用于产业发展，目前已经基本解决了603个村的行路难、通电难、饮水难、灌溉难、增收难等贫困问题，持续发展能力得到加强。

三是产业化扶贫模式。加快特色产业扶持发展，实现县有骨干产业、乡镇有主导产业、村有优势产业、户有增收产业的产业发展格局。推进一村一品、多村一品和农业产业化经营。深入推进脱贫增收工程，培育贫困群众增收的支撑点。完善龙头企业、农民专业合作社、家庭农场和专业大户等新型经营主体扶持政策，创建省级、州级龙头企业，创建现代农业示范园区。积极发展农民专业合作社、家庭农场、专业大户，打造特色优势产业基地，带动贫困农户增收。2012年，武定县投入财政扶贫资金和信贷扶贫资金3000多万元，扶持了武定鸡、商品猪、中药材、核桃、黑山羊等产业，增强了贫困群众持续发展能力，农民人均纯收入比2011年增加了750元，增幅达19.5%。

四是劳动力转移培训扶贫模式。对贫困家庭劳动力开展务工技能和农业实用技术培训，提高其劳动技能、就业能力和综合素质，把农村劳动力资源转化成人力资源，增强贫困地区农村劳动力的生存能力、创业能力、增收能力、自我发展能力，通过发展高原特色农业或转移就业实现脱贫致富。劳动力转移培训就业是一种投资少、见效快，而且效果持久的扶贫模式，能够使贫困农民解放思想、转变观念、开阔视野、增长见识、增加才干，促使他们寻求到一条增加收入、脱贫致富的有效途径。

五是易地搬迁扶贫模式。对那些资源匮乏、自然条件恶劣，“一方水土养不起一方人”的贫困地区，实施易地扶贫搬迁是最彻底、最有效的脱贫路径。武定县采取“3+1+1”模式进行安置：“3”即实施整村搬迁、整村旧村变新村、插花性搬迁三类安置模式；“1”即依托乡镇小集镇建设实施乡镇集镇集中安置；“1”即购买商品房补助安置，鼓励农户进入县城购买商品房，并对农户给予补助。通过易地搬迁，改善生产生活条件、调整经济结构和拓展增收渠道，提高公共服务，帮助搬迁人口逐步脱贫致富。2006—2012 年，武定县共投入易地搬迁财政扶贫资金 1725 万元，实施了 3471 人的易地搬迁。

六是对口帮扶模式。对口帮扶扶贫模式是由中央政府倡导、各级政府率先垂范，充分调动各级国家机关、企事业单位以及社会各界的力量和资源帮扶贫困乡镇、村社，促使全社会广泛参与的一种扶贫模式。武定县有 5 个省级单位对口帮扶 4 个乡镇，16 家州级单位对口帮扶 16 个村委会，75 家县级单位对口帮扶 75 个村委会，招商银行挂钩帮扶该县。2006—2012 年，对口帮扶资金投入达到 5000 多万元，仅 2012 年就有 1311 万元。

三　扶贫开发存在的问题和建议

武定县的扶贫开发虽然取得了显著成效，但是，当前制约武定县贫困地区发展和贫困人口脱贫的深层次矛盾依然存在。受自然条件、市场情况、政策因素、区域环境、发展机会、个体素质等致贫因素的影响，辖区内乡镇之间、民族之间，社会和经济发展之间存在着极大的不平衡性，贫困人口集中分布于金沙江南岸低热河谷地区、高寒冷凉地区、边远少数民族地区“三大区域”，农村贫困面大、贫困人口多、贫困程度深。脱贫攻坚既面临一些多年未解决的深层次矛盾和问题，也面临不少新情况、新挑战。但作为国家扶贫开发工作重点县、乌蒙山片区县和革命老区县，武定县脱贫攻坚任务十分艰巨，脱贫攻坚工作中存在一些不容忽视的困难、问题和矛盾。

（1）贫困人口多，贫困程度深。按照农民人均纯收入 2300 元的贫困线标准，截至 2014 年底，武定县共有贫困人口 7.9505 万人，贫困乡镇、贫困行政村、建档立卡贫困人口分别占楚雄州的 28%、26.8%、30.8%，贫困发生率为32.64%，贫困发生率居楚雄州第一位。处于极端贫困以下的2.4万特困群体基本丧失生存条件。群众上学难、看病难、出行难、吃水难问题还未得到解决。由于地震、泥石流、滑坡等自然灾害频发，生存条件恶劣，因灾致贫、因病返贫现象十分突出。贫困人口自我发展的能力弱，脱贫与返贫并存。生存条件恶劣致贫、缺水致贫、地质灾害致贫、气候冷凉致贫、文化智力低下致贫、因送子女上学致贫的问题突出，导致小灾小返贫，大灾大返贫。

（2）基础设施差，发展能力弱。由于历史和自然原因，武定县交通、水利、农业等基础设施差，发展能力弱。10%的农户住房为土掌房、杈杈房，70%的农户安居房难以达到规定的抗震要求，8.1万人畜饮水困难（其中2.6万人长期未能解决）。截至2016年，全县已实施800个整村推进项目，占全县1268个贫困村民小组的63%，占全县1570个村民小组的50%。但仍有自然村未通简易公路，已通简易公路的自然村，晴通雨阻，雨天一身泥，晴天一身灰，严重制约着经济发展。

（3）产业发展滞后，农民增收困难。武定县属于农业县，但农业主要是分散的种植业和养殖业，农业产业化进程缓慢，以产业促发展的机制尚未形成，农民增收困难。当前全县山区农民收入主要来自两个方面，一是家庭种养收入，二是非农外出务工收入。首先，在边远贫困山村，农业结构单调，品种单一，扩大再生产能力薄弱，分户的生产和经营难以形成产品优势，依靠传统的家庭种养增收难度越来越大。其次，山区贫困劳力大多数没有通过技能培训，外出打工往往是干最脏、最重且报酬最低的活，很难达到外出务工增收的目的。

（4）地方财政困难，片区推进乏力。武定县是典型的山区农业县，财政支出主要依靠中央财政转移支付，有限的地方财力使保障政策规定的县级配套资金都存在很大困难，更无法筹集专项资金用于贫困地区基础设施建设。因此，只能依靠中央和省级财政支持，导致片区区域发展与扶贫攻坚规划实施进程缓慢。异地扶贫搬迁贷款难。由于前期异地扶贫搬迁政策落地需要过程、发行融资贷款不到位、部分村组干部不作为慢作为，各乡镇普遍反映异地扶贫搬迁贷款难，财政补偿资金还没有真正兑现到建房贫困户手中。由于很多贫困户目前手上无任何资金，需贷款资金先到位后才能保障其建房快速推进，急需解决贫困户贷款难、补偿难的问题。

（5）贫困户发展内生动力不足，返贫现象突出。武定县贫困户主要分布在山区，偏远闭塞，交通不便、水电不畅，生产生活条件落后，依然停留在传统农业发展阶段，“种粮保肚子，养猪为过年”的小农意识根深蒂固。贫困户科技文化素质不高，自身“造血”能力低，自我发展能力弱。多数贫困人口较多的村经济结构单一，土地抛荒严重。龙头企业、专业合作社、能人大户带动辐射作用十分有限，持续发展能力不强，生产经营能力较低，缺乏致富和发展门路，更缺乏抵御风险的能力。农业基础薄弱，靠天吃饭，抵御自然灾害的能力差，脱贫困难，返贫率高。因病、因教致贫返贫现象较为突出。致困与返贫相互交织，因重度残疾、重大疾病、年老体弱致贫占40%以上。“因教返贫”仍是常态，中高等教育费用在农村家庭经济支出中仍占相当大的比例，贫困人口脱贫抗风险能力弱。自然灾害、市场风险致贫等也占很大一部分。还有相当一部分贫困户是病残和无劳动能力户，基本难以脱贫。

针对上述扶贫工作存在的问题和困难，本书建议：

（1）要抓好片区开发扶贫。要围绕抓好乌蒙山片区武定区域发展与扶贫攻坚规划，把金沙江南岸低热河谷地区、高寒冷凉地区、深山边远少数民族地区“三大区域”作为武定县区域扶贫攻坚的主战场、主攻区，以整乡推进规划为平台，以项目为载体，按照“渠道不乱、用途不变、各负其责、各记其功”的原则，引导专项扶贫、社会扶贫、行业扶贫共同推进。

（2）加强基础设施建设，夯实发展基础。基础薄弱始终是制约武定县经济社会发展的突出因素，农田水利建设滞后是影响农业稳定发展和主要农产品供给的最大“瓶颈”。一要强化农田水利基础设施建设。加快推进仁和、土瓜地、志黑、阿庆争、大板桥等一批水源工程建设，全面提升蓄水保水能力。继续推进一批小（一）、小（二）型病险水库除险加固工程，实施好农村“五小”水利、农村饮水安全、水土保持、小型农田水利、干支渠配套、灌区节水改造等工程。围绕现代农业产业基地建设成片推进、整体推进，通过实施中低改、土地整理等项目集中投入、综合投入，加强产业基地的田网、水网、路网、林网、电网和信息网配套建设，推动农田水利设施建设向产业发展集中区集中。二要加快贫困地区农村公路建设，实现贫困乡镇全部有等级以上公路，行政村通硬化路和通班车，20户以上自然村全部通公路，村庄内道路硬化率达到90%以上。三要加快农村信息化建设，实现贫困村村村通有线电视、通电话、通宽带。四要扎实推进金沙江、菜园河、乌龙河、水城河、勐果河等“一江四河”重点流域治理，努力构建保障经济社会可持续发展的水环境、水生态保护体系。

（3）加快产业扶贫，促进农民增收。用活用好产业扶贫资金，进一步发挥小额信贷资金和扶贫互助资金对农业产业化的推动作用，解决贫困农民资金短缺问题，支持贫困地区加快产业结构调整，努力培育可持续脱贫致富的支撑产业。立足“三乡五业”发展思路，坚持把发展一村一品的特色产业与构建扶贫产业带相结合，坚持基地生产与农户小生产相结合，培育壮大三个重点产业：一是巩固提升武定壮鸡、黑山羊等优势传统产业；二是依托云南白药集团武定基地的辐射推广作用，大力发展中草药种植业；三是充分利用武定“处于现代新昆明经济圈次区域和辐射层，是攀昆经济合作的桥梁和纽带”的区位优势，做强做大蔬菜种植产业；四是依托农村特色优势旅游资源，大力发展乡村旅游业和休闲农业，重点扶持一批民族特色旅游村寨，带动农村劳动力就业，促进贫困农户增收。

（4）加快金融改革，激发内生动力。要善于依靠改革创新破解难题，把政府作用和市场作用更好结合起来，引导群众转变观念，更多走向市场、依靠市场，参与现代化进程，让武定县贫困地区的土地、劳动力、资产、自然风光等要素活起来，让资源变资产、资金变股金、农民变股东。要探索将财政资金投入设施农业、规模养殖、乡村旅游等项目形成的资产，折股量化给贫困地区和贫困户，尤其是丧失劳动能力的贫困群众，让他们分享农业现代化的红利。要把借助外力和激发内力更好结合起来，通过深化改革开放，构建以外因促内因、外力促内力、以“输血”助“造血”的体制机制，形成经济社会发展的新动能。

（5）提高群众素质，增强发展内生动力。继续强化武定县贫困群众的智力扶贫，把加强贫困地区劳动力培训与转移工作作为一项战略任务来抓，不断提高贫困群众的劳动技能，确保贫困地区农民“懂技能、输得出、留得住、有收入、能致富”。大力推广先进实用技术，促进科技成果转化。组织各类专家深入贫困县乡村，有针对性地提供先进的技术培训，帮助解决生产中遇到的技术问题；深入贫困乡村开展产学研用合作，搭建科技成果转化平台，提高农业生产水平，推进特色优势产业发展，增加产品附加值，加速科技成果的转化和推广，提高广大农民收入水平。让农业科技融入农村、农企、农业合作社，加大农业生产、加工、销售各环节中的科技含量投入，加快品牌打造，加大实用科技推广转化力度。

第四章

社会转型中的彝族文化

第一节　武定县境的彝族

一　族源与历史

武定县地处滇中北部，东连禄劝县，南接富民、禄丰县，西接元谋县，北与四川凉山州会理县隔金沙江相望。有史以来，这里一直就是连接川滇的重要通道之一，也是彝族先民由西而东、由东而西、由北而南、由南而北迁徙流动走廊的一个重要交会点。两汉以来，武定所在的区域就是彝族历史文化发展的一个重要地区。

按照中国民族史学界的主流观点，彝族包括藏、白、羌、纳西、傈僳、哈尼、拉祜、普米、景颇、怒、阿昌、独龙、基诺、土家等藏缅语民族都源于古羌人，他们的发源地都在今天黄河上游甘青高原的河、湟流域一带。这些广泛分布于今日中国西南地区的藏缅语民族历史上都是沿着青、藏、川、滇四省结合部的横断山区怒江、澜沧江、金沙江、雅砻江、大渡河、岷江六条南北走向的平行江河在崇山峻岭中深切开辟出的天然河谷通道迁徙而来。由这些天然河谷通道构成的大横断山脉区域民族走廊也被称为“藏彝走廊”。①

在藏彝走廊及其南部边缘地区，秦汉时生活着夜郎、滇、邛都、嶲、昆明、徙、筰都、冉駹、白马九个大的人群部落，司马迁在《史记》中将其统称为“西南夷”，并按照他们的生计模式分为定居、半定居和游牧三大类型。其中的嶲、昆明两个人群部落生活在滇西北的洱海及其以西的

---

① 费孝通：《民族社会学调查的尝试》，载《从事社会学五十年》，天津人民出版社 1983 年版，第 91 页。

澜沧江区域，过着“随畜迁徙，毋常处，毋君长”的游牧生活。按照古今人群文化对应关系，嶲、昆明两个人群被认定就是今天彝族先民的主干。

从东汉及其以后的文献记载以及从晋宁石寨山出土的青铜器上所刻画、描绘的“编发”民族与“椎髻”民族的战争场面，学者们推断，至迟在公元前6世纪前后，昆明人就以洱海地区为中心向东、向南迁徙扩展。他们中的一部分向东进入弥渡、祥云、姚安一带，首先和当地的“大石墓”文化人群相接触，而后经楚雄、牟定继续向东扩张、迁徙，至战国末西汉初（约公元前1世纪）时进入滇国范围后与滇人发生了激烈的冲突。[①] 受到滇人强烈阻绝且在与滇人的征战中处于下风的嶲、昆明人折向东北，经武定、禄劝取道寻甸进入滇东地区。至唐代，其足迹遍及黔西、黔西北、滇东北、川西南，形成了著名的“七部东爨乌蛮”，历史学家称之为“仲牟由家族统治区域”。[②] “嶲、昆明”人群部落中的另一部分则由洱海地区向南移徙，进入保山、永平、漾濞、巍山、南涧一带与当地的土著人群交往交融发展成为东汉魏晋时期的“哀牢夷”，并在唐代成为南诏地区的主体民族。

武定区域秦汉时期属滇人、昆明和邛都人群活动的交会地带，魏晋时期属“昆（明）”“叟”夷人的势力范围，但其人群活动记录不详。《新唐书·南蛮传》说：“爨蛮之西，有徒莫祗蛮、俭望蛮，贞观二十三年（649年）内属，以其地为傍、望、览、丘、求五州，隶郎州都督府”。方国瑜先生考订，俭望即罗婺，求州在今武定、禄劝一带。[③] 唐永徽初年（650年）“大勃弄杨承颠私署将帅，寇麻州”，高宗命赵孝祖讨伐，“至罗仵侯山，其酋秃磨蒲与大鬼主都干以众塞箐口，孝祖大破之。”《中国历史地图集》标明，罗仵侯山在今武定境内。《元史·地理志》武定路条载：“昔獹鹿等蛮居之。至段氏使乌蛮阿歷治纳洟胒共龙城于共甸，又筑城名曰易龙，其孙法瓦浸盛，以其远祖罗婺为部名。”可知“罗仵”即“罗婺”，为同音异写。罗仵侯山，因居于其中的罗婺部族而得名。按《新唐书·南蛮传》记载，“卢鹿部”为东爨七部乌蛮之一，分布于今东

① 云南省博物馆编，张增祺著：《中国西南民族考古》，云南人民出版社1990年，第304页。

② 方国瑜：《彝族史稿》，四川民族出版社1984年版，第145—150页。

③ 同上书，第145页。

川、会泽、巧家县一带。今武定县境彝族纳苏、乃苏、阿罗（亦作纳罗）三个支系操彝语东部方言滇东北次方言，纳苏颇支系中还有一部分自称“罗婺颇”“德颇”，传说他们的祖先都从滇东北一带迁徙而来。据1984—1985年武定县民族事务委员会对这三个支系的10余份彝文家谱和134块彝文墓碑的考察、比对，多数将祖源上溯至“慕克克”，少数推溯至“慕齐齐”①，此次调查的猫街镇老松山村“乃苏颇”毕姓家族口传家谱也以“慕齐齐”开头。按滇、黔彝文文献记载，慕克克为彝族始祖“笃慕”的第五子，为布部始祖；慕齐齐为“笃慕”的第六子，系默部始祖。可以肯定，晋隋时彝族历史上“六祖”后裔的一部已由东向西扩张进入武定一带，并在唐初形成了一定的势力。

公元8世纪，南诏在唐王朝扶持下先是统一了六诏，后又于天宝七年（748年）平定爨氏内乱并趁势占领了爨区。南诏占领爨区后采取了两项重要的措施：一是由阁罗凤之子凤迦异领兵在昆川（今昆明）筑拓东城，以南诏副王的身份坐镇滇东；二是实行民族大迁移：“以兵围胁西爨”，将20万户白蛮从曲靖、滇池区域迁到滇西保山一带；又将姚安、大姚、永仁一带的弄栋蛮和蜻蛉蛮迁往滇西北地区。然后再从滇西和滇西北迁来当地的乌、白蛮充实这些新占领的地区。南诏腹地哀牢夷苗裔滇西乌蛮由此东移进入滇中、滇北区域，康熙《武定府志》禄劝州条说：“南诏时为洪农碌券部，僰人、猡缅、麦岔、傈僳诸蛮居之，汉人十无二三。”麦岔，又叫密岔，都是汉人对彝族“密切”人的称谓。今武定县境彝族密切支系都说先祖自南诏故地巍山辗转迁徙而来，如狮山镇山居杨氏家族，祖上初由蒙化府（今巍山）迁居禄丰猪街，再从猪街移居毕板村（禄丰境）。在毕板村居住时，先祖结伴到今山居大坟山狩猎，发现荒地中长有一棵苦荞，长得特别粗壮茂盛，就把随身携带的七把弩挂了上去，令所有人惊奇的是这棵苦荞的荞枝竟然都没有丝毫弯曲。大家觉得这是个土壤肥沃，适宜人居住的地方。于是，杨氏先祖父子三人就从毕板村移居山居大坟山。其后子嗣繁盛，长房住山居大村，后代一部分迁石将军、一部分迁水碓房；二房住杨家村，后代一部分迁幺鹰大村、一部分迁乌龙村；三房住现山居下村和新村，后人也有一部分迁水碓房。而同村的罗氏家族则是先从巍山迁到禄丰的腰站，后来一支迁往姚安，一支迁来山居下村。其后

① 云南省武定县志编纂委员会编纂：《武定县志》，天津人民出版社1990年版，第119页。该志中“慕克克”写作“木阿肯”，“慕齐齐”写作“木阿企”。

人有一部分迁永兆，一部分迁水碓房。[①] 与密切支系同操彝语中部方言的大部分罗倮（亦作罗罗）颇，传说他们的祖先也是从南诏腹地巍山一带迁徙而来。看来，自称罗倮颇的彝族支系也极有可能是在南诏移民政策背景下，由南诏故地东迁入唐姚州都督府境，后由姚安、楚雄、牟定一带或经元谋或经禄丰进入武定府境。

南诏后期罗婺部日渐强盛，“至段氏以乌蛮阿历并吞诸蛮聚落三十余处，分兄弟子侄治之，皆隶罗婺部”，借助段氏并吞了洪农禄劝、法块、掌鸠、华竹等部后的罗婺部势力大增。宋淳熙年间，阿而（即阿历）被大理国主段氏封为罗婺部长，至其子矣袜时，罗婺部势力大盛，“雄冠三十七部”。四传至矣格，元世祖平定云南，矣格率先归附，得封为罗婺万户侯，后迁升北路土官总管。其后代先后袭任武定路军民府土官总管等职，因功授封武德将军、赐龙虎符金牌，兼管云南行中书省参政；后又兼任八百司都元帅，加升亚中大夫。朱元璋统一云南，弄积妻商胜积极协助，因功授中顺大夫、武定军民府土官知府，并有世袭诰命。弘治三年（1490年）阿英奉例赐姓凤，颇受朱明皇室宠信。后奉令率土兵征伐寻甸、贵州普安等地的反叛土司，因功进升云南布政司右参政。蒙元至明代隆庆元年（1567年）改土设流，凤氏祖先在巩固蒙元云南边政，维护大明一统，促进汉族先进文化和生产技术在彝族社会中传播发挥过重要作用。武定、禄劝、元谋及禄丰毗连武定的滇中北地区，也因此成为一个重要的彝族历史文化发展区域。

明朝中叶起，朝廷开始在滇中北彝族地区推行改土设流，严重触犯了土官利益，加重了对彝民的封建剥削压榨，引起罗婺部地一些土官的反抗。从明嘉靖七年至清康熙五十七年（1528—1718年），凤氏领主前后七次率部反叛。在与朝廷拉锯式争斗征战中，凤氏领主的势力不断被削弱，领地不断被蚕食挤压，至明末清初时其势力已退缩至今武定北部万德、发窝、田心、白路、己衣一带山区。而持续不断的战乱与动荡也迫使当地彝族先民离开故土、远徙他乡。今滇西、滇南、滇东南被称为“罗婺”“罗午”“鲁屋”“阿务”“阿乌”的彝族支系先辈都是罗婺部民，都是明代以后或跟随领主征战，或为躲避战乱从武定、禄劝一带辗转迁徙而来。

由于明代后期凤氏土司江河日下，社会动荡纷乱，当地彝民远徙他

① 据山居村人杨开国访谈材料整理。

乡，形成一定程度上的地广人稀，也吸引了别地彝族先民的迁入。如今武定县境内的撒尼支系据传是清代康熙年间从今昆明市西山区明朗到插甸的下美乐、高桥的田心帮人垦山造田，然后落籍当地的。而分布在白路镇的纳苏支系中，有不少传说是从四川搬过来，迄今不过三百来年的时间。[①]这部分彝族极有可能是唐宋时居于今凉山州南部德昌、会理、会东一带的屈部、绛部等乌蛮的后裔，他们与罗婺部同属“仲牟由（即笃慕）家族”。

二　人口、支系与分布

彝族是中国大陆最具有多样性的少数民族之一，拥有非常复杂而繁多的支系。[②] 居于武定县境内的有纳苏、乃苏、罗罗、密切、阿罗、撒尼六个支系，每一个支系都有自己特定的人群称谓、语言、习俗和服饰。2014年末，武定县有彝族人口86512人[③]，占全县总人口的31.5%，分布于县内11个乡（镇），是武定县境内人口最多、分布最广的一个少数民族。其中，乃苏支系主要分布于猫街镇的高寒地带，阿罗支系主要分布于东坡、万德、己衣三个乡镇的沿江河谷地带，罗罗、密切、撒尼三个支系主要分布于猫街、高桥、狮山、插甸四个镇的坝区，纳苏支系则主要分布于除狮山镇以外的各乡镇的半山地带，人群分布的地缘性和立体特征十分显著。

纳苏支系：自称“纳苏颇”，他称“黑彝”。在武定县内11个乡（镇）都有居住，2014年末有人口39150人，其中以万德、发窝、插甸、高桥和白路5个乡镇较多，是县内6个彝族支系中人口最多、分布最广的一个支系。纳苏支系多居住在海拔2000米左右的山区，大部分经营旱地农业，少部分经营灌溉农业。畜牧业也是纳苏人的一项重要家庭生计。纳苏支系中还有一小部分自称“罗婺颇”“德颇”，纳苏人日常用语属于彝语东部方言滇东北次方言罗婺土语（亦称黑彝土语），使用彝文。

乃苏支系：自称“乃苏颇”，他称“红彝”。集中分布在猫街镇的猫街、七排、秧草地、大麦地、龙庆关、麦地冲、三家村、半山、大厂、五

① 《白路镇2015年彝族和苗族支系现状调研报告》，武定县民宗局提供，内部资料。

② 方国瑜在《彝族史稿》（1984）中所列彝族自称37种、他称44种；国家民委民族问题五种丛书之《彝族简史》（1987）在附录二《彝族自称、他称简表》中所列彝族自称35种、他称44种。足见彝族支系之多。

③ 本小节中的武定彝族总人口及各支系人口数据由武定县民宗局提供。

拃甸10个村委会和相邻的白路镇岔河村委会，2014年末有人口7517人。乃苏人主要居住在海拔2200米以上的高寒山区，从事旱地农业和高山畜牧业，农业条件差，人居环境恶劣，生计资源脆弱，交通不便，信息闭塞，是武定彝族中发展最为滞后、生活最为贫困的人群之一。乃苏人在本支系内部使用乃苏语交流，与别的彝族支系和其他民族交往时则使用汉语，使用彝文，有彝文经书。

阿罗支系：自称"阿罗颇"，他称"干彝"。2014年末有人口11969人，主要分布于县境西北部的东坡、万德、已衣和田心4个乡镇，居住在这四个乡镇的阿罗颇人口有10632人，占该支系总人口的88.83%。此外，发窝乡的阿过咪村委会和狮山镇的铺西村委会、矣波村委会也有居住。农业种植和畜牧饲养是阿罗人的主要产业，农作物主要有水稻、玉米和小麦，牲畜主要饲养山羊、黄牛和猪，家禽主要饲养武定壮鸡。阿罗人居住区因主要分布于金沙江南岸河谷半山地带，气候炎热干燥，干旱少雨，农业灌溉条件差，生态环境脆弱，加上信息闭塞，交通条件差，在当地属于最为突出典型的贫困群体之一。

罗罗支系：自称"罗倮颇"，他称"白彝"。主要分布在猫街镇的猫街、仓房、汤郎、龙庆关村委会和高桥镇的大村、马安、勒外、高姑拉、西菊拉村委会，2014年末有人口11583人。除高姑拉和西菊拉两个村委会属于半山区外，其他几个村委都分布在坝区，农业生产条件较好。农作物主要种植水稻、玉米和小麦，此外，饲养黄牛、山羊、猪、鸡也是罗罗人的重要生计基础。由于主要居住在坝区，交通便捷，基础设施较完善，罗罗支系的整体发展要好于纳苏、乃苏和阿罗支系。

密切支系：自称"密切颇"，他称"密岔""麦岔"。集中分布在狮山镇的铺西、西和、滑坡、恕德、陈官、永宁、狮山、狮高、哪吐村委会和毗连狮山镇的高桥镇花桥村委会和老滔村委会，2014年末有人口12891人。密切人主要分布在狮山和插甸坝区，紧邻县城，交通便捷，信息灵通，农业多种经营发展基础好，整体经济发展水平要好于其他几个支系。密切人对内讲密切语，对外讲汉语，没有彝文。

撒尼支系：自称"撒尼颇"，他称"明朗"，操彝语东南部方言撒尼土语。主要居住在插甸镇安德村委会的下乐美村和高桥镇老滔村委会的田心村，2014年末有人口1336人。撒尼人居住在坝区，农业基础设施较完善，交通便利，农业多种经营发展基础优越。

第二节　语言文字与文献古籍

一　语言文字

在中国西南的彝族地区，最常用来沟通的语言有两种：一种是汉语西南官话，彝族人称之为“汉话”。另一种是本土本民族语言，本地人称之为“彝话”。彝族内部支系众多，各地口音差别很大，因此“彝话”只能通行于一定范围的人群内，一般是讲同一方言或土语的属于同一个支系的人群。不同支系的彝族人之间使用汉语交流。在今天的彝族聚居区，除边远山区少部分上了年纪的老人和没有上过学的妇女外，许多人都能熟练地说汉话和彝话两种语言。在城镇近郊、交通沿线、坝区等散杂居区彝族村寨，则几乎只能说汉话，只有极少部分老人还记得一些本族土语单词。居住在城镇中的彝族，只有他们的祖父辈或父辈那一代还能说彝话，新生代的城镇彝族一般都只会说汉话。武定县境内的彝族也不例外。

“彝话”，即语言谱系分类下的“彝语”，它属于汉藏语系藏缅语族彝语支。受地理区隔、民族交往交流交融等因素影响，彝语不仅存在显著的支系差异，而且同一支系语的地方口音差别也很大，其中包括了许多彼此沟通困难的地方方言及土语。这些彝语方言，根据彝族语言学者的观点，被分为北部、东部、东南部、南部、西部、中部6个大方言区，5个次方言区和25种土语。武定县境内彝族所使用的彝语就包含了3个大方言、1个次方言和6种土语。其中，纳苏语、乃苏语和阿罗语同属于彝语东部方言滇东北次方言，彼此词汇相近或相同率很高，但存在通话困难，因此又进一步被区分为黑彝土语、红彝土语和干彝土语；罗罗语和密切语同属彝语中部方言，两者间词汇的相近或相同率高达83.4%①，但彼此交流困难，也被细分为罗罗土语和密切土语；而撒尼语则属于彝语东南部方言撒尼土语。

彝族有自己的文字，武定、禄劝一带的纳苏语称“苏玛”；东南部方言区撒尼语称“尼赛”；南部方言区聂苏语称“聂苏赛”；川滇北部方言区诺苏语称“布玛”；贵州纳苏语称“苏纳”或“尼书”；汉文史志文献

① 楚雄州民族事务委员会编：《楚雄彝族自治州民族志》，云南民族出版社2014年版，第85页。

称“爨文”“韪书”“倮倮文”“夷字”“西波文”或“毕摩文”等，是一种有着悠久历史的古老文字。《滇系·杂载》说：“汉时有纳垢酋之后阿町者，为马龙州人，弃职隐山谷，撰爨字，字如蝌蚪，二年始成，字母一千八百四十有奇。夷人号为书祖。”贵州《大定府志》卷十三《风土志》记载：“安国亨（明朝人）所译夷书九则，内载阿町唐时纳垢酋，居岩谷撰爨字，字如蝌蚪，三年始成，字母一千八百四十，号曰韪书，即今夷字。文字左翻倒念，亦有象形、会意诸义。”20世纪30年代地质学家丁文江先生将收集于川、滇、黔彝区的11种彝文经籍请贵州彝族罗文笔先生翻译后合订成本，称《爨文丛刻》。爨文即彝文，爨字即彝族文字。新中国成立后，按照族称规范，统称为彝族文字，简称彝文。

彝文最初由替人沟通天地、占卜吉凶、禳灾祈福、驱鬼治病的祭司毕摩（亦作呗耄、呗玛、毕帕等）创制，也主要由祭司毕摩传承。彝文和彝文经书是毕摩从事宗教活动的重要工具，所以早期的彝文经典，大多与宗教活动有关，多数彝文典籍也主要依靠服务于宗教仪式而得以保存传承下来。如流传在今武定、禄劝等古罗婺部地区的彝文《做斋经》《作祭经》《百解经》《供牲经》《献药经》等所记述的主题多为宗教仪式和人们对天地鬼神的征服、对鬼神万物和灵魂的崇拜，以及在宗教影响下形成的社会组织、心理状态等。① 随着彝族社会历史的发展，彝文也逐步应用于彝族社会生活的各个领域，明天启《滇志》就说寻甸府、曲靖府等地干罗罗“多不通华言，官府文书，必书爨字于后，乃知遵信”。但总体而言，彝文一直以来掌握在祭司毕摩手中，并主要在毕摩世家和毕摩群体中传承、使用，普通民众既没有机会学习，也没有机会应用。今武定彝族纳苏和乃苏支系毕摩尚在传承、使用彝文和彝文经书；阿罗支系中已没有毕摩，万德镇支邱村委会的主任说，小时候还见过毕摩在葬礼上念彝文经书，现在没有毕摩了，彝文和彝文经书已失传；罗罗和密切支系有毕摩，但这两个支系的毕摩只会口传经书，不懂彝文，也不使用彝文经书。

二　彝文古籍文献

文字发明和使用文字是人类告别野蛮、进入文明社会的一个重要分野。勤劳智慧的彝族先民创造了自己的文字，写下了卷帙浩繁的文献典

① 马学良：《彝文和彝文经书》，《民族语文》1981年第1期。

籍，书写了自己光辉灿烂的文化。彝文古籍文献分布广，民间、社会团体、政府组织都有广泛的收藏。据调查，目前全国范围内已收集到25300余册彝文古籍，分别收藏于云南、四川、贵州和北京等地的博物馆、图书馆、文化馆等。其中云南有35家单位收藏有彝文古籍近5000册，贵州有18家单位收藏有彝文古籍9000余册，四川有22家单位收藏有彝文古籍10000余册，广西壮族自治区博物馆、隆林县民委收藏有110册，中国国家图书馆收藏有551册，中国民族图书馆收藏有471册，民族文化宫博物馆收藏有57册，中央民族大学博物馆收藏有64册，广州中山大学、西南大学各收藏有50册。[①] 另有部分彝文古籍流失国外，被英、法、德、美、日等一些外国文化机构所收藏。除这些已被有关机构收藏的彝文古籍外，保守估计，散存于川、滇、黔、桂彝族地区民间的彝文古籍尚有数万册。这些文献数量大，种类多，博大精深，内容涉及彝族历史文化和社会生活的方方面面，是中华民族多元一体文化宝库的重要组成部分。

武定及其比邻的禄劝县是使用彝文最普遍、彝文文献存量最丰富的地区之一，这里是唐宋乌蛮37部之“罗婺部”领地。从宋淳熙年间“阿而”被大理国王段政智封为罗婺部长走上辉煌，到明隆庆元年改土设流，凤氏土司风光不再；再从万历元年（1573年）凤氏支裔凤拔被举为和曲州土舍，开启“慕连土司”时代，续写罗婺部一段在金沙江畔雄踞一隅的历史到新中国成立。700余年间，作为世长其土的凤氏一脉，不论强弱，不论显隐，在推动汉族先进文化和生产技术在彝族社会中传播的同时，始终不忘传承和弘扬本民族文化。“除了整军经武，对于促进倮族固有文化，亦甚努力，延揽学识渊博之呗耄，设倮文学校，教育子弟；除抄写各种经典外，并雕版印刷，流传民间，以是通经识字者日多。今时民间藏较古之经本，多为此时之遗迹，其尚能通经之一二老师宿儒，亦凤氏土署中经师之再传弟子。”[②] “凤氏之裔，皆精通倮经，且辟藏书楼，网络倮经与汉籍，蔚为大观”[③]，正是凤氏历代土司的不懈坚持与坚守，武定、禄劝一带才成为彝文和彝文古籍文献传承、保存最丰富的地区之一。

---

① 参见朱崇先《彝族典籍文化研究》，中央民族大学出版社1996年版，第47—50页；马锦卫《彝文起源及其发展考论》，民族出版社2011年版，第49—50页。

② 马学良：《倮文作斋经注》，《历史语言研究所集刊》第14本，第341—344页。

③ 马学良：《倮族的巫师“呗耄”和“天书”》，《边政公论》第六卷第一期。

1914年，著名地质学家丁文江先生从云南前往四川，途经武定县环州村时，土司李自孔夫人那兰芳送给他一本彝文《占吉凶书》，后经贵州彝文经师罗文笔翻译，以《武定罗婺夷占吉凶书》为名，收入1936年由他本人主编、商务印书馆出版的《爨文丛刻》中。1943年，马学良先生到武定彝区调查彝族语言文字，从慕莲那氏土府带走彝文书籍2000余册，彝文典籍《劝善经》木刻雕版52块，分藏于当时的北平图书馆和清华、北大、南开等图书馆内。[①] 1982年1月，楚雄彝族自治州政府成立彝族文化研究室（1984年1月升格为所），开展彝文古籍文献收集、整理和翻译工作，至1990年收集到彝文古籍900余部，其中大部分收集自武定和禄劝县。由楚雄彝族自治州人民政府组织编译，2009—2012年出版的106卷《彝族毕摩经典译注》，其中29卷就出自武定县和禄劝县。除了机构收藏外，目前仍有一些彝文古籍文献散存于民间。除了手抄本彝文文献，该地区还留存有大量的摩崖碑刻[②]，其中“砧字崖”彝文碑《凤土司家的历史》和“凤诏碑”是云南迄今已知时代最早的彝文石刻。

彝文古籍文献种类多，内容丰富，涉及历史、宗教、哲学、政治、军事、经济、教育、医药、文学艺术、天文历法、地理、伦理道德、民俗、术数、动物、建筑等。道光《大定府志》卷四十九《水西安氏本末》附录《土目安国泰所译夷书九则》就有这样的记载：“书籍有曰理命，言性理者也；有曰苴，载记世系事迹者也；曰补苏，巫祝书也；曰弄恩，雅颂也；曰怯杰，风歌也；又有堪舆禄命书……”马学良先生根据20世纪40年代在武定、禄劝一带彝区调查所见彝文抄本和刻本，将彝文古籍文献分为祭经、占卜、律历、谱牒、诗文、伦理、历史、神话、译著九类[③]；而《楚雄彝族自治州民族志》则将其分为祭经、占卜、律历、谱牒、历史、文艺、医药、伦理、神话、哲学、译著、契约12类。[④] 彝文文献种类及其内容的丰富由此可见一斑。

---

① 马学良：《倮文作斋经注》，《历史语言研究所集刊》第14本，第341—344页。

② 据武定县文体广电旅游局介绍，武定县境已发现的摩崖石刻47处，彝文碑134块。

③ 马学良：《彝文和彝文经书》，《民族语文》1981年第1期。

④ 楚雄州民族事务委员会编：《楚雄彝族自治州民族志》，云南民族出版社2014年版，第87页。

第三节　传统生计与生活习俗

一　“耕牧混成”的生计模式

据《史记》记载，秦汉时在巴蜀徼外生活着夜郎、滇、邛都、巂、昆明、徙、筰都、冉駹、白马九个大的人群部落，司马迁称之为“西南夷”，并按照他们的生计模式分为定居、半定居和游牧三大类型。其中分布于洱海地区，“编发，随畜迁徙，毋常处，毋君长”过着游牧生活的“巂”“昆明”被认为是今天彝族先民的主干。“巂”“昆明”这两个部落人群后来向东扩张、迁徙，进入定居农耕的滇、夜郎、邛都地区，不断与他们交往交融，并最终形成了今天的彝族。按照《史记》的记载，夜郎、滇、巂、昆明、邛都这七个人群部落的分布范围大体位于大渡河以南、怒江以东、红河以北、乌江以西的金沙江中游南北地区。这一区域横跨了青藏高原南部横断山脉高山峡谷区、川南山地区和云贵高原，地貌特征从西北向东南，大致可以分为高山峡谷、山原和丘原三大类型。这里群山绵延，江河纵横，峡谷壁立，山川平坝相间，湖泊星罗棋布，气候立体，生态多样，既有河谷深切侵蚀台地和冲积平原，也有溶蚀平台、丘原盆地和高原台面。生活在这里的彝族，依托高山草甸、疏林草地、坡面森林、山间平坝和河谷湿地等生态系统，从事农牧兼营，以牧为主，以农为辅，兼及狩猎采集的“耕牧混成”生计，孕育了彝族独具特色的山地文化。

“耕牧混成”生计模式的一个突出特点是农牧并重，重牧轻农。与古氐羌系统的民族一样，彝族人也沿袭了古羌人的文化遗产，把牧业作为重要的生计基础，把牲畜看作是衡量和评价财富富有程度的标准，把照顾牲畜看作是一件很体面的劳务。《华阳国志·南中志》载蜀汉时期，诸葛亮平定南中，采马谡之谏，为夷作图谱：“先画天地、日月、君长、城府；次画龙神，龙生夷及牛、马、羊；后画部主吏乘马幡盖，巡行安恤；又画夷牵牛负酒、赍金宝之象，以赐夷。夷甚重之，许致生口直。”说明当时的南中“夷人”不仅普遍敬龙、崇龙，以龙为祖，而且普遍重视牧业，视牛、马、羊为最珍视之财产。《新唐书·南蛮传》说东爨乌蛮“土多牛马，无布帛”；《宋史·叙州三路蛮传》说“石门蕃部，俗椎髻、披毡、佩刀，居必栏栅，不喜耕稼，多畜牧”；景泰《云南图经志书》说武定府“有罗舞（婺）蛮者，居山林高阜处，以牧养为业”；天启《滇略》载，寻甸府“近郡者曰黑罗罗、白罗罗，畜牧为生”；清魏源《圣武记》说凉山彝人“以多养牛马羊豕为富，不善耕种”。可以说，清中叶以前，滇、川、黔三地山区半山区彝族普遍牧养为业，过着以牧为主、以农为辅的畜牧生活。他们用牛马做聘礼，用羊皮和羊毛制作衣服，用马乘骑驮运。同时，在他们的生活中，牛羊猪鸡既是用来待客、馈赠、慰问的重要礼物，也是祀神禳鬼的重要畜牲。直到今天，走在罗婺故地的任何一处彝族乡村，仍随处可见成群的牛羊。无论是居于河谷的彝族阿罗人，还是居于平坝的密切、罗罗和撒尼人，抑或是居于山区的纳苏和乃苏人，饲养牛羊都是他们重要的生计基础。

彝族先民除了畜牧外，还从事耕作，种植燕麦、苦荞、甜荞、蔓菁等旱地作物。只是他们的耕作，不像汉族那样要实施深耕除草，而是尽可能地浅种，且常常施以刀耕火种，这明显与汉族的固定农耕不同。很显然，彝族先民的这种粗放的农耕方式，是与畜牧生计相辅相成的，除了生态环境因素外，服务于牧业也应是一个重要的考量。因为，弃耕后的撂荒地将是很好的牧场。值得一提的是，入明以后的数百年间，随着明、清两朝对西南地区经略的加强和官办开发方式的介入，农牧之间的轻重关系，也发生了一定程度的逆转。这种变化在居住于坝区、半山区浅山地带的彝族社会中，表现得尤为突出。天启《滇志》说：“白罗罗，在澄江者，渐习王化，同于编氓，新兴（今玉溪）者，力田为生。”雍正《云南通志》说：“海倮罗，亦名坝倮罗，以其居平川种水田而得名也。土人以平原可垦为田者呼为海，或称为坝，故名。与汉人相杂而居，居处、饮食、衣服悉如汉人。”乾隆《开化府志》卷九也说居住在坝区的“聂素”人：“读书力田，纺织贸易，性情较淳。”民国《昭通志稿》载：“昭郡自改流以来，人民均以农业为本”“以畜牧是业者甚鲜”。在武定地区，凤氏土司阿英“开辟田野，教民稼穑”，极力推动汉族先进生产技术和先进文化在彝族社会中传播，罗婺部地彝族先民开始从“以牧养为业”走向耕牧并举。至清初，武定境内的彝族：罗婺“耕种赋税”，麦岔“居处杂于齐民，……时负米粮入市”，摩察“有田地者种稻纳粮”，在与汉族的交融杂处中，逐步接受和学习水稻种植技术，变成了地地道道的农民，畜牧业也因此逐步演变为彝族社会的副业。不过，即使是今天，对居住在川滇大、小凉山、乌蒙山、哀牢山和无量山的大部分彝族人来说，他们既是农民，也是牧民。山地畜牧也依然还是他们养家糊口，发家致富的重要生计。

“耕牧混成”生计模式的另一个重要特征是，狩猎和森林采集也是生计的重要补充。以金沙江流域和澜沧江流域为核心的中国西南彝区，是中国大陆仅次于东北大小兴安岭和长白山区的第二大林区。四川凉山州东部的大凉山和西南部的高山峡谷区，云南西北部的高山深谷区、中南部的无量山和哀牢山区、中北部及东北部的乌蒙山区和贵州西北部的山区，分布着浩瀚的林海，为野生动植物提供了良好的栖息地和生长环境。采集林产品和猎获动物也是历史上彝族先民的一项重要生计补充，如乾隆《皇清职贡图》说：武定摩察“以木弓药矢射鸟兽为食”，云南府黑猡猡“好射猎”，曲靖府鲁屋猡猡“亦能射猎”，临安府�基“负弩捕生物即食”，等等。1988 年，中国政府颁布《野生动物保护法》，捕猎野生动物的行为受到禁止。而彝区丰富的林下野生药材、食用菌和森林蔬菜则已成为现今农民重要的家庭现金收入来源之一。

二　多元交融的民俗文化

彝族的文化生活可以从居住、饮食、服饰和婚丧习俗等方面来加以概括。居住方式是一个民族生活文化的重要外显标志，它与自然环境、气候条件和生计方式密不可分。彝族分布广泛，支系众多，地域不同，环境不同，居住方式也千差万别。大体而言，比较典型和有代表性的，如凉山地区夯土为墙或栅栏围墙，瓦板覆顶的“瓦板房”；滇西北地区垒木为墙的“垛木房”，也称“木楞房”；滇东南地区的“干栏房”或以石砌墙、薄石板覆顶的“石头房”；滇中南地区土坯砌墙或夯土筑墙的“土掌房”；滇中北及滇东土坯砌墙或夯土筑墙的“瓦楼房”，等等。以武定彝区而言，明清及民国时期居住在山区的彝族“纳苏颇”和“乃苏颇”多住“苫片房”，即土坯砌墙或夯土筑墙，上覆苫片。苫片用 30 厘米左右的松木劈制而成，类似于川滇大、小凉山彝族地区的瓦板。居住在坝区及浅山地带的彝族“罗罗颇”“密切颇”“撒尼颇”多住瓦楼房，而居住在金沙江南岸缓坡台地的彝族“阿罗颇”住屋则多为茅草房。新中国成立以后，各支系的住房，一般都由正房、厢房、面房三部分组成院落。正房为上下两层，下层一般分左、中、右三间，右间住人，左间做厨房，中间一间称堂屋。上层楼面多用木板扎成楼板，用来堆放粮食、腊肉及杂物，一般不再做隔间。正房两侧为耳房，有的用一侧耳房做厨房，另一侧耳房用来做家务杂事和放置工具的地方，正房正对面的房屋称“面房”，设有大门。面房也分两层，上下层均隔成间，下层做畜厩，上层住未婚子女或堆放饲草。2000 年以来，居住在城镇近郊、坝区、交通沿线的彝族乡村，翻盖砖混结构的三层小洋楼已成为一种潮流。

中国西南地区彝族的饮食文化因地域环境不同而具有多样性。在武定地区，明代中叶以前，以牧养为业，兼营旱地农业，主食以莜麦为主。改土设流后，汉族移民不断迁入，居住在坝区和半山区的彝族，逐步学习和接受水稻种植技术，米饭随之成为坝区彝族的主食。清代，玉米、马铃薯传入彝区，山区彝族逐步放弃莜麦改种玉米和马铃薯，包谷饭和马铃薯成为山区彝族最主要的主食。肉食以牛肉、羊肉、猪肉、鸡肉为主。新鲜牛羊猪肉，喜煮食，切成方形大块，称“坨坨肉”。武定彝族有吃“杀猪饭”的传统，杀年猪时都要请亲戚朋友吃“杀猪饭”。吃过“杀猪饭”，剩下的再腌制成腊肉。武定彝族也有吃“肝生”的习惯，“肝生”以猪肝或羊肝为原料，先剁碎，再佐以盐、醋、花椒等调料，拌匀后生吃。阿罗支系还喜吃“鲊”和“松肉”，“鲊”以牛、羊、鱼肉为原料，先切成小块，然后用炒面、盐及调料拌匀，放入缸中腌制 1—3 个月再取出食用。食用时，或蒸食或炒食，酸香爽口。“松肉”先用半干或全干的牛羊肉烤熟，再放入佐料一同椿细后食用。武定彝族“嗜酒”，在景泰《云南图经志》已有记载，彝人家家都会酿酒烤酒，用彝族传统土法酿制的武定小土锅酒，在武定及其周边地区拥有极佳的口碑和良好的市场。酒也是彝民家庭日常用来待客最重要的饮品。彝族男子还喜欢吸食自种草烟。

服饰是一个民族区别于另一个民族的重要标志，被认为是“族徽”。彝族居住广泛，支系众多。不同地区、不同支系的服饰各具特色，既有区域差别，也有支系差异，一般被分为凉山型、乌蒙山型、红河型、滇东南型、滇西型、楚雄型六大类型。就武定县境而言，清中叶以前彝族传统服饰多以火草布、麻布、羊毛布、羊毛毡、羊皮为原料。男子或束发青布裹头，或绾发戴竹笠，或剃发戴毡帽，耳戴大环。穿青蓝色对襟短衣长裤，外披披毡或羊皮褂，负弩佩刀，多数光脚，少数穿草鞋，用麻布绑腿。现在，男子的日常穿着已与汉族无异。妇女穿方领大斜襟衣，前襟齐腹部，后襟长及小腿。纳苏、阿罗、乃苏妇女下着百褶裙，而与汉族杂居的罗罗、密切、撒尼妇女下穿长裤。县境内彝族妇女均腰系围腰，纳苏、阿罗妇女围腰呈凸字形，上部略圆，下部呈正方形。罗罗、密切、撒尼妇女围腰呈长方形。纳苏、阿罗妇女的衣裤以黑、蓝色居多，其他几个支系多粉蓝、淡绿、粉红、白色。纳苏妇女的裙子为黑色，阿罗妇女的裙子上下两截用黑色，中间用白色，与川滇大、小凉山彝族诺苏妇女的百褶裙样式完全相同。武定彝族妇女的衣领、大襟边缘、袖口、衣袖中部、裤脚及围腰均镶以绣花图案。图案多为龙、虎、凤凰、马樱花、桃花、菊花。纳苏颇妇女还披“背布”，多数用揉制的山羊、绵羊皮，用布带联结斜挎于背后，既御寒保暖，又可方便垫坐。乃苏妇女不披羊皮，他们的背布用自纺的火草布缝制，四周边缘绣花，极为珍视。武定彝族妇女历史上多跣足，入清后都穿绣花鞋，也都戴银质耳环、手镯、银铃等。

彝族的结婚程序分求婚、订婚、送亲、迎亲与婚礼仪式等部分。彝族男女青年婚前享有社交和恋爱的自由，未婚男女可通过参加节庆集会、跳乐对歌、串公房等方式寻找自己心仪的对象。但无论是否为自由恋爱，都要请媒人前往女方家说亲。彝族没有职业化的媒人，只要是夫妻双全、为人正派、能说会道、熟悉男方家庭的人都可以做媒，男女不限。女方家同意后即可择日订婚。订婚仪式在女方家进行，男方家人和媒人带上酒和订婚礼品到女方家，和女方家长、长辈及主要亲戚商订婚期。婚礼分两天举行，头一天晚上和第二天上午在女方家，女方家设宴款待亲朋，为新娘举行出嫁仪式。第二天一早，男方家接亲人员带着聘礼前往女方家迎亲，聘礼过去多为牛羊猪鸡和衣物首饰，聘礼不论多少，须带“六”或“九”，寓意有福有禄，长长久久，现在多为现金。彝族有哭嫁习俗，在出嫁礼上，新娘和她的女伴要唱哭嫁歌。男方接亲人从新娘的女伴中“抢”出新娘后，交给新娘的兄弟背到院门口扶上马。过去，新娘骑马，送亲的亲友走路，现在通公路的地方都改乘轿车或中巴。男方的婚宴规模要比女方盛大，男方家要在院坝里栽上两棵松树，搭建一座青棚，铺上绿松叶。新娘及送亲队伍进村时，男方家要鸣放土炮、燃放爆竹，或摔砸破旧土锅，隐喻迎进喜神，去除不祥之物。纳苏、阿罗、乃苏三个支系有在男家门口为新娘梳头、取名的习俗。在过去，彝族新娘有婚后“不落夫家”的习俗，在婚期新娘由送亲的女伴陪宿，不与新郎同房。婚后，新娘返回娘家，只在逢年过节，或农忙时到男家作短暂生活，直至有身孕，才到男家生活。新娘正式到男家坐家时，父母会送给一只羊、一把镰刀、一根绳，希望她勤俭持家，好好过日子。现在都从汉俗，婚礼当晚便与新郎入洞房，行过回门礼后便返回夫家生活。

彝族的丧葬形式有火葬和土葬两种。火葬流行于川滇大、小凉山及其周边操彝语北部方言的诺苏支系中，人之将死时，把死者的旧衣服脱掉，换上新准备的寿衣。咽气后，在死者嘴里放入一小块碎银，并在尸体还未僵硬前，为死者合嘴闭目，将其双手弯曲放于胸前，双腿卷曲收拢，固定成母腹中的婴儿状，然后男右手在上、女左手在上，侧放于捆扎好的灵架，披上披毡，盖上白布缚好，之后移入在室外临时搭建的灵棚内供亲友祭奠。四川凉山部分地区，灵架就放在堂屋内。亲友祭奠完毕，毕摩宴灵、导灵指路仪式结束后，选一块地方火化。火化当天下午或第二天早上，由死者的儿子儿媳前往火葬地收拾骨灰。先按头、手、腰、腿、脚部位的位置顺序，象征性地捡一小块遗骨放入白色小布袋中，放到一个隐蔽、避雨、人迹罕至的岩洞里，其余骨灰则全部撒到松林或竹林里。坟地不留坟头，也不立碑。

土葬除彝族诺苏支系外，其余川、滇、黔、桂地区各个彝族支系都实行土葬。这些实行土葬的彝族，历史上也都实行火葬。这些地区的彝族改用棺木土葬是明代中叶以后的事，如武定原罗婺部地区的彝族土葬，始于“凤英葬母，改用汉礼”，普通百姓棺木土葬，见于墓葬碑志最早的是九厂乡法朗村密切支系的李氏墓，立于明天启二年（1622年）。其余多在清顺治以后，而彝文墓碑，目前已知最早为乾隆年间。[①] 彝族土葬因地域或支系差别有所差异，然其仪式过程分为接气、喂口含、报丧、入殓、指路、出殡、下葬、制作灵牌则大体一致。正常死亡者，一旦病危，即将其从卧室移入正堂仰卧，快咽气时，由亲属用一只小鸡，将鸡嘴伸入其口中后用手捏死，称为“接气”。再将准备好的细碎银（男九粒，女七粒）放入其口中，有的支系同时还喂小半碗清水泡的米、茶，称之为“喂口含”；咽气后，家人鸣枪报丧。远处的亲戚过去要派专人前去报丧，现在用电话通知。待舅父或叔伯父（母亡请舅父，父故请叔伯）到来，询问了解逝者的病因、病情、医治及护理经过，并验看遗体无疑问后开棺入殓。盖棺后移入临时搭建的青棚或堂院正中，供亲友祭奠。亲友闻讯后，一般都会按与死者关系亲疏远近，带着相应的祭品前来吊唁祭奠。最亲最

① 云南省武定县志编纂委员会编纂：《武定县志》，天津人民出版社1990年版，第125页。

近者拉牛或羊，次者背猪，普通亲友抱鸡，外加一刀纸、一碗米、一斤酒、一点盐。凡是带来牛、羊、猪三牲的，丧家都发给孝布戴孝。

在武定一带，亲友祭奠的同时，丧家要请毕摩为逝者念诵《献药经》《供牲经》《指路经》，为逝者的灵魂解除病痛；安慰、劝导逝者的灵魂，要追随祖先保佑子孙后代，不要留恋世间，变成孤魂野鬼；指引逝者的灵魂义无反顾地踏上返回祖居地的征途，顺利回到祖先发祥地与祖先团聚。毕摩主持完丧祭仪式后，抬棺出殡下葬。出殡和下葬过程大体与汉族相同。葬毕，丧家还要请毕摩为逝者招魂，制作灵牌供于家中。过三代后，再经过合族举行“耐姆”祭祖仪式，将祖灵牌放入祖灵筒，放到祖灵洞内。在实行土葬的彝族地区，对于非正常死亡者，如妇女死于难产、男子死于械斗以及在各种事故中流血而亡者，则实行火葬。

第四节　婚姻与家庭

一　婚姻制度

一夫一妻。彝族的婚姻基本上是一夫一妻制，但在历史上也存在一夫多妻。一夫多妻的存在主要源于两方面：一是纳妾，多见于土司、土目、官吏及地主等权贵富实之家，这种家庭的纳妾并不见得全是出于原配正室无子嗣。二是普通耕牧之家原配无后，为了延续香火再娶二房，这与纳妾有本质的不同。此外，“转房”也是造成彝族社会一夫多妻的一个重要因素。有生育能力的妇女在丈夫死后，如果子女太小，尚未成人，按例就得转房给其夫的胞兄弟或堂兄弟。无论其是否已婚娶，是否有妻儿。凉山彝族人称这种“转房”为“死去的门活着的关”，意思是替亡者养育子女，照顾孤儿寡母。在这种情况下，如果被“转房者”还未婚，过后有能力并提出再娶是不被限制的。如果平辈中没有适合的对象可转房，还可考虑异辈，如侄媳转嫁叔伯翁，后妻转给前妻之子，儿媳转给公公（如果没有血缘关系）。这种现象一直存续到新中国的《婚姻法》颁布。如今，在凉山地区，转房现象依然存在，但被转给对象必须是未婚、离异或是鳏夫。在武定的彝族中，过去“转房”仅限于平辈兄弟或堂兄弟，多表现为叔嫂婚即兄死，嫂子还年轻，叔子未婚，兄嫂改嫁叔子，叔子从嫂居，这样的叔嫂婚也称“填房”。现如今，这种习俗已不多见。

族内婚。自汉、唐以来，彝族与汉族和其他民族的交往交流交融从未停止，“汉变夷”“夷变汉”也是民族交往交融的一个重要历史见证，尤其是明清以来，云南和贵州的彝族居住区，越来越被汉族穿插、分割成许许多多小的聚居区，彝汉杂处，彝汉交往交融，变得越来越频繁。在彝汉杂处的集镇、坝区、交通沿线，彝汉通婚已变得很普遍。但在彝族聚居地区，民族内婚一直是彝族人缔结婚姻的一条重要规制，在凉山地区尤甚。在云南很多黑彝“纳苏颇”地区，过去也一直遵循“乱娶不乱嫁”的习俗，即男子可以娶异族女子，女子则不能嫁异族男子。近半个世纪以来，随着现代教育的普及、交通的便捷、社会交往和社会实践的多样化，民族间的互知、互识、互信不断增进，民族间的交往交流交融更加频繁，特别是最近10多年来打工经济的兴起，族外婚已变得更加普遍。武定县境内的纳苏、罗罗、乃苏、撒尼、密切、阿罗6个彝族支系都普遍存在族外婚，在武定甚至已有一组母子家庭中同时有彝族、汉族、苗族、傣族、回族、傈僳族6个民族媳妇的佳话。

彝族内部支系众多，居住分布广阔。彝族大分散，小聚居在地理上的分布特征也表现为以支系为单位的小聚居。每个支系都有相对集中的居住区域，在多个支系交叉杂居的地区，不同的支系也往往以村落为单位，聚支而居。加之不同支系在社会经济和习俗上存在一定差异，民族内婚往往也体现为支系内婚，不同的支系虽同为一个民族，但互不通婚。如在武定，过去几个支系基本互不通婚，尤其是他称黑彝的“纳苏颇”，很少与其他支系通婚。不过，这一现象如今已有了很大变化。

等级内婚。突出表现在川滇大、小凉山操彝语北部方言的诺苏社会中，直到1956年民主改革以前，整个诺苏人群按照血统根骨的纯洁性和人身的隶属、依附关系，被分为兹、诺、曲诺、嘎加、呷西5个等级，不同的等级之间严格禁止通婚。在云南和贵州，等级内婚主要流行于操彝语东部方言的滇北、滇东北和黔西北彝族地区。这一地区，等级的阶序特征虽没有凉山地区典型，但表现在婚姻上的等级性也很突出。如贵州地区黑彝中被称为“峨”的土司、土目集团不与普通黑彝（纳苏颇）通婚，黑彝不与白彝（吐苏）通婚，白彝不与地位比自己低的红彝（腊勾，工匠）、青彝（果，篾匠）和“阿乌”（毡匠）通婚。在武定县境，过去凤氏土司不与其领地内的黑彝“纳苏颇”百姓通婚，而黑彝“纳苏颇”也不与多为土司、土目、地主佃户的“阿罗颇”和“德颇”通婚。等级内婚的观念现象如今已不复存在，但在局部地区，历史遗留下来的痕迹依稀可见。如万德镇的万德村、支卧村一带，“纳苏颇”和“阿罗颇”两个支系虽比邻而居，但至今鲜有通婚的。

家支外婚。就是禁止同属一个家支，或同属一个宗族的人群内部通婚。现今的彝族，基本都已使用汉姓，但很多支系在乡村日常生活中还保留有本民族的姓。汉姓相同，但不一定就属于同一个彝姓。如武定境内黑彝“纳苏颇”的张姓，就有“都卑普”“呔勒普”“阿鲁普”之分，同姓一个“张”，但不是一个家支。在武定等地的彝族社会中，判断是不是一个家支，还有两种方法：一是“耐姆”祭祖时，是不是在同一个地方取福禄水；二是看制作灵牌或祖灵筒时，是不是用同一种材质。如果都在一个地方取福禄水，或都用同一种材质制作灵牌或祖灵筒，就意味着同属于一个家支，彼此要禁止通婚。

姨表不婚和姑舅表优先婚。彝族认为姨母如同母亲，姨表兄妹如同亲兄妹，差别只在于没有生活在一个屋檐下。彝族谚语说：“再缺粮食，苦荞甜荞不能同吃；再缺衣服，山羊绵羊皮不能同穿；再没有牲畜，不能用猫待客；再缺配偶，兄妹不能成亲。”这里的兄妹，既指同胞兄妹也包括姨表兄妹。武定境内的彝族“纳苏颇”支系和“阿罗颇”支系，姨表兄妹，称呼不带表字，视同手足。姨表兄妹间的性行为视同“乱伦”。至于姑舅表兄妹，则鼓励开亲，并享有优先权。也就是说，舅舅家的儿子要娶姑妈家的女儿，姑妈家就不能把女儿嫁给别人；反之亦然。姑舅表兄妹婚，也被说成是“亲上加亲”。不过，随着国家《婚姻法》禁止近亲婚配宣传越来越深入人心，以及乡村人群社会实践的多样化、社会活动空间的扩大带来通婚圈的拓展，姑舅表婚不再是人们追求的理想婚配模式。姑舅表婚在乡村彝族社会中也不再像过去那样受推崇。

招婿。武定彝族各个支系都普遍流行招婿习俗，招婿在女方而言，俗称“招姑爷”，是从父居；在男方而言，叫“上门”或“倒插门”，是从妻居。在女家而言，多半是出于传宗接代、养老和解决劳动力短缺考虑，因此没有子嗣的家庭会选择招婿；而虽有儿子，但还幼小，帮不上忙，父母年事已高的家庭也会选择招婿。通常，无子之家，由幼女招婿；有子但尚小，需照顾之家，由长女招婿。对男方而言，选择做“上门女婿”，多半是家庭经济条件差，兄弟多，娶妻压力大，或没有父母，靠自己的能力很难娶上媳妇等。在传统的社会，选择做“上门女婿”是一件很无奈的事，因为“上门”意味着改姓，改姓意味着改宗，并且也意味着要丧失一系列相应的义务和责任，所以，从父居改成从妻居并不是一件小事，而是关乎改宗而失去某些父权的大事，不仅本人改从妻姓，所生子女也得跟从母姓。直至三代后，才能让孙子辈中少部分人“还宗”，使用原姓。由于彝族普遍实行幼嗣承家，做上门女婿的一般是家中的次子，也有部分是长子，独子或幼子一般不去上门。20 世纪 70 年代中期开始，中国政府把计划生育作为一项基本的国策，严格推行农村户籍夫妇二孩政策。因此如今 40—65 岁的农村夫妇大多只有两个孩子。家庭夫妻子女数的减少，也使得招赘婚或入赘婚不再常见。

二　通婚圈

彝族的通婚圈，与社会交往、缔结婚姻方式、人口的流动有很大的关系。20 世纪 90 年代以前，乡村彝族社会人口还处于非流动阶段，乡村彝族青年缔结婚姻方式主要有：（1）参加跳月对歌、节庆集会、赶集等社交活动相互认识，再通过父母请媒人说合；（2）父母亲戚介绍；（3）乡亲介绍；（4）朋友介绍；（5）换亲；（6）自由恋爱等。20 世纪 90 年代后，特别是进入 21 世纪后的十四五年来，乡村彝族人口进入大量流向城市的高峰期，人口的流动改变了乡村彝族传统婚姻缔结方式，通婚圈也随之发生了改变。以万德镇长坝塘村为例，其通婚圈的变化可以以 20 世纪 90 年代为分界线，在这之前村里的人口很少流动，之后特别是近十四五年人口大量流向城市。前一阶段，长坝塘村的男子基本依靠两个婚姻圈来解决婚姻问题：一个是以长坝塘村内部为中心向周围数村蔓延开来，大多距离长坝塘五六千米以内，步行不超过一两小时的周边村落。这一婚姻圈，在行政上基本属于万德村委会和相邻的岩脚村委会，这个圈内的人们也基本都到万德街赶集。另一个主要的通婚圈是本镇内距离稍远的马德坪、自乌两个村委会以及比邻万德镇的己衣乡和发窝乡，距离在20—50千米。现在村内还有不少老年妇女是从发窝乡的发窝、小西邑和己衣乡的汤德固、志海等地嫁过来的。总体说来，在这一阶段，长坝塘村的男性婚姻圈很少有单边步行超过一天行程的。

在 20 世纪 90 年代以前，长坝塘村的男人通过这两个婚姻圈就能够较好地解决自己的终身大事，基本上不用再去其他地方找出路，在长坝塘村也几乎找不出从外地远道嫁来的“外来媳妇”。两个稳定“通婚圈”的存在，节省了长坝塘人在婚姻搜寻上的时间成本和信息成本。第一个通婚圈，基本都是熟人社会或半熟人社会，彼此了解，知根知底。第二个通婚圈，基本上是一种点对点的双向交换，其密度和广度都不及第一个通婚圈，但由于它明显具有延续上辈通婚关系的特征，因而具有较强的稳定性。如长坝塘凤氏家族，到该村开基立寨已有八代，从第三代起已衣乡的志海娶入新娘，自后家族中每代都有来自志海的新娘。这种稳定的通婚圈和相对低成本的婚姻在一定程度上也保证了即使是最贫弱的家庭也能娶得上媳妇。

20 世纪 90 年代后，长坝塘村年轻人大量外出务工。年轻人的大量外出，尤其是年轻女孩子的外出，颠覆和打破了原有的通婚圈，使得传统的婚姻缔结方式难以为继，其结果是村里的光棍越来越多。在长坝塘和紧邻的万宗铺村小组，86 户 315 人的村子，就有“光棍”40 来人①，按照村民的解释，造成这种局面的原因，除了男女比例失调，同宗同族同姓多，交通闭塞，发展落后，外地女不愿意嫁进来外，最主要的原因是本地姑娘都出去打工了，除少部分独生女外，80%都嫁到外地了。还有一个重要的原因是，20 世纪 70 年代中期以来计划生育政策的严格推行，导致村里独生子家庭多。这些家庭中的独生子，多数只能留守家中照顾父母。即使有条件出去打工，出于赡养父母，为父母养老送终考虑，也不敢娶回外地女，怕待不住。

从长坝塘村的情况看，人口流动对通婚圈的瓦解是深远的。20 世纪 60 年代出生的人到了 80 年代正是婚龄期，他们赶上了人口大流动前的“末班车”，除了少部分身体有残疾或智力障碍的外，大部分都娶上了媳妇。而 1990 年以后的大规模人口流动对于 20 世纪七八十年代出生的男子的影响是致命的。村里的年轻女子都外出打工了，很多人一年到头只有过年时回来住上几天又走了，而更多的人是几年都不回来一次，仅靠电话与父母保持联系。这不仅断绝了村落里年轻男女接触熟悉的机会，也阻断了人们“做介绍”的渠道，“配对”的努力不再现实。传统“通婚圈”彻底瓦解。年轻男女不再是在本地找对象，而是男的带着外地女孩回来，女的远嫁他乡。而那些没有条件外出务工，只能待在村庄里的年轻男子，多数只能在年复一年的等待、期盼和梦想中，不知不觉已步入老光棍的

① 当地村民把过了法定结婚年龄（23 岁）还没有说上媳妇的男性都算作光棍。

行列。

三　家庭结构

彝族的家庭基本上是一夫一妻制小家庭。在过去，少数土司和有势力的黑彝奴隶主、地主有一夫多妻，普通平民百姓因转房或无子嗣再娶，也会造成一夫多妻现象，但不多见。

彝族的家庭一般实行幼嗣承家，余嗣分出。男孩子长大结婚后，要与父母分爨别居，另立门户，只有最小的儿子婚后可以继承父母的房屋，与父母共同生活，负责赡养父母。按照翁媳不同屋，婆媳不同堂的惯习，对于那些没有能力再另起一栋房子的老年父母，会选择在大房子旁边盖一两间小屋，单独生活。而那些年富力强的父母则会尽可能地帮助小儿子再建一栋房子。所以最常见、最普遍的家庭是由一对夫妇和他们未婚的子女组成。当然也有鳏寡单亲带着孩子的家庭，或鳏寡丧偶老人和儿子儿媳以及他们的未婚孩子一起生活的家庭。近十四五年来，随着农村青壮年人口的大量进城务工，乡村彝族社会出现了越来越多的单身老人户、一个老年人与未成年孙子女共同生活户、一对老年夫妇户、一对老年夫妇和未成年的孙子女共同生活户等多种家庭形式。如万德镇支卧村委会的支卧村小组，居民全为“阿罗颇”，46 户人家中有 11 户是单独 1 个老人留在家生活。而在“纳苏颇”村长坝塘村小组，46 户中有 12 户是一对老年夫妇户。而一个老年人与未成年孙子女共同生活户或一对老年夫妇和未成年的孙子女共同生活户数量也不在少数。

传统的彝族社会，家庭既是一个共同居住、共同生产、共同生活的单位，也是一个共财单位。同属一个家庭的人，共同拥有财产、共同分担所有农业和牧养工作，也同炊共食并分享成果。在以农牧生产为主要生计基础的小家庭中，一家之主是男主人，他负责所有对外的交涉。女主妇负责操持家内事务，安排全家人的生活，组织实施农业生产。妇女与男子一样担负起了沉重的田间劳动，犁田、耙地、建房时的运木、立柱，畜牧业中的去势、驯服牛马、宰牲，属于男活，普通的家祭也由男子担任；绩麻、纺线、织布、缝纫，专属女活，栽种、收割也主要由妇女负担，妇女除了参加田间劳动之外，还要担负起纺织、做饭、洗衣等全部家务劳动。但在今天打工经济和劳动性工资收入已占到家庭经济很大份额的情况下，子女经济的独立和劳动空间上的隔离，使他们能够从容地支配自己的劳动收入，积蓄自己的私财。他们会把收入的一部分寄给家里，但不会毫无保留地把全部收入贡献给全家。

四 家庭伦理

夫妻关系是家庭伦理的基础。彝族的家庭伦理强调夫妻同心，在家庭经营上主张“夫拣石，妻垒石”，相互协作。在处理家庭内外事务上，主张“砍刀锋利则砍刀摆在前，镰刀锋利则镰刀放在前”，以能力较强的一方为主心骨，相互谦让、相互支持。在对待夫妻情感上，提倡相互忠诚。彝文文献《劝善经》就对“男不忠良，女不柔顺，不和其室，不爱其夫，淫欲过度，心毒貌慈”提出强烈谴责，倡导夫妻要相互忠诚。

彝族的家庭伦理特别强调父慈子孝。在家庭生活中强调“有父才有子”，要求做子女的要孝敬父母、善待父母，做父母的也要对每个子女不偏不倚，一碗水端平。彝文《劝善经》中就说：“人出生以来，小小那日起，手捧黄屎地抚养，恐怕渣滓入儿眼，背着抱着养，养到大时，找暖的给父母穿，找美味的给父母吃。莫顶嘴莫忤逆，自己要保重，勤劳能干，使父母喜欢安心，这就是孝顺父母。凡是虐待父母的人，会遭雷击天火烧之灾。不孝顺父母的子孙一定不会成为贤良。人欲行善持家的先得孝顺父母，要敬爱父母。”强调父母养育儿女不易，要求儿女在父母老后，生时要尽力赡养、细心照顾，死后也要为他们举办体体面面的葬礼。

彝族的家庭伦理特别重视兄弟间的友悌关系，家庭日常生活中强调兄友弟恭，长幼尊卑有序。当兄弟间出现矛盾和利益纠葛时，提倡兄弟和睦，互谅互让。作为“扩大的家庭”，彝族也有强烈的宗族观念，同宗的人以“一家人”自称。每逢婚丧、嫁娶、盖房或重大农事活动，均互相商量，互相支持，不计报酬。遇到天灾人祸，更是阖族无偿援助。平时谁家杀牛宰羊或是得到本村缺乏的农副产品，也要分送同宗各户。当宗族内发生纠纷时，先在内部协商解决，有“好死是外人，丑死是一家”的说法，强调同心协力，相互关爱，和衷共济。

舅亲和姑亲是现今彝族社会中的主要亲戚。舅亲被称为母亲的后家，是彝族最受尊重的至亲。每逢婚丧喜事，舅父是当然的上宾；舅父有终身保护自己姐妹的义务。外甥和外甥女的婚嫁，也须先征得舅父同意方能进行。故彝族谚语说：“五谷荞为大，人间母亲大，亲戚舅舅大”。姑亲在彝族社会中没有干预舅家事务的权利，每遇舅家盖房、婚丧、灾祸等，姑家都有尽力支援的义务。

第五节　宗教信仰

一　武定彝族的传统民间宗教

彝族的传统宗教是以泛灵论为基础、祖先崇拜为核心，糅合了自然崇拜、多神崇拜、图腾崇拜的一种民间信仰。除了20世纪50年代中叶到70年代末，短短20多年的特定历史时期外，作为其主要宗教形式的“毕”“尼”信仰及相关活动，一直存在于彝族的文化中。

彝族传统宗教把宇宙分为三界：天（白色的）、人（黄色的）、地（黑色的）。彝族的宇宙观认为，上层为天界，下层为地界，中层为人界。同时认为：天为父、地为母、人为子。天、地、人三界是一个统一体。天与地、天与人之间有天梯相连。相应地，以天神、土主神和祖先神为三界主神的多神信仰是彝族宗教不同于一神教的基本特征。

天神是天界世界的最高神，天神在彝语里有“恩体古兹”“策耿纪”“策格兹”“测鲠兹”等多种译写。天神统领着日神、月神、星神、雷神、云神等众多天界神祇。彝族创世神话中，人类几次毁灭性的灾难都与天神惩罚有关。人类最终得以生息不绝，也与天神的最后妥协有关。因此彝文文献称其为“众神的君主”“万魂的君主”，是主宰、保护人和自然的最高神祇。祭祀天神是彝族乡村传统宗教的一项重要活动。

地界是地神世界，地界里有山神、水神、岩神、坝神、沟谷神、森林神、树神、寨神、生育神、火神、龙神、兽神、禽神、五谷神、六畜神，等等，其中地神是地界的最高神祇。地神彝语称为“咪司”“密西”“密枝”“咪嘎”等，这个词在汉语语境下，通常有两种翻译：一是土主，用于指代坝区、半山区彝族的“咪司”；另一个常见的译法是山神，用于指称山区彝族的“咪司”。坝区、半山区彝族的土主设有土主庙，里面所供奉者有三类：一是南诏君主细奴逻、皮罗阁、阁罗凤、异牟寻、隆舜或李文学、杞彩顺等英雄人物塑像；二是三头六臂的大黑天神；三是立一左一右两块石碑，左为山神，右为土地神。在武定县万德镇万宗铺所见就属这类，当地彝族人称之为山神庙。每年以村社为单位定期献祭。山区彝族的土主不设庙，但每村必有一片土主林，在土主林里选一棵高大挺拔的树象征，每年定期在树脚设坛献祭。明清以来，随着汉族移民大量进入彝区，受稻作农耕宇宙观影响，祭祀田公地母、龙井、龙潭、龙王的习俗在经营灌溉农业的彝族乡村也蔚然成风。

人界是人的世界，人界里除了祖先神灵外，还有各色死人变的鬼。彝族认为人有三魂：一个聪慧，人死下葬后会自行升空而去；一个愚笨，只会老老实实地待在坟地里；一个既不聪明也不笨，既能从善也能变恶。因此对于善终者，做子女的要请毕摩制作灵牌，招附这个摇摆不定、不知所终的魂，供在家里。过后，还要请毕摩举行隆重的“耐姆”送灵度灵仪式，为其医治病痛，除去污秽肮脏的不洁之物，然后送归祖界。超度后的祖先之魂具有能够决定或影响子孙后代富贵、兴衰的灵力，但要后人勤于献祭，尤其在乔迁、婚嫁、节庆等重要时刻更不得怠慢。对于不得善终者，也要及时请毕摩除去凶祟，劝导其不要听信恶鬼谗言，从鬼作恶，招人嫉恨。

彝族地区从事宗教活动的神职人员有“毕摩”和“苏尼”两种。毕摩全是男性，苏尼则有男有女。毕摩识彝文，有彝文经书。苏尼不懂彝文，没有彝文经书。毕摩和苏尼都不脱离生产，他们平日在家中从事农牧生产，有人来请他们去做相应的仪式活动，他们才携带法器前往。毕摩的法器主要有法帽、法扇、木制签筒、法铃、经书、经袋等，苏尼的法器有羊皮鼓、鼓槌、铜铃。苏尼的铜铃系有五颜六色的彩色布条，毕摩的法铃不系彩色布条。毕摩和苏尼都没有特殊的服装。平日里，他们跟普通农民没什么两样。

毕摩的宗教职能和活动包括：（1）主持丧时献祭（酒、茶、药、食物、牺牲）及指路招魂；（2）主持“尼合”安灵，“耐姆”送灵，安抚“吉禄”等家庭、家族、家支祭祖活动；（3）主持祭献“密枝”“土主”“田公地母”、山神、龙等天地自然神灵；（4）占卜吉凶，决断疑难；（5）祈福禳灾；（6）除污祛邪，修复洁净；（7）施咒返咒；（8）主持盟誓、神判；（9）招魂赎魂；（10）驱鬼送鬼。武定彝族地区毕摩的宗教职能，20 世纪 40 年代马学良先生将其类归为司祭（做斋、做祭、做百解、节期祭祀）、占卜（掷木卦、胛骨卜、鸡骨卜、草卜、胆卜）、医病（驱祟治病）三类。现在，当地的毕摩一般将其统归为祭祖（送祖灵）、白事、家堂祭、开财门、叫魂送鬼、占卜几类。相比较而言，苏尼的宗教职能要单一得多，多数苏尼所从事的活动仅限于跳神问卜、叫魂喊魂、驱鬼撵鬼。因此苏尼的声誉和地位也要比毕摩低得多。

毕摩在不同的历史时期有不同的称谓，从见诸文献记载看，东汉魏晋时期称“耆老”，唐宋称“鬼主”，元明称“觋皤”，清代至民国多称“毕摩”“呗耄”“白玛”“兮朵”等。由于历史形成的大分散、小聚居分布格局，不同方言区和不同支系在“毕摩”的称谓上也存在一定差异。如东南部方言区滇池区域自称“撒梅”“子君”的彝族人称“西波”“觋爸”，西部方言区俐倮支系称“阿毕”“朵兮”，西部方言区的腊鲁、腊罗巴、利帕支系和中部方言区的罗罗、里颇以及滇东南中越边境地区他称“倮人”的彝族则称“毕帕”，武定的密切颇支系则称为“阿贝玛”。20世纪80年代后，学术文献、政府行文一般都统称“毕摩”。苏尼，在云南彝族地区，民国后也遵汉俗，男称“端公”，女称“师孃”。

毕摩的传承以世袭家传为主，师徒传承为辅。一个男孩一旦被父母确定为以“毕”为业后，就要师从自己的父亲或叔伯祖父开始漫长而艰苦的学习。毕摩的学业一般从学文字开始，然后学口传经和文字经。在学习文字、经书的同时，随时跟随师傅到各种仪式活动中充当助手，在临场观摩实践中学习，在学习中实践操演。毕摩的学期不定，短则八九年，长则十四五年，取决于毕徒的天资。在学期内，一般要求毕徒吃住生活在毕师（老师）家里。在毕徒掌握了“毕”的基本知识、仪式技能、能够独立行毕后，毕师就会选择吉日，为毕徒举行出师仪式，同时赐予他部分经书和法器。毕徒出师后，根据需要还可以拜不同的毕摩为师，不断丰富和提升自己的学识及仪式能力。学毕的报酬，各地不尽相同。在诺苏支系中历来有“入毕一条裤，出毕一匹马，毕死一条牛”的说法。毕摩传男不传女。苏尼则不同，既不用拜师学习，也没有性别限制。

二　武定彝族地区的制度性宗教

除了传统的民间宗教外，部分地区的彝族还信仰汉传佛教、道教、天主教和基督教。汉传佛教传入彝族地区始于南诏，到宋大理国时发展兴盛，元明时期达到鼎盛。汉传佛教在彝族地区主要分布于滇中、滇西、滇南和滇东北地区，主要信仰的人群为分布于上述区域与“齐民杂处”的居住在坝区的彝族人。从武定县境来看，居住在坝区的罗罗、密切、撒尼和纳苏支系中都有人信仰，但不普遍，且信仰的人群主要为老年妇女，膜拜的对象也多为送子观音。

道教传入彝族地区当早于佛教，对彝族文化和彝族传统宗教的影响也比佛教广泛。虽然道教在彝族地区的传播缺少记录，但南诏故地大理巍山至今流传着太上老君点化细奴逻的民间故事，广泛流传于彝族各地的远古洪荒故事中，点化始祖阿普笃慕的天仙老者也多被理解为太上老君或太白星君。在彝族的传统信仰体系中，既有风雨雷电神、灶君神、财神等崇拜，也有清浊二气升降化生世界、阴阳五行以及青龙、白虎、朱雀、玄武“四方之神”的观念，这些崇拜不能不说有受道教影响的因素。昆明东郊撒梅、子君彝人信奉的就是西波教与道教相融合的神灵，特别是其中的财神崇拜，受道教影响较多。武定地区著名的彝文刻本《劝善经》即译自道教文献《太上感应篇》。武定狮山镇山居村彝族密切颇祖庙里也供有太上老君塑像。

基督教于19世纪传入中国西南彝族地区。鸦片战争前，天主教已经由川南宜宾渗透到滇东北的盐津、大关一带，并在盐津的龙启建立了教堂。1858年清政府在第二次鸦片战争中失败，被迫签订《天津条约》。天主教徒凭借不平等条约中所规定的传教自由特权，纷纷涌入广大彝区。到20世纪初，川、滇、黔结合部地区的很多彝族村寨都留下了传教士的身影。天主教、基督教在彝区形成的基本分布格局是：天主教主要分布于云南的石林、弥勒以及四川西南部的会理、会东等地。基督教主要分布于滇中北、滇东北和黔西北地区。

基督教传入武定地区，最初是贵州威宁、云南彝良的循道公会苗族布道员到武定县洒普山宣传福音，得到当地苗族、彝族群众的响应，柏格理遂前来探察。1906年，柏格理协同内地会英籍澳大利亚传教士郭秀峰到洒普山传教。1923年，郭秀峰在洒普山主持成立了“基督教内地会滇北六族联合会”，设立了下属六个总堂。①

在滇中北山区的武定、禄劝、寻甸等地的彝族群众中，内地会先后建立三个彝族总堂，促使彝族群众接受了基督教信仰（其中禄劝县彝族信徒占本民族总人数的比例高达1/4），使这一带成为教会在彝族地区活动的重要场所。在当地的彝族各支系中，基督教内地滇北六族联合会曾先后建立了禄劝县撒老坞黑彝总堂（下辖11个分堂41个支堂）、武定县阿谷米干彝总堂（下辖4个分堂3个支堂）、寻甸县新哨白彝总堂（下设5个

① 杨学政主编：《云南宗教史》，云南人民出版社1999年版，第497页。

支堂）。[①] 到新中国成立时，武定县境彝族纳苏颇、阿罗颇、罗罗颇、乃苏颇等支系中都有基督教信徒。

三　当前武定彝族地区的宗教信仰

新中国成立后，党的宗教信仰自由政策在彝族地区得到较好贯彻，受到彝族群众拥护。但1958年以后，由于受到极“左”路线的影响，各地寺观教堂被拆毁，制度性宗教的正常活动不被准许。传统宗教信仰及民间“尼”“毕”活动被当作迷信，遭到全面禁止。毕摩的经书、法器遭受没收、焚毁。直到党的十一届三中全会以后，宪法赋予的宗教信仰自由政策重新得到贯彻落实，宗教活动才逐渐恢复。被拆毁或废弃的宗教寺观教堂也随之得以修缮或重建，并随着信教群众的增长呈不断增加态势。目前，武定县境内6个彝族支系中都有基督教信教群众，尤以居住在金沙江南岸河谷半山地带的阿罗颇为多。此外，居住在坝区的纳苏颇、罗罗颇、密切颇、撒尼颇支系中也有一部分信仰汉传佛教，但人数不多，且多数为老年妇女。

2016年底，武定县境内有基督教、佛教和伊斯兰教三大宗教，分布在全县11个乡（镇）。县内设有基督教三自爱国运动委员会、基督教协会、佛教协会3个宗教团体和2个清真寺管委会。全县有依法登记的宗教活动场所180所，其中：基督教堂53所、固定处所111所；佛教寺院14所；清真寺2所。有宗教教职人员151人，其中基督教146人（牧师4人，长老72人，传道员70人），汉传佛教3人，伊斯兰教2人。有信教群众23460人，其中基督教15195人，佛教7575人，伊斯兰教690人。少数民族信教群众19171人，占信教人数的81.72%。此外，还有“小众教”415人。多民族、多宗教共存，特定历史条件下形成的非正常宗教与正常宗教并存，武定县也因此成为云南28个协调民族关系任务较重和63个宗教工作重点县之一。

与此同时，与民间宗教信仰有关的民间活动也逐步恢复。1982年，楚雄州召开首次毕摩会议，为毕摩恢复名誉，确认毕摩为“彝族古文化知识分子”，调动了毕摩传授和研究彝族古文化的积极性。鉴于1958年至1978年近20年的时间里，毕摩彝文经书损毁严重，毕摩传承出现断代，

① 韩学军：《基督教与云南少数民族》，云南人民出版社2000年版，第97页。

能读写古彝文，能释读古彝文文献的在世毕摩已不多的严峻现实。1984年，武定县民委举办了一期彝文培训班，请县内万德乡的毕摩杨自荣教彝文和毕摩祭祀仪式仪轨，另外请楚雄州彝族文化研究所的朱琚元先生教国际音标，前后办了两期。1986年后，楚雄州民委也在州内不定期开办彝文学习班。武定县现如今懂彝文、能释读彝文经书、能带徒弟的毕摩都是这个时期培养出来的。据介绍，目前武定县注册过的毕摩约有40人，但已获得毕摩资格认证，且能释读经书、能主持祭祖大典、能带徒弟的毕摩不超过10人。

2001年，禄劝县纳雍“阿波易龙颇”宗族在部分彝族学者的支持、帮助下举行祭祖大典，有24位毕摩参加，其中18位来自武定。据说这次祭祖大典是古罗婺部地中断了84年后第一次举行大型祭祖。2008年，武定县发窝乡大西邑村朱氏宗族举行祭祖。2011年至2013年期间，昆明市寻甸县柯渡、鸡街等地的“高卢颇”“阿依颇”“普济颇”三个宗族也先后举办了祭祖大典，主祭毕摩都是武定籍。祭祖大典的频繁举行，使毕摩的地位、声誉、影响力得到了较大提升。但这并未带来毕摩及其文化传承的兴盛，受访的白路镇杨绍学毕摩表示，现在的年轻人都热衷于外出打工挣钱，而不愿意学“毕”。他自己带的4个徒弟中，有3个就已中断学业，选择了外出打工。

四　宗教政策的贯彻和宗教事务管理的制度化

立足集山区、贫困、民族、宗教四位一体，民族问题、宗教问题、贫困问题交织在一起，维护民族团结、宗教和谐、社会稳定工作任务艰巨繁重，位列云南28个协调民族关系任务较重和63个宗教工作重点县的县情特点。武定县委县政府始终把宗教政策的落实和宗教事务的管理放在“县域民族经济跨越发展、民族文化繁荣发展和民族团结宗教和顺”目标建设的重要地位，进入21世纪以来，这项工作的开展取得了突出的成效。

（一）积极探索管理机制

武定县委县政府历来高度重视民族宗教工作，在加强领导、构建网络、强化责任上做文章，积极推进佛教、伊斯兰教、基督教三教寺观教堂的规范化管理。坚持把维护三大宗教正常秩序作为确保当地宗教和谐、社会稳定的重要内容常抓不懈；坚持把宗教工作的形势任务、对待宗教问题的方针政策、处理宗教问题的法律法规列入各级党委的学习内容，列入党校学习培训计划，做到常学常讲；坚持把宗教管理工作纳入社会治安综合治理目标责任，建立以督促、检查、指导评估为目标的绩效考核责任制，建立健全了县领导分片包干责任制，经常性地与3个宗教团体和2个寺管会成员联系沟通，了解各宗教团体、寺管会情况及宗教教职人员思想动态，帮助解决实际困难；坚持实行佛教、伊斯兰教、基督教活动场所目标管理责任制，指导各乡镇和村委会与寺观教堂签订《宗教活动场所目标管理责任书》，建立了县、乡（镇）、村（居）委会和宗教活动场所四级民族宗教工作目标管理责任制网络，并对工作目标管理责任制实行绩效考核。

为了切实加强对民族宗教事务的领导和管理，2009年后成立了县委书记任组长，县长为常务副组长，县委、人大、政府、政协和联系民族宗教工作的领导任副组长，由县委办、政府办、县民宗局等52个县级部门、省州驻武定单位负责人和11个乡（镇）党委书记为成员的民族团结进步示范县创建工作领导小组及办公室，定期召开民族宗教工作联席会议，交流情况，汇总分析形势，研究部署民族宗教领域团结稳定工作。县乡两级还明确了分管民族宗教工作专（兼）职领导干部45名，民族宗教工作联络员174名。坚持保护合法、制止非法、遏制极端、抵制渗透、打击犯罪的原则，制定防渗反渗工作方案，增强预防和抵御境外宗教的干扰和渗透能力。

（二）依法管理宗教事务

自2000年以来，武定县根据《宗教事务条例》和国家宗教局配套出台的各项规章要求，按照省州民族宗教部门的统一部署，深入全县180个宗教活动场所，系统开展了以创建“和谐寺观教堂”为主题的依法管理工作。

注重提高宗教教职人员和信教群众的法律意识。进一步加强在宗教活动场所、宗教教职人员和信教群众中开展民族宗教政策和法律法规的宣传、教育、培训工作，引导和动员宗教界人士、教职人员、信教群众在维护宗教和谐稳定，促进社会长治久安方面发挥积极作用。紧密结合多民族、多宗教的县情实际，把创建“和谐寺观教堂”作为建设民族团结进步示范县的重要活动与普法工作有机结合起来，以“宣传宗教法规普及宗教常识　共建和谐社会”为主题，以开展三月“综治宣传月”、六月“民族宗教政策法规宣传月”、八月“送法进宗教活动场所月”等主题宣传月活动为载体，紧紧围绕党的宗教工作方针，积极开展党的民族宗教政策、法律法规和“三个离不开”“四个维护”思想宣传教育。在加强县级宗教团体、教职人员和基督教妇女事工人员培训的同时，深入少数民族聚居村（组）和宗教活动场所宣讲民族宗教政策、法律法规，组织教职人员和信教群众学习《宪法》《民族区域自治法》《宗教事务条例》等法律法规，不断提高宗教教职人员和信教群众的法律意识。

依法登记，规范宗教活动。近年来依据《宗教事务条例》和国家宗教局配套出台的各项规章规定和要求，按照省州民族宗教部门的统一部署，组织对县内佛教寺院、清真寺、基督教堂及固定处所依法进行了换发登记证和补充登记。对全县范围内的基督教活动场所进行了全面调查，对符合条件的 99 所活动场所和 4 所私设聚会点向州民宗局申报待批为固定处所，审批 28 所为固定处所，解决了全县基督教宗教活动场所“以堂带点”所带来的管理弊端，进一步规范了管理。为符合条件的宗教活动场所统一办理了土地使用证、房产证和登记证，完成了 3 个县级宗教团体、180 个宗教活动场所、165 名教职人员、23460 名信教群众和 35 名宗教界代表人士基本信息采集，建立了县内三大宗教活动场所和教职人员管理档案和电子数据库，做到了持证住寺、持证上岗。

抓监督，切实加强宗教活动场所财务监督管理。武定县立足县情实际，深入各宗教场所，督促落实宗教活动场所财务管理有关规定，依法依规做好宗教活动场所财务监督管理工作。通过深入细致的摸底调查，制定宗教活动场所设立银行账户实施方案，全县 66 个宗教活动场所已开立银行结算账户，进一步规范了宗教场所财务管理。

加强教育培训，切实做好“三支队伍”的建设工作。依托中央、省、州教育资源，继续加强党政领导干部、民族宗教工作干部、民族宗教界人士“三支队伍”的政策法规培训，重视后备人才队伍建设，积极稳妥地做好选拔培养工作。结合开展宗教政策法规学习活动，把少数民族干部培训纳入全县干部培训的总体规划，采取调训、轮训、送州委县委党校培训等方式，使在职的副科级以上少数民族干部都得到培训，仅 2012 年至 2013 年就安排 1 名领导干部参加了中央民族干部学院举办的培训，7 名领导干部参加了省委党校举办的培训，7 名民族聚居乡（镇）干部参加了大连国家民委培训中心举办的民族政策、法律法规和民族事务管理工作培训，4 名科级领导干部参加了全州少数民族中青年干部培训班学习，还组织民族宗教工作干部和信教群众67人参加了全州宗教政策法规培训。先后举办党政干部、民族宗教工作干部和宗教教职人员培训8期，有633名党政干部和教职教牧人员参加了培训。

（三）妥善解决宗教活动场所和教职人员的各种实际问题，扶持受特殊宗教问题影响的贫困村发展

武定县民宗局、县人大、县政协每年组织人员深入宗教场所和少数民族信教群众集中的乡（镇）、村（居）委会、村小组开展专题调研，及时排除各类矛盾纠纷，推进解决宗教场所基本公共服务均等化和宗教教职人员的民生问题。加强宗教活动场所基础设施建设，督促各乡（镇）人民政府切实履行综治维稳及安全工作属地管理职责，做好宗教活动场所危房修缮和地质灾害隐患排查。加强宗教活动场所安全管理及信教群众应急疏散演练。新建或改建维修城区宗教活动场所，解决城区信教少数民族群众过宗教生活问题。落实和帮助解决民族宗教界代表人士反映的困难及问题，每年拨给县基督教“两会”驻会及退养人员、县佛教协会驻会人员和全县宗教教职人员生活补助8.7万元。对受特殊宗教问题影响，造成贫困的73个村通过实施基础设施、文化事业、医疗卫生、科技培训、危房改造、乡村文明、产业发展等项目的建设，帮助摆脱贫困，使其共享改革发展成果。

通过上述工作，武定县的宗教事务管理工作取得了以下明显的成效。

一是宗教场所管理不断规范，保持了持续和谐稳定。宗教场所和教职人员依法服从政府管理的自觉性、主动性和回报社会的积极性明显增强。

二是通过加强县、乡、村及宗教活动场所四级宗教工作目标管理责任制网络建设，建立健全宗教场所内部各项管理规章制度，加强宗教团体自身建设，提高教职人员队伍素质，使维护宗教和谐稳定机制不断健全，社会治安综合治理措施得以落实，依法管理宗教事务能力显著增强，奠定了宗教场所始终保持长治久安的基础。

三是通过开展法律法规进场所和创建“和谐寺观教堂”活动，加强对宗教教职人员的宗教政策和法律法规教育培训，提高了教职人员的思想政治素质，增强了维护宗教和谐稳定、促进民族团结进步、推动社会和谐稳定的思想意识。2009年以来，先后有47所宗教活动场所被命名为国家级、省级、州级“和谐寺观教堂”，其中基督教清心堂被国家宗教局命名为“和谐教堂”，滔谷教堂等4所被云南省宗教局命名为“和谐寺观教

堂”，另有42所宗教活动场所被楚雄州宗教局命名为“和谐寺观教堂”。

四是通过开展走访慰问宗教团体、退养教职人员、宗教场所及教职人员，帮助他们解决实际困难，落实党和政府的惠民政策，使教职教牧人员共享改革发展成果，激发了教职教牧人员的感恩之心，增强了党和政府的向心力和凝聚力。

五是通过对长期受特殊宗教（“小众教”）问题影响，造成贫困的73个村推行干部进入、政策导入、感情贴入、文化融入和重点帮扶“五入一帮扶”的做法，开展基础设施、文化事业、医疗卫生、科技培训、危房改造、乡村文明、产业发展建设，同时加强党的民族政策、宗教政策和社会主义核心价值观宣传，使受特殊宗教影响的贫困地区经济、教育、科技、文化事业得到了大的发展和变化，群众生活水平明显提高，思想观念明显转变，党群、干群关系明显好转。信仰特殊宗教群众的抵制和对立情绪有了较大改变。

第五章

民族文学与艺术、文化遗产保护与文化发展

第一节　民族文学与艺术

一　文学

（一）民间文学

彝族文学源远流长、内容丰富多彩，它以民间口头创作为主体，囊括神话、传说、史诗、抒情长诗、叙事长诗、民间歌谣等，不仅是民族艺术造诣的体现，而且融入了彝族的历史、哲理、宗教信仰、生产生活等方方面面，是彝族祖先留给后世的珍贵精神财富。

20 世纪 80 年代，武定县文化馆及各乡镇文化站的有关同志，用近一年的时间里，在武定县 3000 平方千米的土地上，采访了数以百计的老人，对民族民间文学进行了抢救与发掘整理，最后结集成《云南省武定县民族民间文学集成（故事、谚语卷）》与《武定县民间歌谣集成》两本书（油印本）。

《云南省武定县民族民间文学集成（故事、谚语卷）》一书收录有神话、传说、故事、寓言、笑话等。谚语类分为时政类、事理类、修养类、社交类、生活类、自然类、生产类等内容。神话传说部分中的洪水神话、人类繁衍神话及少数民族分支神话，是彝族先民从哪里来的重大命题。传说部分既有史事传说，也有地方传说、土特产传说、风俗传说等，颇具地方特色。故事部分分为奇幻故事、动植物故事、狐鬼精灵故事、生活故事、机智人物故事，充满了想象力和故事的张力。寓言部分用简短的故事说明了做人的道理。笑话部分诙谐幽默，令人忍俊不禁。谚语部分分为时

政、事理、修养、社交、生活、自然、生产等内容，运用简洁的句段，说明了不同的事理。

《武定县民间歌谣集成》中彝族歌谣占很大比重，收录有创世、历史传说歌谣，劳动、时政歌谣，祭祀歌谣，日常生活歌谣，酒歌，情歌，婚嫁歌谣，苦歌，儿歌等内容，这些歌谣是彝族丰富多彩的生活世界的反映。创世历史歌谣是彝族宇宙观的体现，如《开天辟地调》，讲述了世界的形成；《黑彝迁徙曲》，简述了武定县环州黑彝祖先的迁徙及环州的历史。《撵山歌》《做弩歌》《种荞》《农事歌》是彝族历史上狩猎、耕作并重的反映。《分家歌》《迎客调》《过年调》《女大无家调》等，表现了彝族的社会风俗。在婚嫁歌谣部分，从新人相识、相亲、哭嫁、送亲、迎亲到回门等都有相应的歌谣，是彝族婚俗难得的写照。《苦歌》则多是描述女儿出嫁后对娘家的思念之情。儿歌部分则活泼俏皮，歌谣里有生活中许多常见的家畜、家禽及小动物，充满童趣。

值得一提的是，彝族毕摩用彝文书写了一大批包括文学作品在内的各类著作，曾引起了学者们的关注，如在20世纪40年代初期，著名学者马学良先生通过深入到武定彝族地区，搜集到2000多册彝文典籍，最终整理成了《倮（彝）文经典目录述要》一书，并撰写了多篇学术论文加以介绍。1981年，中央民族学院（现中央民族大学）对北京现存的659部彝文典籍进行了一次清理，就包括从楚雄搜集到的514部。其中有一部分文学作品，内容包括“歌颂祖宗或同情哀悼死者时说唱的悼词；在举行婚礼时主客双方斗智比识的赛歌和辩词；赞颂在同自然界斗争中出现的英雄人物的乐章；谈论生物起源、宇宙变化的传说；生动有趣的童话和寓言故事；为人处世的哲理等等”①。在彝文典籍中，如《六组分支》《指路经》等，也较具有文学艺术价值。

（二）文人文学

武定狮子山历史上就是滇中著名的旅游胜地，亦是历代文人墨客撰写诗词楹联最集中的地方，这些诗文楹联如今成为武定珍贵的遗产。武定狮子山山门石坊上刻有古营州赵世锡题写的一副精美楹联：“山藏龙伏隐高峰，永做滇云盛世；天遣狮蹲留宝地，祥钟罗婺灵源。”道出了狮子山的

① 本部分参见杨继中、芮增瑞、左玉堂编著《楚雄彝族文学简史》，中国民间文艺出版社1986年版，第19页。

神奇传闻和历史典故。清代武定知府王清贤观赏武定狮子山的诸天楼阁时，题写了一首精美的诗文："狮峰好景赋繁吾，楼阁分明出画图。远害潜龙栖野壑，随心古佛载昆庐。鸟窥净域声多逸，花爱游人兴不孤。数载相依看未厌，闲来步步入蓬阁。"光绪年间邑绅刘光裕在狮子山惠帝祠阁题写的一首楹联，反映了建文帝遁迹狮子山的神奇传说："叔误景隆军，一片婆心原是佛；祖心皇觉寺，再传天子复为僧。"写出"天下第一联"的孙髯翁，也曾多次登临狮子山，以狮子山的美景和历史传说为题，为武定留下了被誉为"狮子山第一长联"的《春日登狮山》："郡僻山愈佳，景幽情多骨。行行至武阳，丘壑开芳甸……老佛南迎归，榆川日西晏。至今狮子山，昼夜悲风澹。"另外，还有一首七律《再游狮山吊建文帝》，"又过逃禅弟子坛，淡烟衰草满栏杆。滁阳一旅行王易，建业千官继统难。阙对凤陵成燕幕，天留师窟任龙蟠。百年归葬无封树，月色鹃声终古寒"[①]。

1972 年，武定县文化馆创办了《工农兵文艺》，后改为《狮山文艺》《狮子山》，为季刊。20 世纪 80 年代中后期，在张永祥等为主的一批文学青年的努力下，成立了武定县第一个文学组织——武定青年文学社。文学社编辑出版铅印文学季刊《山魂》，栏目设置有小说、散文、诗歌、中学生之页、地方掌故、美学漫步等，并用线描插图。2006 年 1 月，武定县文联创办了《狮子山文艺》，以"突出时代特征、民族特色和地方特色，弘扬先进文化，培养文学新人"为办刊宗旨，现以出版近 30 期，发表各类文学体裁近 300 万字。

近年来，武定县涌现出了一批本土作家，出版了《天下武定记》《花漫樊篱》《天魅》《梦断山筋》《罗婺历史与文化》《永不褪色的青春》《寻觅千年罗婺》等小说、散文、诗歌，在《民族文学》《中国文学》《边疆文学》《中国散文家》《华夏散文》《云南日报》《云南政协报》《金沙江文艺》《楚雄日报》《彝族文学报》等各类报纸杂志公开发表文学作品，并不断获得各类文学专业奖项，显示出深厚的文学积淀。

张永祥，彝族，现为中国作家协会会员、云南省作协签约作家，其诗歌《山妹子》在全国贫困地区农村题材作品的评奖活动中，荣获二等奖，散文集《情感高原》获全国第七届民族文学骏马奖、第九届《云南日报》文学奖。李学智，彝族，中篇小说《无法伤悲》获边疆文学奖，长篇小

---

① 本部分参见《武定县非物质文化遗产项目及代表性传承人资料汇编》（打印稿），中共武定县委宣传部、武定县文学艺术界联合会编，2015 年 7 月。

说《大户》获梁斌小说奖一等奖。张富有，彝族，中篇小说《白井》获昆明市文联、《滇池》文学杂志社共同主办的“云南建设杯”第七届滇池文学奖入围奖，他创作的电影剧本《油菜花开》，搬上了电影银幕。杨春华，彝族，散文集《咱啦的天空》荣获楚雄州第三届“马樱花文艺创作奖”文学类二等奖。杨继渊，中国少数民族作家学会会员，云南省作家协会会员，相继公开出版了诗集《山里的诗笺》《山地恋情》，小说、散文集《山乡聆螺》和散文集《乡土三原色》《天下武定记》《马旷源评传》《守望乌蒙》等8部文学专集，是武定县高产作家之一，曾获中共楚雄州委、州人民政府第一、二、三届“马樱花文艺创作奖”。王胜华，中国西部散文家协会会员、云南省作家协会会员，散文《餐桌上的乡愁》获2011年《散文选刊·下半月》海内外华语文学笔会奖；散文《遗弃的童鸟》获《散文选刊》首届全国情感主题散文大赛二等奖；散文《故土难离》获2012年《散文选刊》全国散文三等奖。杨会香的《菩提女》荣获楚雄州委、州政府第三届“马樱花”文艺创作文学类三等奖。李宏荣，彝族，《皎平渡的攀枝花》荣获“中天杯·长征颂”散文征文三等奖，楚雄州委、州政府第二届“马樱花文艺创作奖”文学类三等奖。张自莲，小说《抉择》获2000年第二届野草杯·全国青年文学大奖赛优秀创作奖。小说《冲开迷雾的云》获楚雄州第二届“马樱花”文艺创作奖。刘腾伟，小说《卖米》、散文《狮子山云雾》、诗歌《擦不掉的牛皮癣》、纪实文学《武定县“8·30”地震抢险救灾侧记》等数十篇作品载入《云南日报》《云南政协报》《金沙江文艺》《楚雄日报》《彝族文学报》《狮子山文艺》等报刊。

二　武定县较具代表性的民间艺术

武定县有18个民族，人口较多的民族有彝族、汉族、苗族、傈僳族、傣族等，各民族都保留有种类繁多的传统艺术种类，精彩纷呈、交相辉映，是魅力武定最重要的组成部分。经过普查和整理，较具代表性的艺术种类有如下几类。

（一）彝族服饰

彝族服饰于2013年12月被国务院公布为第四批国家级非遗保护名录。

武定彝族服饰以厚重古朴、类型多样、纹饰精美、民族特色浓郁而著称。它的款式、工艺、色彩、纹饰具有古老文化的传承，也有与时俱进的创新，真实地反映了彝族人民的民风民俗、宗教信仰、人文地理、历史文化，同时也折射出了彝族人民丰富的审美情趣和审美心理特征。

《云南通志》“罗婺（纳苏），又称罗武，本武定种，古以名郡。男子发高顶，戴笠披毡，衣火草布……”“罗婺，状类倮倮……女不著裤，系桶裙，衣不开胸襟，从首领而挂之……”悠长的历史沉淀使彝族服饰绚丽多姿，内涵深厚。不同支系，不同居住地域有不同的服饰特色。男子服饰汉化程度较深，多穿对襟立领窄袖衣，下着长裤，年轻男子喜欢外披一件火草褂，中老年男子多在外披一件羊皮褂。女子服饰颇为丰富，其基本款式为帽、包头巾、右大襟衣、长裤、系围腰，外包含各种质地的首饰。女青年盛装，在帽、包头巾、衣领、环肩、袖口、围腰、裤管、鞋上以镶、绣、贴等传统工艺技法绣满回环往复、色彩明快的纹饰图案，纹饰内容丰富多样，日月星辰、山川河流、树木花草，凡是生活中接触得到的事物都能通过她们的能工巧手表现出来，图案疏密有致，色彩和谐，充满离奇的想象，而且图必有意，意必吉祥。

彝族服饰的用料是从最初的树叶、树皮发展到兽皮，再由兽皮发展到羊皮、麻布，而且这种服饰习俗源远流长。至今在武定县的彝族服饰中仍能寻到这些原始服饰的踪迹，表现形式为“草衣”和“羊皮褂”。“草衣”多制作成披风式，全为手工编织，内面织成网状，外面保持草的原生状态，这样穿起来既柔软护身，又能防止雨水浸透。“羊皮褂”的制作方式同样原始古朴，以两张上好的山羊或绵羊皮为原料，几乎不用任何裁剪，用刀在边沿打孔，以皮带穿连成衣，任头皮下垂为领，腿皮相连为袖笼口，尾部自然下垂，以保持羊皮的完整外部形态为美。

从大量考古资料、彝汉文史籍和壁画来看，彝族服饰的基本特征早在两汉之际即已形成，它是彝族先民与恶劣的自然环境不断斗争和与其他部族进行多次复杂融合的结果。进入唐宋，彝族分别于云南地方政权南诏和大理国的统治之下，为三十七部之罗婺部，史称“乌蛮”“倮倮”“昆明”……各地彝族服饰在承接汉晋时期“衣裙”“披毡”“椎结”“羊皮褂”习俗的同时，还出现了尚黑、披虎皮习俗，而且各地彝族因支系、等级不同，服饰内容各不相同，这在史籍中都有记载。《新五代史》载：“昆明，其人椎髻跣足、披毡，其首领衣虎皮。”唐樊绰《蛮书》云：“异牟寻披波罗皮。”波罗意为“虎”。不同支系，不同居住地域的彝族服饰呈现出不同特征。《通典》记述云南的乌蛮在南诏统一之前，“男子以毡皮为帔，女子施布为裙衫，仍披毡皮为帔。头髻有发，一盘而成，形如髻。男女皆跣”。南诏统一之后“黑僳僳……男挽发贯耳，披毡佩刀，妇人贵者衣套头衣，方领如井字，无襟带，自头罩下，长曳地尺许，披黑羊皮，饰以铃素”。

元、明、清时期是武定县境彝族由封建领主制向地主制转变的大变革时代。中央王朝在彝族地区驻兵屯田，大批中原汉族进入彝区，既带来了较先进的封建地主制，又将先进的生产力带入彝区，促进了彝族社会经济的发展，也加速了彝族“夷变汉”的进程。使彝族服饰更加多元化、丰富化，不仅款式、饰物上增多，而且内涵更加丰富。李京《云南志略》载：“罗罗……男子椎髻，摘去须髯，或髡其发……妇人披发，衣布衣，贵者锦缘，贱者披羊皮……室女耳穿大环，剪发齐眉，裙不过膝，男女无贵贱皆披毡跣足。”服饰不仅受蒙古人影响，有“髡其发”习俗，而且还有贵贱之别，婚否之别。到了明清以后，各地服饰差异更加明显。“罗婺，又称罗武，本武定种，古以名郡。男子髻发高顶，戴笠披毡，衣火草布。其草得于山中，缉而织之……妇女辫发两绺，垂肩上，杂以砗磲璎络，方领黑衣裙，跣足。”《云南通志》：“摩察，今武定、大理、蒙化三府皆有之。男子束发裹头，耳缀，短衣，被毡衫，佩短刀，以木弓药矢射鸟兽为食。妇女皂布裹头，饰以砗磲，短衣长裙，跣足。”《清职贡图》：“罗武……种类倮罗……男子缠头跣足，女人织毛布为衣，裹头用布，下缀樱花，腰着桶裙，手绾铜镯……”（清《武定县志》）从这些志书所载可知，在元明清时期，彝族各地的服饰习俗已经形成，多以牛、羊皮毛、火草、棉为衣服原料，男子发式为“椎髻”，身披“披毡”，下着宽裆长裤；女子多以素布缠头，上穿短衣，下着长裙，喜以海贝、砗磲、铜银点缀装饰，而且贵族服饰更加华丽，衣裙上纹绣精细，饰物名贵，色彩丰富。在武定环州、万德的土司中，还盛行穿与内地一致的官服，多为朝廷所赐，衣服上描金绣龙，象征着权势与尊贵。

随着市场经济的发展，彝族服饰加剧了变迁速度，已呈现出三方面的变迁态势：一是传统生活装礼服化。人们日常生活装被时装取代，传统服装仅成为节庆、宗教、婚丧嫁娶等仪式上穿着的礼服，这种现象在年轻人中尤其突出。二是服饰材料非本土化。服装使用的自纺自织的棉、麻、火草、羊毛、丝线等，逐渐走向衰落，被市场上充斥的化纤布料、毛线、塑料饰物等取而代之，以致服装的色彩、纹饰、饰物出现较大的变化。三是传统工艺技术衰落。彝族传统的纺织、染、绣等手工技术及技艺被机器取代，具有精湛手艺的一代彝绣艺人渐渐老去，新的一代人对工艺完全陌生，以致后继乏人，彝族服饰面临濒危状况。①

（二）民间歌舞

武定县境内各民族都有自己的民歌，尤以彝族民歌最为丰富。武定彝族有六个支系，每个支系的民歌各有其特点。

彝族的纳苏支系，其民歌分为“家调”和“山调”。“家调”顾名思义，就是在年度节庆、婚丧嫁娶的时候在家中所唱的歌。家调分为“挪依”（唱颂祖宗家谱）、“道嘎”（格言警句、待人处事）、“起除挪衣八”（婚嫁苦情及劝慰）、“命熬”（风土人情）、“起除”（嫁调）、“早除”（酒席中的颂贺、缅怀老人及留客）和“南嘎”等几种。山调分为“潮除”和“朝若”，是在野外所唱的歌。歌词有约定俗成的，也有即兴发挥的，多是男女爱情的表达。

彝族的纳罗支系，民歌称为“敏熬”，指的是从古代流传下来的调子。“敏熬”大致可分为五类。第一类为“早竹”，赞歌的意思，一人领唱，众人帮腔。“早竹”又分为山野之中唱的赞歌“甘里早竹”、家里唱的赞歌“阿古早竹”和婚嫁调“期早”。第二类为“召竹”，大山上唱的调子的意思。内容多为表达爱情和思亲之情。第三类为“召若”，小调的意思。“召若”又分为家中唱的小调“阿古召若”和山野唱的小调“甘里召若”。第四类为“挪那枯”，其意为唱家谱或是唱祖宗的歌，多由老年歌手吟唱。第五类为“阿哥若竹”，儿歌的意思。彝族乃苏支系，有“秋早”和“山调”两类，前者多是赞美的歌，后者为表达爱情的情歌。

彝族的罗罗支系，有“名角”和“阿德”两类。“名角”内容主要歌唱祖先的迁徙历史和传说，“阿德”意思是山歌。

彝族的密切支系，有弯刀腔、哭嫁调和山歌三类。

彝族的撒尼支系，有“秋迪”调。

武定县境内的其他民族，傈僳族、苗族、傣族、汉族等都有其自己的

---

① 本部分参见《武定县非物质文化遗产项目及代表性传承人资料汇编》（打印稿），中共武定县委宣传部、武定县文学艺术界联合会编，2015年7月。

丰富民歌。①

近年来，随着“非遗”保护活动的开展，特别是武定彝族酒歌被列入国家级非物质文化遗产名录，民歌的传承受到了政府、民间层面的重视，已涌现出了一批热衷于学习和传承民歌的年轻人，让人们看到了这份古老的遗产重新焕发活力的希望。

彝族酒歌于2008年6月经国务院公布为第二批国家级非物质文化遗产保护名录。

彝族酒歌主要流传于武定彝族集聚地和周边县市，是彝族传统文化的结晶，也是彝族各支系间世代密切交流、融会贯通、相互渗透的艺术珍品，有着悠久的歌唱传统。它以祭祀、民俗文化为载体，是一种粗犷、古老的民族歌舞艺术。彝族人喜欢饮酒，饮酒而歌，朋友、宾客至，先敬上一碗美酒，唱起优美的敬酒歌，所以很多场合，酒歌都起着“以歌代言”之功用。酒歌的来源，有以下几种传说：

1. 诸葛亮南征，孟获与诸葛亮盘酒歌，盘了三天三夜，孟获所问的，诸葛亮都答上，孟获就只好认诸葛亮的汉军为兄弟。后来，每年一到这一天，孟获大宴部属，学着当时的情景，盘三天三夜的酒歌。于是，这个习俗就一代又一代传承了下来。

2. 彝族姑娘妮娥硕咪替村里一个老妈妈占卜，遭到媒婆布老纳刺的嫉恨，布老纳刺便做媒，将妮娥硕咪强迫嫁给阿基酋长。出嫁路上，妮娥硕咪一路边哭边唱，从那以后，彝族每到逢年过节、婚嫁办事都要唱酒歌。

3. 武定彝文古籍《作祭献药供牲经》记载：“尔生满六岁学诗与识字，尔生满十二岁，青年学一次，辑诗备歌曲，与朋友切磋。”彝族子弟六岁开始学诗，此俗上继数千年，代代相传，这就是彝族酒歌不断得到传承和发展的根本原因。

武定县民族民间传统舞蹈历史久远，种类丰富，套路众多。以跌脚舞为代表的彝族舞蹈在明朝洪武年间就有了记载。在明代隆庆年间，耍龙、狮舞和秧老鼓舞等汉族民间传统舞蹈传到了武定。武定县群众喜闻乐见的花灯歌舞类秧老鼓舞是江南花鼓与云南花灯相结合的产物。据统计，武定县有跌脚舞、芦笙舞、连响舞、龙舞、狮舞、秧老舞、踩地气7个舞种，

① 本部分参见云南省武定县志编纂委员会编纂《武定县志》，天津人民出版社1990年版，第402—404页。

500 多个舞蹈套路形式。苗族的芦笙舞是清代传入武定县的。

清末，长岭岗苗族为躲避战乱来到武定九厂南山一带定居，1906 年搬迁到插甸镇长岭岗。长期以来，这支苗家“花苗”支用芦笙舞来表现祖辈迁徙、征战的历史。1951 年张冲、王连芳率领的中央民族慰问团到武定，龙义民、王胜兴、张志民等，进行了芦笙舞表演，并受到接见，与张冲、王连芳合影。每年五月初五，四乡八寨的苗族同胞都要举办花山节，人们在舞场中央高高地竖一根木杆，上面挂着各种农作物的种子，能歌善舞的苗家人弹起四弦、吹起芦笙、唱起山歌、跳起欢快的芦笙舞，把优美的歌声和舞蹈献给祖先、献给英雄蚩尤。感谢祖辈给后人送来幸福，感谢祖先带领苗家人创造新生活。

武定县插甸镇长岭岗村位于插甸镇东南部，距乡政府所在地 12 千米，距县城 30 千米。东与禄劝县屏山镇接壤，南连近城古柏村，西交汉滩地、团山，北接大地、元宝山，西北相邻的四个村寨都是苗族村寨。长岭岗村现有苗族 117 户 250 人。长岭岗村生态环境良好，主要有青松、杉松和多种杂木树，森林覆盖率达 69. 9%。

长岭岗苗族“芦笙舞”是苗族同胞在聚会时表演的一种集体竞技舞蹈，该舞蹈起源于苗族阿卯支在民族斗争及生产生活中的经历，尤以长岭岗“小花苗”支系的芦笙手所跳的最具代表性。它的影响面涉及禄劝、武定、禄丰等地区苗族“花苗”支系村寨，是滇西北“花苗”支系特有的民间舞蹈艺术，也是“花苗”支系区别于其他民族的重要文化标识之一。它以粗犷奔放的舞姿，变化多端的演技，干净利落的步伐，激烈快速地旋转及出色的脚下功夫将芦笙舞推向高潮。舞蹈内容有：“蜻蜓点水”（苗语称“等古东林”）、“骏马奔驰”（苗语称“朝点”“打场”“飞冷枯”）、“地龙滚荆”即“滚地龙”（苗语称“子罗夺”）等动作造型，除此之外，又发展引进“二人立”“三人立”“叠罗汉”“双飞燕”等动作造型，并借鉴京剧等表演艺术加进了侧身翻、前后空翻等高难技巧，还创编了后仰空腰腹支撑二人立、三人立等高难造型。芦笙舞曲也由原来的不同调子改编为统一的调子。传统的“滚山珠”一般在年节、喜庆或农闲之余表演。

关于“滚山珠”舞蹈的产生有这样一种说法：古代苗族人民在大迁徙中，由于道路坎坷，荆棘遍野，行走十分艰难。英勇的苗族青年为了给父老乡亲们开辟一条通道，就用自己强壮的身躯滚出一条道路，让父老们顺利通过，人们为了褒奖这些祖辈的英勇行为，就模仿祖辈探路的动作，编创成的芦笙舞取名“祖辈探路曲”。

“祖辈探路曲”原名“箐鸡探路”，又叫“滚地龙”，苗语称为“子罗夺”。传统的“滚山珠”一人或数人均可表演。其表演特色是：不管表演动作怎样艰苦高难，表演者都要手持芦笙，口吹芦笙，保持笙不离口，曲音不断，笙与舞自始至终相对相配，协调进行。通过加工提炼后的“滚山珠”，已从重在再现的艺术形式升华为重在表现的艺术形式。

苗族的芦笙舞主要靠祖辈口传身授，据现年 76 岁的龙义文老人讲，解放前自家的老人就是跳芦笙舞的主要骨干，长年被苗家人请去跳芦笙舞。新中国成立后，提倡破旧立新受到了限制，但最终还是把芦笙舞传给了龙义文、龙义明两兄弟，党的十一届三中全会以后民族文化艺术又得到复兴。1980 年，由龙义文、龙运泽等人组织，在长岭岗举办了 150 多人参加的武定苗族芦笙舞培训班，致使濒危的民间传统舞蹈——芦笙舞得以传承下来。

苗族芦笙由笙斗、笙管、簧片和共鸣管构成。笙斗，又称气箱，多用杉木、松木或梧桐木制作，以杉木最佳。簧片，多用响铜制作，簧片也可用黄铜制作，但不及响铜制的发音脆亮。共鸣管，是套在笙管上端的一截竹管，可使音量明显增大，多使用毛竹制作，依音高不同而异，以 c、c1、c2 三音为例。演奏时，笙管竖置，双手捧持笙斗下部，拇指、食指、中指分别按左右两排笙管音孔，嘴含吹口，吹吸均可发音，站、坐、走、跳均可吹奏，形式活泼多样。①

（三）彝剧

彝剧于 2008 年 6 月经国务院公布为第二批国家级非物质文化遗产保护项目。

彝剧分布于楚雄 10 县市，武定是彝剧的发源地之一。彝剧是在丰富多彩的民族民间文学、音乐、舞蹈等传统艺术形式的基础上，在民族传统节日、宗教祭祀活动、民俗活动中，不断形成和发展起来的地方民族戏剧。彝剧的形成从最初简单的一个故事发展到有固定文学剧本、人物、唱腔以及在舞台灯光道具、布景、服饰等配合下，从简单的歌舞表演，发展

① 本部分参见《武定县非物质文化遗产项目及代表性传承人资料汇编》（打印稿），中共武定县委宣传部、武定县文学艺术界联合会编，2015 年 7 月。

到有鲜明的地方特色，群众喜闻乐见的新剧种。其基本特征是：在彝族白话腔的基础上，融入民间歌舞乐为一体的演唱方式，具有强烈的地方特色和浓郁的民族风格。彝剧根据独特的创作手段进行创作，发挥民族剧种的优势，并密切联系彝族人民的审美情趣，用彝剧艺术形式来表达彝族人民的思想感情。语言上，采用汉语彝腔，突出人物个性特色，准确地表达人物性格及心理活动。同时，表演上结合彝族人民能歌善舞的特点，大量采用彝族的“左脚舞”“跌脚”“跳乐式”“打跳”等生活动态和服饰，丰富了人物形象、表达了人物思想，这就使彝剧与其他戏曲表演形式有了明显的区别。

彝剧作为一种民族民间剧种，经历了祭祀中毕摩说唱、民间说唱、方言彝剧等漫长而曲折的历史。彝剧源于昙华彝族民间传统山歌、小调、舞蹈及宗教祭祀活动。1956 年，以杨森为首的麻秸房工作室成立。1957 年，在工作室基础上组建了以彝剧创始人杨森为首的宣传组，编演了《半夜羊叫》《曼嫫与玛若》等彝剧，演唱时有民族乐器伴奏，还使用了布景。1958 年 3 月，楚雄专区召开全区农村会议，杨森到会表演了《半夜羊叫》片段；10 月，国家文化部在大理召开西南民族文化工作会议，昙华业余彝剧团参加会议并演出了《半夜羊叫》《青年人的心》等剧目，受到了与会代表和文化部夏衍副部长的肯定。至此，彝剧正式作为一个民族剧种被确认，中央及省委对彝剧的诞生给予鼓励并提出了它的发展方向。1962 年，大姚县华业余彝剧团参加云南省民族戏剧观摩演出大会，演出了修改本《半夜羊叫》和《曼嫫与玛若》。彝剧这一新兴剧种，如今已载入《中国大百科全书·戏曲艺术卷》剧种栏目。改革开放后，彝剧团迅速发展壮大，各地的戏剧工作者都行动起来，使彝剧得到迅速推广与发展。1984 年，经省文化厅批准，以大姚县文工团为基础组建编制 45 人的彝剧团。彝剧团应文化部和国家民委的邀请，1985 年 6 月赴京演出大型彝剧《咪依噜》。《人民日报》发表消息，称《咪依噜》是“我国第一个大型彝族舞剧”。1988 年，彝剧创始人杨森一行首次把彝剧带出国门，走向世界，发扬光大了这种具有浓郁地方民族特色的新兴剧种。

彝剧发源地之一的武定县，涌现出以赵星耀（曾任武定县文化体育局局长，中国戏剧家协会云南分会会员）为代表的一批彝剧创作者，多年来创作并编排演出了一大批脍炙人口的彝剧剧目，如《歌场两亲家》《银锁》《笑漫林间》《凤鸣九天》等，曾参加省、州文艺调演、新剧节目演出并多次获奖①。

（四）雕刻

武定县万德乡的石雕技艺久负盛名，在民间有“万德九十九波浪，不出太宰出石匠”之说。万德乡位于武定县境北部，东与己衣乡相连，西与东坡傣族乡交界，南接发窝乡，北与四川省会理县隔金沙江相望。乡政府驻地离县城107千米，总面积220平方千米。万德乡自然资源丰富，境内地形东倚白龙会山系，其余三面坡度向金沙江逐渐倾斜，气温也随之上升，年平均气温15.4℃，年降水量800—900毫米。万德乡的石雕始于何时，现尚无史料可查，但首先从遍布县内已衣、高桥及昆明、安宁、富民、大姚、四川会理的墓碑、石雕资料中推断出此传统工艺有悠久的历史；再次，从万德乡滑石板十余地方的那氏土舍祖辈莹的碑文可以看出，打制时间为“清雍正六年”，即1728年，则此碑迄今为271年，故有“万德九十九波浪，不出太宰出石匠”之说。

云南省的风景名胜区，现可看到有不少的石雕是万德工艺匠人设计制作的，数百年经久不衰，有的已分别列入省、州、县各级国家重点文物保护。它们多见于民房、花园、亭阁、牌坊、风景名胜区、寺庙、纪念碑、墓碑的建筑装饰之上。这些作品构思奇巧、构图严谨、造型生动、形象感人、想象丰富、巧夺天工。通过浮雕、圆雕、镂孔等多种艺术形式，刻画人物、花鸟、风光、麒麟怪兽、龙、凤、虎、鹿、马、牛、羊等，细腻雕刻，描写内涵丰富，意味深长。

万德石雕具有较强的地方特点，鲜明的民族特色，工艺十分精湛，或吉祥写照，或传统美德，或锦绣山川。可以说，一组石雕可联成一串有趣的故事，每组石雕都有自己的传说；它是历代能工巧匠智慧的结晶，是万德民族艺术的瑰宝，也是研究万德古老民间艺术及历史文化的珍贵资料。主要石雕作品有：《五龙戏珠》《雌雄狮俯仰》《狮倒挂称雄》《麒麟吐书》《三阳开泰》《鹰戏麒麟》《鹿撞金钟》《海马腾波》《走马上任》《喂蚊考母》《打虎救亲》《牛背知书》《大舜耕田》，浸透着深厚的民族文化内涵，鲜明的民族个性和较高的审美价值。

现在万德村委会古享铺村创办有四五个石雕工艺厂，主要生产石狮

① 本部分参见《武定县非物质文化遗产项目及代表性传承人资料汇编》（打印稿），中共武定县委宣传部、武定县文学艺术界联合会编，2015年7月。

子、柱脚石、墓碑，其他产品根据顾客需要订货，销售方式以零售为主，以墓碑为例单价每座墓碑在 800—1600 元人民币，每个厂年收入可达 3 万—4 万元人民币，占该村副业收入的 3/4。[①]

（五）苗族画

武定苗族画家王建才，一生从事绘画事业，其作品从苗族传统文化中汲取营养，以当地苗族生产生活为主题，开创了“苗族画”一派。1977 年，其处女作《特大喜讯传苗寨》在西南四省区少数民族画展中入选，并在北京中国美术馆展出。不久后，作品《喜做新裙》和《花山乐》连续在国家文化部、国家民委和全国美术家协会举办的全国少数民族画展和全国农民画展被入选，在北京展出。1980 年，由云南省美术家协会推荐，全国美术家协会书记处讨论批准，王建才正式成为全国美术家协会会员，正式成为国家级画家。2001 年 3 月，王建才在楚雄工人文化宫举办了个人画展。

王建才的作品具有浓浓的苗家味道，《苗家兰彩》在云南省十运杯画展中荣获三等奖，作品在背景上利用苗族礼服上的图案来增强苗族特色，再夸张地让兰彩背上一个大得与人不相称的大花篮。反映苗家生活的《赶嫁妆》被中国美术馆收藏。《朝阳寨》是一幅歌颂党的富民好政策的作品，曾荣获云南省第二届农民画银奖，被中国浙江美术馆收藏。

（六）火把节

彝族火把节于 2006 年 6 月经国务院公布为第一批国家级非物质文化遗产保护名录。

武定县彝族火把节是彝族人民传统节日中最为重要最为盛大的节日，以白路、猫街、发窝等彝族聚居地最为隆重。火把节为每年农历六月二十四日，节期三至五天，是彝族先民按照其十月太阳历历法确定的年节。彝族又把火把节称为过大年，汉文献称之为“星回节”。

农历六月二十四日，北斗星斗柄正上指，武定县彝族人认为过火把节是期望长出的谷穗像火把一样粗壮。每年的农历六月二十四日这天便要以传统方式点燃圣火，燃起火把，走向田野，以祈求风调雨顺、来年丰收。久而久之，这种习俗便形成了彝家一年一度的火把节。

① 本部分参见《武定县非物质文化遗产项目及代表性传承人资料汇编》（打印稿），中共武定县委宣传部、武定县文学艺术界联合会编，2015 年 7 月。

火把节的由来虽有多种说法，但其本源当与火的自然崇拜有最直接的关系，它的目的是期望用火驱虫除害，保护庄稼生长。火把节的原生形态，简而言之就是古老的火崇拜。火是彝族追求光明的象征，在彝族地区，对火的崇拜和祭祀非常普遍。

彝族火把节一般历时三天三夜，分为迎火、玩火、送火三个阶段。火把节第一天为“都载”，意为迎火。这一天，村村寨寨都会打牛宰羊杀猪，以酒肉迎接火神、祭祖，妇女还要赶制荞馍、糌粑面，在外的人都要回家吃团圆饭，一起围着火塘喝自酿的酒，吃坨坨肉，共同分享欢乐和幸福。夜幕降临时，邻近村寨的人们会在毕摩选定的地点搭建祭台，以传统方式击打燧石点燃圣火，由毕摩（祭司）诵经祭火。然后，家家户户，由家庭老人从火塘里接点用蒿秆扎成的火把，让儿孙们从老人手里接过火把，先照遍屋里的每个角落，再到田边地角、漫山遍野地走过来，用火光来驱除病魔灾难。最后集聚在山坡上，游玩火把，唱歌跳舞，做各种游戏。当傍晚来临的时候，成千上万的火把，形成一条条火龙，从四面八方涌向同一个地方，最后形成无数的篝火，烧红天空。人们围着篝火尽情地跳啊唱啊，一直闹到深夜，场面盛大，喜气浓烈，因此享有“东方狂欢节”的美誉。当篝火要熄灭的时候，一对对有情男女青年悄然走进山坡，走进树丛，拨动月琴，弹响口弦，互诉相思。故也有人将彝族火把节称作是“东方的情人节”。火把节期间举行传统的摔跤、斗牛、赛马等活动。同时，还举行“冲火门”，对唱“火把歌”，行“朵罗伙”“莫归莫”等民俗娱乐活动。在中国少数民族传统节日中，彝族火把节是最具魅力的节日之一，享有“中国民族风情第一节”“东方狂欢节”的美誉。

火把节期间举行的祭祀、文艺体育、社会交往、产品交流四大类活动是彝族文化体系严整、完备的集中体现。彝族火把节历史悠久，群众基础广泛，覆盖面广，影响深远。火把节充分体现了彝族敬火崇火的民族性格，保留着彝族起源发展的古老信息，具有重要的历史价值和科学价值；火把节是彝族传统文化中最具有标志性的象征符号之一，也是彝族传统音乐、舞蹈、诗歌、饮食、服饰、农耕、天文、崇尚等文化要素的载体；火把节对强化彝族的民族自我认同意识、促进社会和谐具有重要意义；同时，火把节作为彝族人民与各民族交流往来以及促进民族团结都有现实作用。[①]

① 本部分参见《武定县非物质文化遗产项目及代表性传承人资料汇编》（打印稿），中共武定县委宣传部、武定县文学艺术界联合会编，2015 年 7 月。

三 武定县文联近年来的工作

武定县共有作家协会、音舞协会、摄影协会、书法协会、美术协会、文联艺术协会、民间艺术协会7个协会，有国家级会员2名，省级会员11名，州级会员69名，县级会员260余名。这些会员汇聚了文艺方面的各类人才，是文学艺术的人才库。武定县文学艺术界联合会自2005年1月25日成立以来，坚持文艺工作的“二为”方向和“双百方针”，努力实践“三贴近”原则，紧紧围绕“培养文艺人才、繁荣文艺创作”这个中心，把广大文艺工作者团结在党的周围，为人民抒写、为人民抒情，让县文联成为“文艺工作者之家”、文学艺术队伍的大本营。

武定县文联从基层的工作实际出发，立足地方特色，以繁荣艺术创作、多出精品力作为己任，全力打造罗婺文化品牌，认真抓好罗婺文化建设，积极开展各种活动，继续深化服务，发展壮大基层文艺队伍，充分调动广大文艺工作者的积极性和创造性，为全县构建和谐社会，繁荣地方文艺事业，活跃群众文化生活，做出了积极贡献。

近年来，县文联的工作取得了不少的成绩。一是办好《狮子山文艺》刊物，自2006年1月出版第一期以来，县文联始终坚持“突出时代特征、民族特色和地方特色，弘扬先进文化，培养文学新人”的办刊宗旨，《狮子山文艺》刊物从版面设计到内容编排一直都在追求改革和创新，设置丰富多彩的栏目，并力求每一期都以最清新的形象、最优美的文字、最丰富的内容呈现给读者，充分发挥了传播先进文化的阵地作用，为广大作者展示创作成果提供了广阔天地。二是编撰出版了反映武定县风光秀丽、物产丰富、民族风情浓郁、历史文化底蕴深厚的“武定丛书”，一套4册共60万字，它们分别是《山水罗婺·一个皇帝出家的地方》《传奇罗婺·活在历史中的人和事》《歌谣罗婺·唱不完的酒歌情歌》《风情罗婺·用来咀嚼的风土人情》；制作完成了一部全面展示武定县自然风光、历史文化、民族风情、物产资源及武定经济社会发展成果，图文并茂的《魅力彝乡——武定》（画册）2000册；抓好武定本土作家创作，特色文化品牌不断涌现，如《绝代》《凤氏彝兰》《油菜花开》等一批反映武定历史、民族文化的原生态影视文化精品成功推向全国，《杀狗劝妻》《三个媳妇争婆婆》《十化农村》《包二回门》等花灯戏相继在云南电视台娱乐频道《闹花灯》栏目播出，一批本土作家共出版发行了《天下武定记》《花漫樊篱》《天魅》《梦断山筋》《罗婺历史与文化》《永不褪色的青春》《寻觅千年罗婺》等小说、散文、诗歌共25本。三是文联会员不断在各级各类杂志、报纸发表文学作品、新闻通讯，有些作品还在征文活动中获奖，如李宏荣的《背水》获2010年云南省抗旱救灾文学优秀奖；张有华的摄影作品获2010年云南省政协系统书画摄影作品展览三等奖；2012年2月，武定县文联王胜华的散文《遗弃的童鸟》荣获散文选刊·首届全国情感主题散文大赛二等奖，同年3月，他的散文《故土难离》又荣获《散文选刊》全国散文奖三等奖；2012年4月，武定县苗族画家王建才的美术作品《迎新娘》，荣获云南省文化厅主办的“云南省农民工美术、书法、摄影”大赛二等奖。四是开展书法、美术、摄影、戏剧、根雕、刺绣等作品的征集、报送与展览活动，通过办刊、文艺展演、书画摄影作品展览、创作采风和参加省、州、县举办的各类培训形式，加快了地方文艺人才的培养。值得一提的是，武定县文联每年都要组织相关协会下农村、下基层，为基层群众演出精彩的文艺节目，为群众送春联，给农民家庭拍全家福照，给基层群众带来了实实在在的欢乐。

第二节　文化遗产保护与文化发展

一　物质文化遗产保护

（一）武定县物质文化遗产基本情况

中华人民共和国成立以后，武定县的文物工作经历了“大跃进”、破“四旧”以及“文革”十年动乱的特殊历史阶段，受到严重影响。20世纪80年代以来，随着经济高速发展，城市建设速度加快、规模扩大，引发了保护与建设、保护与发展这一新的矛盾。80年代中期，狮子山正续禅寺因没有按照文物“修旧如旧”的原则进行修缮，遭到了很大的破坏。90年代，中央提出了“保护为主，抢救第一”的文物工作方针，而后又提出了“五纳入”即文物事业必须“纳入当地经济和社会发展计划，纳入城乡建设规划，纳入财政预算，纳入体制改革，纳入领导责任制”的具体措施，文物保护工作进入了一个新时期。

武定县目前有文物保护单位37项，其中省级文物保护单位1项：狮子山正续禅寺（1987年）；州级文物保护单位3项：那德洪土司墓（1981

年)、木高古红军标语墙（1981 年)、万德观音寺（2005 年)。县级文物保护单位 33 项，其中第一批 8 项，1986 年公布（万德大铜钟、万德中学九龙石雕、白塔、石棺墓、龙潭村石猪槽鱼化石地点、发窝富如山夫妻合葬墓、彝文碑、近城七大堆)；第二批县级文物保护单位于 2010 年公布，共 25 项（旧城通远桥、白邑五孔桥、冷村凌云桥、桥头厂永定桥、已梯彝文碑、新街高桥、迤纳厂土高炉、狮子山红军哨、正续禅寺石雕群、狮子山摩崖石刻群、正续禅寺墓塔群、狮子山隆庆碑、凌霄台摩崖石刻群、升仙台摩崖石刻群、小炮台摩崖石刻群、万松山土司墓群、万松山土司祭祀石刻、环州土司照壁、万德土司照壁、万德土司石刻、万德观音寺木雕、万德禁赌碑、环州铁锁桥、武定一中双龙石雕、武定一中碑刻群)。这些文物保护单位除狮子山正续禅寺“四有”工作较全面外，其余文物保护单位的档案建立、具体的管护人员方面因物力、财力有限，还存在一定差距。

在第三次文物普查中，武定县第一阶段共登录不可移动文物 102 项，后经过专家组合并归类后有 89 项，2010 年 3 月通过州级验收为 79 项，其中古遗址 2 处，古墓葬 5 处，古建筑 17 处，石刻 35 处（其中彝文碑 165 块、汉文碑 31 块，摩崖石刻 47 处)，近现代重要史迹及代表性建筑 4 处，其他 6 处。2011 年省普查办确定为 59 项，新发现 31 项，复查 18 项，消失 10 项，其中古遗址 2 处，古墓葬 4 处，古建筑 13 处，石刻 19 处（其中彝文碑 165 块、汉文碑 31 块，摩崖石刻 47 处)，近现代重要史迹及代表性建筑 5 处，其他 6 处。

（二）文化遗产保护立项工作情况

武定县在第三次全国文物普查中，发现了众多具有科学、艺术、历史价值的不可移动文物，县人民政府采取了以下措施，确保了不可移动文物的安全：一是于 2009 年 4 月与各乡镇签订《不可移动文物保护工作责任状》；二是于 2010 年 5 月以武政通〔2010〕64 号公布第二批县级文物保护单位，共 25 项，这是继 1986 年公布第一批 10 余处县级文物保护单位后，时隔 25 年，武定县人民政府又一次对该县保护和发展文化遗产事业做出的重大举措；三是于 2011 年 3 月 15 日县人民政府以武政通〔2011〕20 号公布了武定县第一、二批县级文物保护单位保护范围和建设控制地带的通知，进一步加强了武定县文物工作的法制化管理，促进了武定县文物保护事业的健康发展；四是于 2012 年公布了武定县不可移动文物名录。

为确保武定县文化遗产保护事业持续健康发展，按照省、州、县人民政府《关于做好“十二五”专项规划编制工作的通知》要求，结合武定县文化遗产保护现状，文物管理所认真编制了武定县“十二五”文化遗产保护规划，完成了省级文物保护项目“十二五”经费规划 7 项，完成了州级文物保护项目“十二五”规划 17 项。该项目规划编制的完成，对“十二五”期间武定县文物保护经费的争取打下了坚实的基础，也对武定县“十二五”期间文物维修工作的推进和文物价值的进一步提升发挥重要作用。

武定县在县级财政困难的情况下，积极向上级争取维修资金，自 2005 年至今，向省、州人民政府、文化文物部门共争取文物保护单位维修资金近 400 万元，对各级文物保护单位进行了有效维护。一是 2005 年争取到省人民政府文物修缮经费 100 万元，实施了狮子山正续禅寺除险加固工程。除险加固工程于 2006 年 1 月完工并通过了省、州文物部门的验收。二是 2006 年争取到楚雄州级文物修缮经费 150 万元，对狮子山正续禅寺进行二期工程修复，该工程于 2007 年 10 月完工。三是 2008 年争取到州级（文笔山白塔）修缮经费 15 万元，2009 年 12 月通过州级文物部门验收。四是 2009 年争取到省级（木高古红军标语）修缮经费 20 万元，2011 年 1 月通过州级文物部门验收。五是 2011 年争取到州级（狮子山摩崖石刻群）修缮经费 30 万元，2012 年 3 月通过验收。六是 2012 年争取到迤纳厂土高炉修缮经费 40 万元。七是县委、县人民政府从 2011 年起，每年财政预算 5 万元文物保护经费。

总体上来说，武定县文物得到立项的单位保护情况相对较好，未得到立项单位依旧处于无人看管的境地，任凭风吹日晒或人为破坏。民间对文物单位普遍怀有一定敬畏之心，甚至流传着因破坏文物而遭受报应等的传说，也曾出现自发保护文物的事例，因而，文物保护有一定的群众基础。另一方面，文物的保护不仅需要地方政府的重视，也需要向社会广泛进行宣传教育，特别是面向青少年普及文物的价值和保护的意义，守护好祖先留下的这笔珍贵物质文化遗产。

二　非物质文化遗产保护

（一）非物质文化遗产名录

2013 年，武定县委宣传部为切实加强武定县非物质文化遗产的保护，传承弘扬民族优秀文化，本着培育民族精神和文化自信，增强民族自豪感和凝聚力，繁荣武定县文化旅游事业，下发了《关于对全县非物质文化遗产进行研究与开放的工作方案》的通知。成立了以县委宣传部部长为组长，县文联主席、县文产办主任、县文体广电旅游局局长为副组长的领导小组，对全县非物质文化遗产资源进行了搜集整理工作，对全县已经列入非物质文化遗产保护名录的28个项目（国家级2项、省级4项、州级8项、县级14项）进一步打造提升，对未列入非遗保护名录的传统文化进行搜集整理，建立健全能够反映全县非物质文化基本状况的档案资料和数据库。到目前为止，已经搜集整理出了武定县非物质文化遗产52项，其中国家级项目4项、省级项目2项、州级项目5项、县级项目41项。并对非物质文化遗产的73名传承人进行了建档，其中有省级传承人4名、州级传承人11名、县级传承人58名。编印了《武定县非物质文化遗产项目及代表性传承人资料汇编》，较为全面地反映了目前武定县非物质文化遗产的状况。

截至2016年，四项非遗为：武定彝族酒歌、彝族服饰、彝族火把节、彝族刺绣。高桥镇老滔村民俗活动“赶鸟”，环州彝族传统文化保护区等两个非遗项目被公布为省级名录。武定传统银器制作工艺、武定阉母鸡技艺、苗族芦笙舞等5个非遗项目被公布为州级名录。截至目前，共有省、州、县三级非遗项目代表性传承人51人，其中，省级4人，州级17人，县级30人。国家、省、州、县四级非遗名录体系基本建立。

（二）武定县非物质文化遗产受保护情况

武定县成立了非物质文化遗产保护工作领导小组，组建了由民族民间文化专家组成的专家委员会，负责非遗工作的指导和评审工作，并在县文化馆设立了非遗保护办公室，专门负责非遗项目的搜集整理、申报及传承保护等工作。县文化馆工作人员深入到全县各乡镇村，对非物质文化遗产资源情况进行了全面调查，通过摸家底，建名录，为评选命名县级非遗项目名录，申报省州级非遗项目名录打下了良好基础。

在非遗保护的政策方面，出台了《中共武定县委关于贯彻落实党的十七届六中全会精神　加快推进民族文化强县建设的实施意见》，该《意见》中规定：每两年由县人民政府命名一批县级非物质文化遗产项目传承人，每批不超过10名。县财政每年要适当安排传承人生活补助，县级非物质文化遗产传承人活动补助经费按每人每月200元，全年2400元。

该《意见》的出台为加强非物质文化遗产保护工作提供了政策保障资金支持。此外，还相继出台了《武定县非物质文化遗产项目代表性传承人管理办法》《武定县非物质文化遗产项目代表性传承人评选命名办法》等对保护区进行有效保护，对传承人进行规范管理。

非物质文化遗产保护的另一个重点是对传承人的培养。武定县开办了各类非遗传习所，为教授、学习传统文化搭建了一个平台。县文化馆在白路乡成立了彝族火把节传习所，在白路乡、环州乡各建立了 1 个武定彝族酒歌传习所，在罗婺人家、狮子山华兴苑各设立了 1 个武定彝族酒歌传习点。在此基础上，武定县文化馆开展了非遗项目代表性传承人培训活动，先后举办了 4 期传承人培训班，全县各类非遗项目传承人参加了培训。在白路、猫街、环州等乡镇举办武定彝族酒歌培训班 5 期，彝族刺绣培训班 3 期，培训人数达 486 人次。

武定县重视在青少年当中进行少数民族民间文化的教育。在近城小学组织了武定县“非遗”传承进校园活动，向广大学生展示武定彝族酒歌、彝族刺绣等非物质文化遗产项目，使青少年学生了解武定县非物质文化遗产项目，激发青少年对传统文化的热爱。

非遗的保护离不开对它的宣传。武定县积极动员各界力量，提高全社会保护意识，针对性地举办各种活动、宣传，鼓励组织非物质文化方面的活动，如庆典、联欢会、影视放映、大型展览、专题研讨会、讲习班、培训班等，利用新闻、出版、电视等媒体，采用多种方式，大力宣传非物质文化遗产保护工作的重要意义，积极普及非物质文化遗产保护知识，培养全民保护非物质文化遗产的观念。

另外，武定县还组织传承人参加省州县非遗展示和比赛。2016 年火把节期间，组织了非遗传承人张先志、杨永祥等 4 名彝族酒歌传承人参加“彝山百灵鸟”民族民间歌手大赛。杨永祥获得三等奖，张先志获得优秀奖。彝族酒歌传承人胡朝能组建了白路彝族酒歌队，多次参加省州县文化部门举办的非遗传承展演活动，向外界宣传了武定多姿多彩的民族文化。彝族文字传承人李茂森举办彝文培训班 3 期，参训学员达 160 人次。编撰了《彝文经书》共 10 卷。

武定县强化对非遗资金的管理。对专项保护资金设立专户，按照统一管理、分级负责、合理安排、专款专用的原则进行使用，并严格执行国家有关法律法规和财务规章制度，接受财政、审计和上级文化等相关部门的监督检查。严格按照管理办法确定的资金开支范围，并严格资金申报和审批程序，坚决杜绝虚报补助经费，擅自变更项目，截留、挪用和挤占专项资金的违规行为，确保专项保护资金的安全合理使用。以 2011 年资金使用情况为例：2011 年下达国家级非物质文化遗产保护专项资金 50 万元，使用情况是：（1）拍摄《武定彝族酒歌》影视光碟 20 万元；（2）举办了两届中国罗婺酒歌、民歌大赛 6 万元；（3）举办武定彝族酒歌培训班 5 期费用 5 万元；（4）组织武定县酒歌表演队参加省、州酒歌大赛 4 次 5 万元；（5）编写出版《武定酒歌》精编版教材 5000 册 6 万元；（6）建立非遗展厅 10 万元；合计开支 52 万元。此外，武定县每年按时兑付国家、省、州级非遗传承人传承补助资金，支付省州县三级传承人发放补助 8.38 万元。

尽管在非遗保护方面做出了许多的成绩，但是存在的问题也是不容回避的，这不仅是武定县也是当前我国在非遗保护方面普遍存在的问题。一是一些非遗项目后继乏人、生存濒危的境况还没有得到解决。现有传承人年岁偏大，年轻人因收入偏低、掌握技艺耗时长等原因对传承非物质文化遗产学习热情不高。二是存在过于重视开发而忽略保护，使非物质文化遗产没有得到应有的保护。三是物质文化遗产代表性项目保护工作不够扎实、深入，有些保护的方式、方法，保护的原则性规定在实践中没有很好地得到贯彻落实。四是基层保护工作人员流动性大、专业基础薄弱，素质亟待提高。

当然，一些非遗项目的传承人结合非遗的传承与市场的开发，既实现了非遗的传承，又取得了不错的经济效益。

普玉珍，女，彝族，1957 年 7 月生，武定县高桥镇勒外人。普玉珍善于刺绣，掌握彝族传统刺绣的 27 种针法。2010 年 6 月，她被云南省文化厅、云南省民委命名为“云南省非物质文化遗产项目省级代表性传承人”。据普玉珍讲，她的奶奶解放以前是大户人家的绣娘，其手艺在武定县十分出名，爷爷也会做刺绣，但主要是绣画画得好。普玉珍从小就跟着奶奶学刺绣，跟爷爷学画绣画。现在普玉珍有一儿一女，女儿跟着她学习刺绣已经有 10 多年了。普玉珍从小就喜欢绣花，在她孩子七八岁的时候因为家里经济困难，她就帮别人缝鞋子，缝一双可以有 5 角的收入，比在家干农活的收入高很多，后来就到街上专门缝鞋子、卖鞋子。慢慢地发展到了在街上开店，这一开就将近 30 年。为了推销刺绣产品，普玉珍把产品带到昆明销售，受到客户欢迎，订单不断，其多件作品被外国人高价收购。2008年，普玉珍开办了“小花猫彝绣工艺品厂”，最多的时候，有600名学徒，极大地解决了农村人口的就业问题，也促进了彝族刺绣产业的发展。如今，她在武定县城最热闹的商业街“罗婺彝寨”开了一个店，产品囊括了彝族所有的服饰，也有普玉珍自己设计的刺绣产品出售，这些产品有的是彝族传统服饰，也有的是对传统进行适当改良，更符合现代人审美的手工艺品，满足了不同顾客的需要。我们在店里进行访谈的时候，她给我们介绍了挂在店里的她的一幅作品，作品被命名为“龙凤聚会”，绣了2年多，运用了13种针法，有挑秀、平秀、编秀、井字秀、口字秀等。作品里的各种图案融合了彝族的许多传统风俗，极富象征意义。普玉珍说这幅作品可以卖到7万元左右。

（三）建议申报非遗名录

武定县非物质文化遗产资源较多，2014年，武定县文化馆列出了建议可申报各级保护名录的项目有：

建议可申报国家级保护项目

1. 生态环境类、动物饲养“武定阉母鸡”以及传承
2. 传统表演艺术、舞蹈类“武定彝族跌脚舞”（1—12脚）及传承
3. 口头传统、口传文学类“彝族机智人物——张刹则的故事”以及传承
4. 其他表演艺术类“王建才民间绘画”以及传承
5. 民俗类“炼油漳”及传承（高桥镇老滔村）

建议可申报省级保护项目

1. 口头传统、口传文学类“建文帝的传说”以及传承
2. 民俗类“东坡彝族扎熊”以及传承（东坡乡）
3. 民间传统实践“擀毡子”以及传承（插甸乡）
4. 民间传统实践“制羊皮褂”以及传承（插甸乡）
5. 舞蹈类“祭山神”及传承（插甸乡）
6. 传统表演艺术类“耍草龙”及传承（狮山镇）
7. 传统表演艺术类“秧老鼓”及传承（狮山镇）
8. 民间传统实践类“土纸制作”及传承（狮山镇）
9. 传统表演艺术类“耍龙灯”及传承（狮山镇）
10. 民间传统实践类“苗族蜡染”及传承（白路乡）

11. 民间传统实践类“苗族纺织”及传承（白路乡）
12. 彝族毕摩传承人李茂森
13. 习俗类“彝族哭嫁习俗”以及传承
14. 习俗类“彝族祭龙”以及传承
15. 武定县彝文保护区

建议可申报州级保护项目

1. 礼仪类　建房礼“彝族建房上梁”及传承（白路乡）
2. 礼仪类　建房礼“彝族建房踩地气”及传承（白路乡）
3. 节庆类“苗族花山节”及传承（高桥镇）
4. 音乐类“彝族响篾”及传承（猫街镇）
5. 音乐类“彝族工尺谱”及传承（发窝乡）
6. 音乐类“白路小井花灯”及传承（白路乡）
7. 音乐类“唢呐”及传承（环州乡）
8. 习俗类“彝族祭祖大典”
9. 习俗类“彝族磨秋”及传承
10. 习俗类“彝族制酒”及传承（发窝乡）
11. 彝族毕摩传承人（猫街镇）
12. 石雕类“打狮子”（插甸乡）
13. 医疗卫生类“苗族婚礼中的中草药”
14. 习俗类“汉族哭嫁习俗”以及传承
15. 戏剧类“老虎抱蛋”以及传承
16. 戏剧类　彝族“公鸡蹿架”以及传承
17. 习俗类“插甸酒曲”以及传承
18. 习俗类　万德土司“烤猪、全席羊宴”以及传承
19. 音乐类“彝族婚礼笛子谱”及传承（全县）

这些未列入保护名录的非遗项目，有些因在民间喜闻乐见，群众参与度较高，政府比较重视，保存情况较好；有些因旅游业和展演的需要，传承人的生计问题较之以往有了一定的提高，可以相对安心地进行传承活动；有的因项目本身能带来经济效益，故传承状况较好，但多数非遗项目保存情况并不乐观，或因难于学习，或因传承人生计困顿，或因民众对此缺乏热情等，面临失传等境地。对这部分非遗项目，列入名录只能说是迈开了保护工作的脚步，要真正达到保护的效果，需要付出更多的努力。

当然，某些传统民族民间文化的保护，并非要一成不变地保留和传承下来，在原有的基础上适当融入时代的元素，尝试着走与市场相结合的路子，也能起到促进传承的目的，武定县田心乡鸡街子民族刺绣、服饰制作技艺就是一个较好的例子。

鸡街子是武定县田心乡所属的村，坐落在县城到田心乡的县乡公路上边的一个山头上，最高海拔 2200 米，森林稀少，气候冷凉，全村有耕地 3837 亩，其中水田 627 亩，响水田 72 亩，旱地 720 亩。主要农作物以玉米、麦子、豆类、洋芋、稻谷为主。该村东距县城 60 千米，西距乡政府 8 千米，下设 6 个村民小组，人口有 223 户 928 人，居住着汉族、彝族、傈僳族、苗族四个民族，其中汉族占总人口的 22%，彝族占总人口的 24%，傈僳族占总人口的 7%，苗族占总人口的 47%。

鸡街子村由于是异地搬迁新组建的村寨，所在地资源贫瘠，通过几年的努力，解决了温饱，但经济收入微薄，可开发的项目和找钱的路子很窄，仍处于不太富裕的状况。村委会干部为帮助农民走上富裕之路积极开动脑筋，寻求致富门路，在县妇联的积极引导下，从民族刺绣工艺入手，发挥民族传统工艺，作为发展经济的门路。通过乡领导牵线搭桥，多方联系，2003 年和昆明丹元公司达成协议，昆明丹元公司对鸡街子从事刺绣的妇女提供不同料子、不同颜色的布料，以及各种颜色的刺绣专用线，所绣图案由她们自由发挥。刺绣产品由丹元公司收购后再度进行包装出口。据村委会的介绍，包装后的产品远销到新加坡、马来西亚、泰国、意大利等国家，以及我国的台湾地区。

刺绣工艺在找到销路和签订协议后，村委会的干部为抓住这难得的机遇，发动全村的妇女，凡是会刺绣的都积极参与。全村 223 户就有 106 户参加了刺绣，参加刺绣的妇女近 100 人。为有利于刺绣的正常生产，保障供货，村委会把这些人员编成了 6 个组，每个组有专人负责，在参加刺绣的妇女中有汉族、彝族、傈僳族、苗族。鸡街子的民族刺绣完全靠手工完成，所使用的工具非常简单，一枚针、一把小剪子即可绣制。在进行手工刺绣之前，首先选好布料，画上图案，有部分刺绣技艺较高的妇女可直接在布料上绣图案，不需画图。

鸡街子妇女的刺绣，通过妇女们利用农闲时间和忙里偷闲的时间从事刺绣，据统计，人均年收入可达 1200 多元，等于饲养了两头肥猪的收入，为家庭经济收入找到了一条好路子。鸡街子的刺绣工艺，全都是传统的手工艺，而这些手工艺汇聚汉族、彝族、傈僳族、苗族四种民族风格和特色，这些刺绣工艺除具有浓郁的各民族特色外，而且还富有时代的艺术性，有些妇女通过工艺交流，取长补短，使产品更加完美，丰富多彩。她们的刺绣产品图案丰富，有龙、凤、虎、猫、四季百花、福、禄、寿、禧等。丹元公司之所以能看上她们的产品，主要是有4个民族的传统风格和特色相互交融，形成了民族刺绣工艺的奇葩。①

从某种意义而言，在“全球化”和“现代化”为背景的今天，国家层面对文化保护就是一种对传统文化的再选择，被选择的文化会因此受到各种力量的关注，它们至少在民间会引发对传统就是落后这一惯性思维的质疑，树立文化的拥有者对传统文化的自信。应该说，采用入选名录式的保护只是众多保护方式中的一种，但至少表达了对传统民族民间文化的尊重与重视，并开启了迈向保护的实质性一步，因而意义重大。

三　旅游业的发展

（一）发展旅游业的背景和立足点

武定县对旅游资源的开发利用始于1978年。1995年，确定将武定旅游资源划为一山、一湖、一箐、一古迹。2005年《武定县旅游发展规划》通过专家评审。经过多年开发建设，武定县狮子山风景名胜区已成为国家4A级风景旅游区。

2009年国务院颁布实施了《国务院关于加快发展旅游业的意见》，该《意见》提出“把旅游业培育成国民经济的战略性支柱产业和人民群众更加满意的现代服务业”。云南省委省政府对“两强一堡”发展战略的实施、滇中城市经济圈确定武定（禄劝）为滇中经济区四大增长极之一、川滇省际经济大通道、昆攀大通道的建设、云南旅游“二次创业”的持续推进、乌蒙山片区旅游规划开发的启动等，为武定文化旅游产业的发展提供了广阔的空间和难得的历史性机遇。

武定县结合自身特点，把文化旅游产业作为全县五大重点产业来培植，坚持政府主导，企业主体，市场化运作的发展原则，推动文化旅游产业发展，将原来的一山、一湖、一箐、一古迹旅游资源增加为“一山”

① 本部分参见《武定县非物质文化遗产项目及代表性传承人资料汇编》（打印稿），中共武定县委宣传部、武定县文学艺术界联合会编，2015年7月。

（狮子山）、“一湖”（猫街新村湖）、“一箐”（九厂香水箐）、“一址”（万德土司府遗址）、“一谷”（己衣大裂谷）、“一河”（插甸水城河）、“一观光区”（关坡白药基地观光区），形成了网状立体式旅游资源布局，面积达到240平方千米。另外，武定县文化荟萃，“名山、名花、名鸡、民歌”驰名滇中；狮子山佛教文化底蕴深厚；牡丹文化冠盖西南；武定壮鸡享誉海内；以武定酒歌、罗婺情歌为代表的民族原生态歌舞文化源远流长，特色鲜明，绚丽多姿。交通区位优越。武定县是滇川大通道上的重要节点，素有“省会之藩篱，滇西之右臂”之说。老108国道横贯境内4个乡（镇）70千米，新108国道高速公路横穿县境50千米，至攀枝花市214千米，至昆明仅64千米。金沙江流经县境4个乡34千米。旅游商品独特。武定县银饰品工艺精细，省内外有名；武定壮鸡、野坝子蜂蜜、山猪火腿、雀嘴茶、干巴菌、油鸡枞、萝卜丝等生态食品，味美环保，备受青睐；彝族刺绣，纯手工绣制，精美细致。

为进一步做大做强旅游业，武定县成立了以县委主要领导为组长的“武定县文化体制改革及旅游产业发展领导小组”，并成立了武定文化旅游开发投资有限公司作为全县文化旅游资源管理开发的主体，提出了打造“滇中休闲度假基地”的发展目标。根据现代文化旅游产业发展的总体趋势和模式，结合武定文化旅游产业发展实际，紧紧抓住园区化突破这一切入点和极化效应点，提出了“一园四片区，一廊十景点”的武定文化旅游产业发展总体布局和分步骤、分区域推进的工作方案。“一园”即文化旅游产业园，“四片区”包括狮子山文化旅游产业园区、禄金创意文化旅游产业园片区、罗婺彝寨文化旅游产业园区、猫街罗婺生态文化旅游产业园区。“一廊”即罗婺民族风情走廊，“十景点”包括狮子山旅游景区、罗婺彝寨特色旅游小镇、大石房生态旅游村、长冲石材工业观光区、插甸水城河旅游区、己衣大裂谷旅游区、万松山旅游区、白路关坡科普观光区、猫街新村湖旅游区、香水箐自然生态旅游区。

（二）旅游业发展情况

目前，全县有国家AAAA级旅游区1个，二星级旅游酒店4家，三星级酒店1家，正在建设2个五星级酒店，国内旅行社1家、按照五星级标准建设的罗婺彝寨土司府温泉大酒店目前正抓紧装修。按照四星级标准建设的华翔大酒店已完成主体工程建设，按照三星级标准建设的云岭苗族第一村苗家大酒店和狮山映象商务酒店即将开工。10多家有一定规模的旅游商品生产销售企业初步形成了包括食、住、行、游、购、娱在内的旅游产业体系。和顺园、红昭天园、宏源酒店、万家灯火、万缘楼、武定人家、乾坤生态园、华兴苑被州旅游局分别评定为特色餐饮名店、特色生态山庄、特色旅游生态农庄。

2013 年 1—10 月，全县接待国内游客 148.77 万人，同比增长 37%；接待入境游客 1008 人次，同比增长 13%；全县旅游综合收入 54101.7 万元，同比增长 44%；狮子山接待游客 51.87 万人，同比增长 19%；狮子山门票收入 360.65 万元，同比增长 27%。

武定县在发展旅游业时：一是坚持大项目带动推进文化旅游产业发展，坚持走大项目带动大开发、大开发促进大发展的路子。通过招商引资实施了投资 4.7 亿元的罗婺彝寨特色旅游小镇建设项目，概算投资 7.5 亿元的旧城改造狮山大道、投资 3 亿元的罗婺家园、投资 4500 万元的狮子山诸天楼阁恢复重建项目、投资 2.47 亿元的云岭苗族第一村、投资 1.2 亿元的狮山映象、投资 2.6 亿元的秀坤山庄片区旅游综合开发等项目正抓紧建设，狮子山牛角寨文化旅游产业园区、禄金文化旅游产业园区、猫街罗婺生态文化旅游产业园区、武定温泉度假旅游小镇等项目正加紧开展前期工作。以大石房生态旅游村为代表的乡村旅游开发有序推进，以狮子山红军哨为代表的红色旅游开发积极推进。大项目的成功开发和特色旅游产品的打造为把武定建设成为滇中地区重要旅游目的地奠定了坚实的基础。二是多形式促销旅游产业，推进文化旅游产业发展。县委县政府围绕打造“滇中休闲度假基地”文化旅游品牌，多形式、多渠道促销旅游产业。积极“走出去”，借助“旅游节”和国际国内“旅交会”平台，大力推介武定旅游形象和线路产品。热情“请进来”，邀请主流媒体和旅行商考察踏线。摄制了《武定酒歌》《武定情歌》《诗画武定》《西南第一山——狮子山》《母鸡叫亮的天》等电视专题片，编制了《武定旅游画册》《武定美食画册》，摄制了《油菜花开》《荞麦花开》《绝代》等电影。同时，高规格、大创意举办牡丹文化旅游节、罗婺国际民歌节、火把节等节庆活动，有针对性地开展市场营销。在文化旅游品牌培植上，通过积极提升改造和申报，狮子山景区于 2009 年 1 月成功晋升国家 4A 级旅游景区，2010 年被评定为州级文明风景旅游区，2012 年被评选为“云南十佳景区”。三是城乡统筹推进文化旅游产业发展。结合新农村建设，选择交通区位优越、民族文化特色显著、生态环境良好、经济发展基础较好的自然村进行包装策划、提升打造，使之成为发展乡村旅游的示范基地。首批重点建设了狮山镇狮山村、大石房村、插甸乡古普村、白路乡布谷箐村，其中狮山村被命名为全省第二批特色旅游村，全县乡村旅游初具雏形。与此同时，结合城镇化的推进，提出了突出“狮伏龙潜风情地、山水园林生态城”为主题，创建“中国优秀旅游目的地”的目标。城乡有机统筹，推进了全县文化旅游产业的和谐发展。四是营造优良环境，推进文化旅游产业发展。坚持把提高旅游管理水平和服务质量作为搞好工作的出发点和落脚点，以培育旅游要素为基础，星级旅游饭店评定复核为重点，整顿规划旅游市场为目标，景区综合治理为抓手，全面加强行业管理工作。2010 年开始，加大力度对景区实施综合治理，清除景区“活人墓”100 多冢，同时在狮山村建设 1 个农村公益性墓地，解决狮子山景区周围群众丧葬问题。开展农家乐规范治理，编制了《狮子山农家乐园区修建性详细规划》，通过整治，进一步优化景区发展环境；完善旅游要素配置，提升旅游服务能力和水平。五是加强基础设施建设，推进文化旅游产业发展。“十一五”以来，向中央、省、州争取资金近 4700 多万元，完成了投资 390 万元的正续禅寺除险加固、油饰彩绘及附属工程，完成投资 650 万元的狮子山景区公路改造、投资 46 万元的狮子山红军哨红色旅游景点建设、投资 84 万元的人行步道和护栏工程建设、投资 70 万元建设己衣大裂谷人马驿道工程。积极争取中央财政资金支持，实施投资 1710 万元的狮子山旅游景区基础设施建设项目。六是扩大对外交流合作，推进文化旅游产业发展。2010 年牡丹文化旅游节期间，邀请攀枝花、昆明市的部分旅行社和邻近县市旅游主管部门、主要旅游景区的负责人在狮子山召开统筹区域旅游黄金线路研讨会，推动旅游区域合作，促进互利共赢。禄劝、永仁、元谋、禄丰、武定 5 个县签订了《旅游区域发展合作协议》，禄劝轿子雪山、楚雄彝人古镇、永仁方山、元谋土林、禄丰恐龙谷、武定狮子山 6 个景区签订了《友好景区合作协议》《联合打造自助旅游环线合作协议》。

（三）武定县旅游发展的“十二五”规划

武定县在“十一五”的基础上制定了“十二五”远景目标：以创建中国优秀旅游城市为总目标，建设佛教文化园、中国精品牡丹园、民族风情园、土司文化园，将武定建设成为融自然风光、人文景观、历史文化、佛教文化、民族风情为一体的旅游胜地。

“十二五”规划的定性目标是：确立武定在楚雄旅游业发展中的突出

地位，形成旅游业结构合理、协调发展的良好态势。定量目标是：旅游人数、旅游综合收入以10%以上的速度递增，“十二五”末旅游人数、旅游综合收入年均增长10%以上，全县游客人数达到110万人次，旅游综合收入3.6亿元，旅游业占生产总值的比重达15%以上。

根据武定县旅游资源的空间分布情况和旅游业发展现状，对武定县旅游业发展作如下总体布局：“一个集散中心、三个旅游区、两条旅游环线、五项旅游产品、一类旅游商品”，简称“13251”布局。(详见表5-1)

表5-1　　武定县旅游业总体布局与开发方向、发展重点

总体布局	开发方向	发展重点
一个集散中心	美食、娱乐、休憩地营造	做好城市发展总体规划，突出其城市园林特点，强化其美食、娱乐功能，建设旅游商品购物步行一条街，最终将县城建设成为优秀园林城市
三个旅游区	增强旅游吸引力	狮子山观光、度假旅游区；水城河观光、休憩旅游区；金沙江探险探秘旅游区
两条旅游环线	旅游网络建设	建设好县城—己衣—万德—东坡—环州—猫街—县城的旅游公路
五类旅游产品	强化武定县旅游产品特色	重点开发培育武定县观光度假产品，配套开发宗教朝拜与历史探秘、康体健身与美食娱乐、漂流探险、特色购物旅游产品
一类旅游商品	旅游购物开发	开发以武定壮鸡、牡丹花卉为代表的地方特色旅游商品

武定县旅游的发展任务是：重点旅游基础设施建设、创建中国优秀旅游城市、建设“牡丹之乡”、大力发展乡村旅游、积极开拓旅游市场、打造黄金旅游线路、建立环境灾害预警与救助服务体系。(详见表5-2)

表5-2　　武定县旅游“十二五”规划重点建设项目计划

序号	项目名称	建设地点	估算投资（万元）
1	狮子山景区提升改造	武定狮子山	8524
2	武定罗婺彝寨建设	武定县城	42000
3	己衣大裂谷景区开发建设	己衣乡	26000
4	插甸水城河景区开发建设	插甸乡	5600
5	环州万松山开发建设	环州乡	5100
6	武定罗婺民族风情走廊	武定县境内	67000
7	猫街新村湖景区开发建设	猫街乡	3200
8	狮子山“诸天楼阁”恢复重建	狮子山	2631

续表

序号	项目名称	建设地点	估算投资（万元）
9	旅游温泉小镇及会展中心	武定县城	42000
10	狮子山生态保护及文化旅游产业园区建设	狮山镇	580000

云南旅游资源丰富，自然景观雄奇壮丽，人文风光旖旎多彩。楚雄州位于昆明、大理、丽江、迪庆黄金旅游线路之上，具有较好的区位优势，另外，也存在着与这些旅游强市（州）竞争的关系，机遇与挑战并存。在加大旅游硬件设施的建设、加大旅游宣传力度的同时，推出具有鲜明地方特色的旅游品牌，做到“人无我有”“人有我精”，是武定县旅游业发展的关键。

四　文化发展

（一）公益性文化事业的建设和发展

1. 基本情况

近年来，武定县重视和加强公共文化服务体系建设，牢固树立“共建共享”理念，坚持面向基层，服务群众，加大投入力度，努力构建“链条完整、功能完善、全民共享”的公共文化服务体系，取得了良好的实效。

目前，武定县有公共文化服务机构17个，分别为县文化馆、图书馆、文物管理所、宣传文化中心、电影事业管理站、武定彝族民歌文化传媒演艺有限公司及11个乡镇综合文化站。包括局机关在内，共有在职职工111人（其中：局机关54人，县文化馆6人，图书馆6人，文物管理所1人，宣传文化中心4人，电影事业管理站7人，武定彝族民歌文化传媒演艺有限公司19人，11个乡镇综合文化站14人）。

2. 加强公共文化服务体系举措

2012年，武定县出台了《中共武定县委关于贯彻落实党的十七届六中全会精神　加快推进民族文化强县建设的实施意见》，为加强公共文化服务体系建设提供了政策保障。

武定县在楚雄州率先实现了政府财政补贴聘用村级（社区）文化管理员，在全县133个村委会（社区）各聘用1名文化管理员，加强农村基层公共文化服务队伍建设。

县人民政府每两年命名公布一批县级非物质文化遗产项目传承人，每批不少于10人，并解决了相关经费。

从2012年开始，县财政每年安排文化产业发展专项资金60万元，并保持年均递增10%；每年安排文艺精品创作、展演“以奖代补”专项资金30万元；每年安排农村文化建设专项资金40万元，对基层文化设施和文化惠民活动进行补贴；每年按照农民人均1元的标准安排文化惠农活动补助资金；每年安排县级非物质文化遗产传承人补助经费每人每月200元，年人均2400元；每年安排全县133个村委会（社区）文化管理员补助经费每人每月300元，年人均3600元。在国有文艺院团改革中，县人民政府安排资金60万元，其中，30万元作为改革成本，20万元作为文化艺术发展专项资金，10万元作为更新设备、改善排练和演出条件。

武定县通过认真组织实施“百县千乡宣传文化工程”“千里边疆文化长廊工程”和贫困县“两馆一站”建设工程，使武定县城乡文化基础设施建设得到了进一步加强。投资676万元建设了县宣传文化中心，全县11个乡（镇）均建设了综合文化站，总建筑面积达5860平方米，总投资达335万元。建成了11个农民文化素质教育网络培训学校，56个村级文化室，133个农家书屋，117个文化信息资源共享工程站点。初步形成了县、乡、村三级公共文化服务网络。

为实施好文化惠民工程，武定县文体广电旅游局出实招解决文化“三难”问题，采取有力措施，切实解决农村群众看书难、看戏难、看电影难的问题，让农村群众感受到文化繁荣成果。

目前，武定县20户以上已通广播电视盲点村“村村通”直播卫星覆盖工程建设分两批进行。第一批插甸、田心、发窝、白路、万德、己衣、环州和东坡8个乡425个村10751户，建设任务已经于2009年6月30日全部完成，总投资513万元。第二批20户以上已通广播电视盲点村“村村通”直播卫星覆盖工程建设383个村13087户，实施范围主要包括狮山、高桥、猫街、发窝4个乡镇，总投资537万元。武定县山区近10万群众看电视、听广播难的问题得到了有效解决。

3. 群众性文体活动开展情况

武定县始终坚持阵地活动经常化、节日活动制度化、社区活动特色化的原则，注重各种重大节日和民族传统节日群众文化活动的开展，各乡（镇）群众文化活动异彩纷呈。狮山镇春节举办的要龙舞狮会，正月十五猫街千人跌脚会，万德乡的“二月八”罗婺歌会，田心乡的“三月十三”民族传统文化节，东坡乡的“四月八”泼水节，发窝乡的“六月六”民族文化节，高桥镇的花山节民族文化活动，白路乡、猫街镇、狮山镇的彝族火把节文化活动，已初步打造成县内民族传统节日文化品牌，逐步形成了月月有传统节日，年年有文化活动，“一乡一节、城乡互动”的群众文化活动格局。

为丰富全县群众春节期间的文化生活，武定县每年都组织春节百村群众文体活动，为全县每个村委会（社区）安排了3000元春节文体活动经费。春节百村群众文体活动覆盖面广，群众广泛参与，活动从县城延伸到各乡（镇）、各村、社区、村组，参加人数达136200多人次。活动内容丰富，有山歌比赛、篮球比赛、斗牛、赛马、拔河比赛、乒乓球赛、象棋比赛、斗鸡比赛、扑克比赛、酒歌比赛、磨单秋比赛等。2012年，武定彝族民歌文化传媒演艺公司送戏下乡72场次，观众达89600多人次。县图书馆送书下乡28000册。县电影事业管理站组织6支放映队，放映农村公益电影1512场次，观众达225366人次。县城广场电影放映220场次，观众达26820人次。切实解决了农民看书难、看戏难、看电影难的问题。

武定县充分发挥基层公共文化阵地作用，为群众提供优质的文化服务。一是认真贯彻落实《关于推进全国美术馆、公共图书馆、文化馆（站）免费开放工作的意见》精神，免费开放了县文化馆、县图书馆和乡镇综合文化站，并认真做好免费开放的服务工作，服务人数达38620多人次。县图书馆做到天天免费开放，3年来共办理借书证526个，共接待读者达38100多人次。县文化馆共举办了美术、书法、摄影作品展12次，共展出美术作品582件次，参观展览的观众达12480多人次。乡镇综合文化站基层文化服务阵地作用日趋明显，武定县的每个乡镇综合文化站都按照“七个一”的要求进行规范建设，即一间图书阅览室、一间文化展览室、一间文体活动室、一间办公室、一间电子阅览室（文化信息资源共享工程）、一块文化宣传阵地（黑板报）、一支业余文艺队。通过加强管理，对外免费开放，改善服务，充分发挥乡镇综合文化站在公共文化服务体系建设中的重要作用，使乡镇综合文化站功能效益得到有效发挥。

（二）文化产业发展情况

近年来，武定县从民族文化荟萃的县情特点出发，努力培育独具特色的文化产业，打造民族文化品牌。一是牡丹文化旅游节自1992年举办至今，已经形成了融赏花观景、旅游观光、经济贸易、文化体育为一体的大型综合性节庆活动。此外，武定罗婺国际民歌节、万德乡的“二月八”、田心乡的“三月十三”、东坡乡的“四月八”、高桥镇石腊它的“花山节”、彝族“火把节”等“一乡一节”形成了武定县民族传统节日文化品牌。二是挖掘、打造了一批民族文化精品。近年来，武定县认真开展民族文化遗产普查，加强对少数民族古籍、文物和珍贵实物资料、重要遗址、文化遗产和民族民间技艺的保护和研究开发，先后出版发行了《凤氏彝兰》《武定壮鸡》《武定酒歌》《油菜花开》《绝代》等一批影视作品。三是一批民族工艺得到传承和发展。全县发展刺绣专业村 10 个、刺绣协会 6 个、发展会员 800 多人，3000 多名山区少数民族妇女参与刺绣。在全县建立了“罗婺彝绣”展销部 16 个。武定县民族工艺饰品厂生产的白银首饰采用传统手工工艺制作，年生产 2 万件，花色品种多达八大类，100 多个品种，深受游客的喜爱。当然，武定县文化产业的发展也存在着不足：一是文化产业总量偏小，产业优势不明显。武定县文化资源及相关产业虽然取得了初步成效，但在国民经济中所占比重仍然偏低，民族手工业如民族刺绣、民族银器都是处于小公司、小制作、小收入状态，低层次运作，小环境发展，难以形成产业规模，无法形成支柱产业。二是文化产业单位规模较小，资金投入不足。武定县文化产业总体还处于起步、探索阶段，效益较低，竞争力弱，发展后劲动力不足。三是文化产业发展意识低。大家对文化产业未来的发展方向认识不充分，对发展文化产业的重要性认识不足，产业意识不强，只拘泥于投资风险小或是传统经营项目。四是居民文化消费主导地位尚未确立，社会平均文化消费水平偏低，拉动作用不大，也严重制约了武定县文化产业的发展。

第六章

民族教育和医疗卫生建设事业的发展

第一节　历史上武定彝族聚居区的教育

一　新中国成立前的教育状况

20 世纪 50 年代以前的彝族教育整体状况较差，彝族虽然有本民族的传统文字，但彝文的知晓层面有限（仅毕摩及少数上层人士能够掌握文字），解放前 90%以上的彝族处于文盲状态。[①] 武定彝族集聚区旧时传统教育多以父母长辈的言传身教为主，子女多以代际之间的口耳相传、日常生产生活实践等途径习得知识。

根据可考证的史料记载，分布在今楚雄彝族自治州的彝族正式接受汉文化教育大致始于元明时期。元祐七年（1092 年）已设定“武定路儒学”。[②] 当然，在更早的时期里，汉文化就已经进入了武定彝族地区，元代中国“云南武定路儒学教授”昆明杨兴贤的《狮山建正续寺碑记》，碑文上载：“师归西蜀之后，有西竺指空禅师，游方憩此，绝立危坐，肋不沾席，开辟正觉。”何耀华根据《狮山建正续寺碑记》《武定凤氏本末笺证》及《浮图铭》等资料，推断出指空至少于至大二年（1309 年）或三年（1310 年）间就已经来华，认为指空来华后，“于元延祐一年（1314 年）扩建正续寺，六年（1319 年）落成。在来滇前于蜀坐禅 3 年，加上在其他地方逗留的时间推之，他来华的时间可能在至大二年（1309 年）或三年（1310 年）。”[③] 据明景泰《云南图经志书》卷四“云南旅游地楚

---

① 云南省地方志编纂委员会：《云南省志》，云南人民出版社 2002 年版，第 89 页。

② 楚雄彝族自治州民族事务委员会：《楚雄彝族自治州民族志》，云南民族出版社 2004 年版，第 186 页。

③ 何耀华：《指空在中韩两国传播佛教文化的业绩》，《云南社会科学》1996 年第 6 期。

雄府”一文所载：“府治（原云南旅游地楚雄城）之近多旧汉人，乃元时迁徙者，与僰人杂处，而服食、器用乃至婚姻……大抵同风。”元代入滇的汉族在为边疆彝族等少数民族带来汉文化的同时，也逐渐融合于当地原住民中。“彝汉杂处”的格局在坝区和交通沿线以及关卡通道一带的彝族地区尤为明显。在交互影响、和睦相处的过程中大量彝族群众接受了汉文化的熏陶。据明正德年间《云南志》卷五所载：“罗舞蛮，近年亦有富者，纳粟为义馆，及作生员者，其俗渐与汉俗也。”景泰《云南图经志书》卷四也载云：“定远之民，有日撒摩都者，即白罗罗之类。近年稍变其俗，而衣服饰食亦同汉焚，多遣子弟入学，今亦有中科第者。”明朝正德《云南志》（卷五）也有相关记载“楚雄府内的罗武彝族近年亦富有者，纳粟为义馆（私塾），及作生员者，其俗渐同汉僰也”。武定县自明朝隆庆三年（1569年）正式创办儒学到清朝末年先后设置过书院、义学、私塾等教学机构，直到清代光绪三十四年（1908年）才创办了初级和高等小学。从大量史料中可以看出，在封建科举制度下只有少数彝族富家子弟能入学，而“中第科”主要是指为数不多的几个“秀才”或是捐得的“贡生”。直至清末，楚雄州境还没有出现过考取解元、举人及进士、状元的彝族人士。①

清末废除科举制，辛亥革命后，民国政府“兴学堂”，改学堂为学校，至1936年，楚雄州境内各县基本实现了每县有一所中学，每个乡镇至少有一所小学，并于1938年实行强迫入学制度，强令适龄儿童入学。②在民国政府的督促和办学人员的努力劝导之下，经历一段时间的发展和多方努力，武定县的小学教育有所发展。民国25年（1936年）3月，民国政府下辖的云南省教育厅筹建的“云南省立武定中学”开始招收初中一班，学生50人，简易师范一班，学生40人，同年，民国政府云南省教育厅决定在武定县彝族聚集的环州设立“省立环州小学”，并附设师资训练班，民国28年（1939年），涛谷设立省立环州小学分校。③ 民国36年（1947年），武定县学校发展到159所（其中有中心国民学校20所，保国民小学137所，私立小学2所），多数为初小，初级中学只有1所，每年

---

① 楚雄彝族自治州民族事务委员会：《楚雄彝族自治州民族志》，云南民族出版社2004年版，第186页。

② 同上。

③ 云南省武定县志编纂委员会编纂：《武定县志》，天津人民出版社1990年版，第448页。

只招1班。① 1947年是民国期间武定县学校发展最多的一年。民国38年（1949年）6月以后，中国人民解放军滇黔桂边区纵队三支队二十五团，先后解放了武定县插甸、高桥等14乡（镇），在组建政权的同时，着手接管学校。至年末，全县尚存小学81所，有学生3929人。②（详见表6-1）

表6-1　　武定县民国时期部分年度小学发展状况统计

年份	学校数		学生数	教员数	备注
	高小	初小			
1913	1	11	546	14	未包含教会学校1所
1923	1	23	596	31	（下同）
1931	1	28	978	35	
1932	1	73	2379	80	
1935	3	102	3500		
1941	20	107			
1944	20	118	7050	262	
1947	20	139	8754		有私立小学2所
1949	20	61	3928	196	年末统计数

资料来源：云南省武定县志编纂委员会编纂：《武定县志》，天津人民出版社1990年版，第440页。引文为原文，未作改动。

清末有基督教会在武定洒普山、涛谷、插甸等苗族、傈僳族聚居地分别创办过教会小学，经费主要由当地少数民族自筹，教会给予部分补助，1950年初，这些教会学校全部自行解散。武定县正规学校教育的开创主要源起于辛亥革命后的民国政府时期，学校的运营经费主要依赖当时国家教育行政机构的财政支出。

出于历史时局和边疆民族地区自然地理环境和贫困限制等因素，武定彝族集聚区彝族子弟的入学率并不高，入学后能坚持到高小毕业的学生少之又少，升入初中的更是微乎其微。能读完高中、大学的彝族子弟更为鲜见。极少彝族上层子弟完成部分学业。据资料显示，该时期武定县能完成部分学业的彝族子弟大致如下：武定万德末代土司那维新，1923年在天津南开中学高中毕业；武定勒品（今元谋羊街）末代土司之子利亚森，1946

① 云南省武定县志编纂委员会编纂：《武定县志》，天津人民出版社1990年版，第438页。
② 同上书，第440页。

年在昆明金江中学毕业；武定发窝乡人士张学渊，1946 年在昆明西南联大肄业；镇南马街沙坦郎的刘尧汉，于 1948 年毕业于云南大学社会学系。[①] 综上所述，20 世纪 50 年代以前的武定彝族聚居区整体教育状况较差。

二　20 世纪下半叶教育事业的重整与发展（1950—2000 年）

中华人民共和国成立之初，彝族地区的教育事业受到党和政府的高度重视，新中国成立初在云南彝族地区全面接管学校并对旧的教育制度进行彻底改造，优先恢复山区小学教育，增办民族小学，调整学校布局和机构，整顿教师队伍，团结爱国人士、整合民间力量，实行学校“向工农开门”[②] 的方针，为广大彝族适龄子弟提供均等受教育的机会。在武定彝族等少数民族地区，兴办教育的主体从解放前的帝国主义教会转换为人民政府教育机构，受教育的对象也从少数上层子弟扩展到绝大部分适龄儿童。伴随着一系列的经济补助、教育学制、教学条件的改革，通过民族小学、中学、半寄宿高小班等的设立和师资、软硬件设施的逐步建立与加强，武定彝族地区的教育状况得到了根本性的转变。1950 年以前，武定全县学龄儿童入学率仅为 15%左右。新中国成立后的半个世纪里，武定县在校少数民族学生的比例总体呈上升趋势，1949 年达到 30%，到 1985 年民族小学生达到 48.6%，民族中学生达到 34.7%。[③]

1949 年 12 月 14 日，武定县长李永珍追随卢汉起义[④]武定县解放并成立县军政委员会，全面接管武定县事务，包括民国 25 年（1936 年）建立的“云南省立武定中学”，杨经田被委任为武定中学校长。1950 年 3 月，武定县军政委分步分级接管了全县 106 所小学，依据“维持现状，逐步改革”的原则，对境内基础教育教学机构进行社会主义改造，1951 年，云南省教育厅恢复了武定县的“省立环州小学”。1952 年，全县 348 名小学教师投入土地改革，在长达数月的停课改革之后，武定县于当年暑期从城镇、坝区抽调干部、教师到偏远山区和民族地区增办小学，确保每个区（相当于当前基层行政建制中的乡镇级单位）都建立一所中心小学，每个乡（相当于当前农村村民自治委员会）都有一所初级小学。土地改革运

① 楚雄彝族自治州民族事务委员会：《楚雄彝族自治州民族志》，云南民族出版社 2004 年版，第 187 页。

② 同上。

③ 云南省武定县志编纂委员会编纂：《武定县志》，天津人民出版社 1990 年版，第 438 页。

④ 同上书，第 22 页。

动结束之后，武定县小学增至 217 所，学生 13023 人，教职人员扩充到 315 人。[①]

20 世纪 50 年代以来，武定彝族集聚区的教育和全国其他少数民族地区一样成为社会主义建设事业的重要组成部分。50 年代初到 60 年代中期武定彝族地区少数民族教育在内容和形式上处在向社会主义教育模式过渡的初步整改阶段。这一阶段武定地区的教育发展状况呈现如下几个特征：教学机构有了数量上的增长，在民族聚集村组有学校覆盖；教学资源总体配置的平均化，1952 年夏季，楚雄彝族自治州各个县在各乡镇增办学校，从交通区位条件较好的河谷坝区乡镇抽调干部、教师赴乡镇及下辖行政村任教。保证各乡镇至少有一所中心小学或完全小学，各行政村有一所初级小学；教学方法因地制宜，针对新中国成立初期少数民族学生不掌握汉语的普遍现象，在彝族等少数民族聚居区采用民族语和汉语相结合的方式开展教学工作，尽量选拔有资质的本民族教师在民族地区承担教学任务；教育扶贫补助全面铺开，1951 年起，云南省民族事务委员会定期向武定县文教科划拨 2 万元经费，用于民族小学校舍修葺、软硬件设施的购置以及贫困学生的学杂费用补助。武定专署（中华人民共和国建立后，于 1950 年设立武定专区，武定县隶属于武定专区，1953 年武定专区与楚雄专区合并，武定县改属楚雄专区。1958 年建立楚雄彝族自治州，武定隶属于楚雄州至今[②]）每年向武定县中学的少数民族学生拨付 800 元寒衣及医药补助。截至 1951 年，武定全县少数民族学生占学生总数 50%以上的有 96 所，占全县学校总数的 66.2%，全县少数民族小学生 3483 人，占小学生总数的 48%。[③] 新中国成立后，武定县小学的全面整顿工作于 1954 年 9 月结束，武定县文化教育科结合武定县少数民族学生普遍不懂汉语的实际情况，在全县少数民族地区的小学校开展了“民汉”双语教学方式，在民族地区尽量安排当地少数民族教师任教，当然出于历史的原因在当时的少数民族地区能胜任教学工作的当地少数民族几乎为零，于是武定县文教科便要求彝族等少数民族地方的汉族教师，必须学习和掌握当地人口较多少数民族的语言，并在课堂教学中使用民族语言与汉语普通话结合的方式，这也是新中国成立后武定县历史上最早出现的双语教学现象。

---

① 云南省武定县志编纂委员会编纂：《武定县志》，天津人民出版社 1990 年版，第 441 页。

② 同上书，第 40 页。

③ 同上书，第 448 页。

1959年以来的三年严重饥荒中，国家遭遇经济困难时期，设立在洒普山的省立民族小学办学经费改由武定县自筹，因地方财政困难而导致补助停发，部分困难家庭难以维系子女入学费用，学生流失严重。出于解决问题的需要，武定县还于1963年在少数民族聚居地区开办了近百所半日制耕读学校，以缓解山区民族子弟辍学现象。

1966—1976年的“文革”时期，武定彝族地区少数民族教育遭受挫折，发展停滞。“文革”最初期学校纷纷停课，新中国成立以来建立的一套覆盖乡镇的教育系统处于半瘫痪状态，1968年“复课闹革命”后，大量“小学附设初中班”[①] 涌现，武定彝族地区少数民族学龄子弟入读小学和小学附设初中班的人数有所增加，学校也相应增设，武定县小学，尤其是民办小学在扩建的过程中脱离客观实际，盲目冒进现象十分严重，以自然村或生产队为单位设置的民办小学遍地开花，到了1977年，武定全县仅小学就增长到721所，是“大跃进”时期的3.5倍。[②] 这一时期的教学规模大幅增长，甚至已经超出地方财政的教育经费支出能力，整个“文革”期间，各种“运动”不断，各中小学教师、学生组织纪律涣散，思想松弛，文化素质普遍低下，高年级学生写作文甚至出现“文革特色”模式：“开头戴格帽，中间抄段报，末尾喊口号（政治口号）”[③]，其教学质量实难称道，这一时期，全楚雄彝族自治州（武定县隶属楚雄州）鲜有合格的高中、中专和大学毕业生。

“文化大革命”结束后，1977年10月全国恢复高考制度，尤其是1978年11月党的十一届三中全会以来，经过一系列拨乱反正的政治举措，全国学校教育逐渐恢复生机，武定县意识到“文革”中少数民族教育遭受极大摧残，急需重整民族教育事业，但由于地方人、财、物力的匮乏和局限性，武定县文化教育局于1979年8月向中共楚雄州委提交了申请“拨发民族教育事业费”[④] 的报告，同年，楚雄州委向武定县拨付了32896元专项经费以资助全县困难少数民族学生上学。

随着中国共产党十一届三中全会的胜利召开，人民教育事业迎来了新的春天，党的十一届三中全会后，全国经济社会各领域进入改革开放的全

---

① 楚雄彝族自治州民族事务委员会：《楚雄彝族自治州民族志》，云南民族出版社2004年版，第187页。

② 云南省武定县志编纂委员会编纂：《武定县志》，天津人民出版社1990年版，第441页。

③ 同上。

④ 同上书，第448页。

新时期，农村的义务教育改革亦在其中，伴随着计划经济向市场经济体制的转变，农村义务教育管理体制亦由计划变为以民为主，我国农村义务教育在新的历史契机下取得了巨大的成绩。20 世纪 80 年代以来，中共云南省委针对少数民族贫困地区的基础教育出台了一系列的优惠政策，包括“以寄宿制、半寄宿制学校来集中有限的教育资源，并保证学生的基本生活条件；以发放补助和免除费用来减轻学生家庭负担；选派学生分享优质教育资源；以双语教材的开发和双语教学来帮助少数民族学生在保留本民族语言的同时学习汉语和知识”①。1980 年 12 月，武定县获中共云南省委省政府批准在高寒贫瘠的发窝公社发窝村建立“省立民族小学”（1986 年 8 月迁往近城鲍家村）②，1981 年 9 月武定一中开始在高中部招收一个民族班，并于次年改招初中民族班，招收对象为全县范围内的少数民族贫困学生。民族班每生每月补助生活费 10 元（1987 年起增至 14 元），此外每班按照学生数 20%的比例，每人每月评发助学金 5 元。③ 1982 年起，武定县全面响应 1979 年以来的农村义务教育改革号召和 80 年代以来云南省委省政府的教育工作新举措，出台了一系列的教育工作新措施：针对全县 74 个贫困乡的 1.2 万名少数民族小学生实行两免政策（免教科书费、学杂费）④，仅 1982 年一年就免收两项费用共计 4.2 万余元；全县初中、高中和农业中学针对县内少数民族学生实行降分录取政策；1983 年起，武定县通过举办半寄宿制高小校点、民族小学、民族初中班、民族高中班、民族中学并实行“减免书杂费、补助生活费、设立贫困生救助金、争取‘希望工程’救助”⑤ 等形式多样的教育倾斜政策，大力发展全县民族教育，旨在全面提高彝族等少数民族的文化素质。1983 年 9 月，武定县在贫困民族乡村完小举办了半寄宿制高小班 27 个校点，各校点每生每月给予 3 元的生活补助费用，截至 1983 年底，近 600 名少数民族在校学生享受到生活补助。

---

① 代燕春：《20 世纪 80 年代以来云南少数民族教育优惠政策简述》，《学术探索》2013 年第 9 期。

② 云南省武定县志编纂委员会编纂：《武定县志》，天津人民出版社 1990 年版，第 448 页。

③ 武定县地方志编纂委员会编：《武定县志（1978—2005）》，云南人民出版社 2012 年版，第 488 页。

④ 云南省武定县志编纂委员会编纂：《武定县志》，天津人民出版社 1990 年版，第 448 页。

⑤ 武定县地方志编纂委员会编：《武定县志（1978—2005）》，云南人民出版社 2012 年版，第 487 页。

党的十一届三中全会的召开，标志着中国步入改革开放引领的全面转型时代，中国广大的乡村社会迎来一系列诸如联产承包责任制、人民公社向基层乡、村基层社会组织制度转变的社会历史变革，乡村基层社会原有的教育体制和形式面临新的严峻挑战，在武定县等全国少数民族地区，如民办教师的薪酬待遇问题、民族聚居区的校点建立问题尤为突出。针对民族教育中存在的这些问题，武定县教育局①于 1984 年 4 月 15 日在发窝乡召开少数民族教育工作会议，会议决定自 1984 年起，全县范围内群众无力承担的 48 个学校的 50 名民办教师的工资由县财政统一支付；同时决定在全县少数民族聚居的山区、半山区居民在 20 户以上的村寨均设立基础教育学校或教学点，结合“早晚班、巡回教学点等形式”② 使现代教育全面覆盖少数民族山区，以开展好少数民族贫困地区的教育工作。到了 1985 年底，武定县贫困民族乡村完小半寄宿制高小班已经增加到 69 个校点，获补助的学生达到 2914 人，每生每月的生活补助费用增加到了 5 元。

1977—1985 年是全国少数民族地区民族教育陆续恢复和稳步发展的阶段，国家宏观的教育体制中对民族地区的教育特别重视，1980 年 12 月 3 日，中共中央、国务院发布了《关于普及小学教育若干问题的决定》。《决定》论述了小学教育的重要地位，提出：“在 80 年代，全国应基本实现普及小学教育的历史任务，有条件的区还可以进而普及初中教育”；“经济比较发达、教育基础较好的地区，应在 1985 年前普及小学教育，其他地区一般应在 1990 年前基本普及”。③ 以该目标为指导的系列相关规定，为全国各地包括少数民族地区大力普及学龄基础教育提供了重要的导向作用。1982 年 2 月，第五届全国人民代表大会常务委员会第十三次会议通过了《中华人民共和国学位条例》，这是新中国成立以来由最高权力机关制定的第一部有关教育的法律。④ 随着 80 年代初期国家教育法律规章制度的初步制定，云南省委省政府在这一时期也在少数民族地区跟进出台了系列民族教育优惠政策，“早在 1950 年，云南省教育厅规定在全省各级各类学校中，免交学杂费的学生比例为 25%— 40%，少数民族学生优先享受，此政策一直推行。此后，免学杂费或发补助主要集中于省定民族

① 1982 年 8 月，武定县文化教育局分设为教育局和文化科两个平行机构。

② 云南省武定县志编纂委员会编纂：《武定县志》，天津人民出版社 1990 年版，第 448 页。

③ 何东昌：《中华人民共和国重要教育文献 1976—1990》，海南出版社 1998 年版。

④ 劳凯声、覃壮才、郭志成：《我国教育法制建设五十年回顾与展望》，《中国教育法制评论》2002 年第 1 期。

中小学，其中边境一线的省立小学享受的面比较大，1972 年，决定对边境一线 20 千米内少数民族学生分别实行免费和困难补助，1977 年，因兴建中越边境 7 县小学经费紧张而将补助减半。1980 年，中学生的助学金得以恢复，高中每生每年 18 元，初中每生每年 7.2 元，边境一线的少数民族中学生每生每年 100 元困难补助，小学生每生每年 10 元补助，边疆民族地区学生免交学费、书费、油墨纸张费，1984 年，首先免除了民族山区的初级小学学生学杂费。”①

这一时期，以政府为主导的民族教育在楚雄彝族自治州武定县等民族地方全面展开，教育形式多样，教学校点设置因地制宜，灵活设置，少数民族教育事业发展起色较大，楚雄彝族自治州自 1977 年开始，逐渐出现应届或往届彝族高中毕业生考取中央民族学院（今中央民族大学）、云南民族学院（今云南民族大学）、楚雄师专（今楚雄师范学院）等大专院校和国家重点院校；另有部分初中毕业的彝族学生考上州内外的各种中等专科学校、中等师范或技工学校等。此阶段也是武定县民族教育逐渐恢复和稳定发展的时期，这一时期，全县高中毕业生被大专录取的学生共计 364 人，其中少数民族学生 115 人，占总录取人数的 31.3%，这些少数民族学生中彝族人数最多，为 79 人，傈僳族 19 人，回族 6 人，傣族 6 人，苗族 4 人，白族 1 人；同时期被中等专业学校录取的（高中毕业生）共计 584 人，其中少数民族学生 234 人，占总录取人数的 40%，这些少数民族学生中同样是彝族人数最多，为 175 人，傈僳族 28 人，回族 14 人，傣族 11 人，苗族 6 人②。（详见表 6-2）

表 6-2　1949—1985 年武定县部分年份少数民族在校学生比例

学校类别 \ 年份（年）/ 民族学生比例（%）	1949	1952	1957	1961	1964	1975	1980	1985
小学	30.7	16.5	39.6	41.3	65.5	52.2	35.7	48.6
中学	32.4	19.6	12.2	23.1	21.7	28.8	33.1	34.7

资料来源：云南省武定县志编纂委员会编纂：《武定县志》，天津人民出版社 1990 年版，第 448 页。

① 代燕春：《20 世纪 80 年代以来云南少数民族教育优惠政策简述》，《学术探索》2013 年第 9 期。

② 云南省武定县志编纂委员会编纂：《武定县志》，天津人民出版社 1990 年版，第 448 页。

以彝族为代表的武定县各世居少数民族的文化教育得到了恢复和发展，少数民族文化素质也有所提高。彝族是武定县人口占多数的世居少数民族，人口规模优势明显，因而这一时期武定县彝族学生在入学率、接受教育、升学录取比例都相对较高；国家、省、州、县各级人民政府对民族教育的重视、政策引导、资金投入、优惠政策，尤其是少数民族地方创新性的民族教育政策条例，是武定县等少数民族地区民族教育事业逐渐恢复发展步入正轨的制度保障。

1985—2000 年期间，全国教育法律规章制度和相应试点改革举措有了新的重大突破，对各少数民族地方也有重要的指导意义。1985 年 5 月公布的《中共中央关于教育体制改革的决定》提出“有步骤地实行九年制义务教育”，同时指出“我们完全有必要也有可能把实行九年制义务教育当作关系民族素质提高和国家兴旺发达的一件大事，突出地提出来，动员全党、全社会和全国各族人民，用最大的努力，积极地、有步骤地予以实施”。[①] 全国各地普及义务教育从此有了新的目标导向。1986 年 4 月，第六届全国人民代表大会第四次会议审议并通过了《中华人民共和国义务教育法》（以下简称《义务教育法》）。《义务教育法》明确规定：“国家实行九年义务教育”。并对儿童接受义务教育的权利、如何保障儿童接受义务教育及义务教育的培养目标、管理体制、学制经费体制等问题做了原则性的规定[②]，这标志着我国已经把普及九年义务教育建立在专门法律的基础上。

武定县民族教育在恢复重整的基础上有了进一步的发展，在基础教育方面，1986 年，全县半寄宿制高小校点数量调整为 48 个，享受补助的学生再度增加至 3000 人，这期间，各寄宿制完小的办学条件相应好转，基本配有学生食堂，学生大多自带口粮，学校适当予以补助粮、盐、肉类的相应费用，各半寄宿完小食堂实行“一人管钱、一人管账、领导审批、按月公布、师生监督、上级审核”[③] 的财务管理制度。同年 8 月，武定县

---

① 廖其发：《改革开放以来我国普及义务教育的回眸》，《西南大学学报》（社会科学版）2008 年第 9 期。

② 《中国教育年鉴》编辑部：《中国教育年鉴（1985—1986）》，湖南教育出版社 1988 年版。

③ 武定县地方志编纂委员会编：《武定县志（1978—2005）》，云南人民出版社 2012 年版，第 487 页。

民族实验学校①搬迁至武定县城南1.5千米处的鲍家村，并在当地征收土地22.1亩建新校舍。新建的民族实验学校面向武定县各少数民族聚居的山区招收五年级民族学生，培养两年以上使之达到小学毕业水平后向高一级学校输送成绩优异的少数民族生源，民族实验学校为所有在校学生免除书、杂费用，同时按照原定标准每生每月予以14元的生活补助，另计医药费1元，水电费1元，家庭特别困难的少数民族学生还可享受部分寒衣补助。自创办之始到1990年，民族实验学校共有19个毕业班，毕业民族学生919人，到了1995年，民族实验学校的办学规模保持在6个教学班（其中五年级2个班，6年级4个班），在校少数民族学生达350人，同时已有21名教职人员。到2000年，民族实验学校（当时简称“民小”）教学班增加至10个（五、六年级各5个班），在校少数民族学生人数多达450人，教职工增至45人。

中学教育方面，1988年，云南省人民政府决定在全省42个特困县的一中设立民族部，每年招收两个民族初中班，同年9月，武定县第一中学民族部成立并招收了两个初中民族班，民族班招生由县教育局和民族事务委员会统一管理，依据学生学习成绩在全县少数民族中择优录取。到了1990年，武定县民族部共计各有6个初中教学班和1个高中教学班毕业，从1981年创建民族实验学校（民小）到1988年设立民族部（初、高中教学班）直至1990年，武定县从小学到初中再到高中的民族教育结构链条才最终形成。截至1993年，武定县民族部有初中3个教学班，学生155人；高中3个教学班，学生146人。

在长达半个世纪的恢复重整与发展之后，武定县学龄人口基本实现了国家现代教育体系全覆盖，彝族聚居区的少年儿童入学率、巩固率和教学质量明显得到提高，到1997年，武定县彝族和楚雄彝族自治州全体少数民族同胞一道，实现了“基本普及九年义务教育”和“基本扫除青壮年文盲”的“两基”目标。武定彝族和其他世居少数民族同胞共同沐浴着党和国家民族教育的改革春风，人口素质和生存技能都得到了不同程度的提高，正在向社会主义现代文明大踏步迈进。

---

① 注：武定县民族实验学校前身为1980年末1981年初在发窝乡创立的“省立武定民族小学”。

第二节　21世纪以来教育事业的蓬勃发展

一　武定县教育整体发展状况（2000—2016年）

进入21世纪以来，包括武定县在内的云南省彝族地区教育事业得到了全面、迅速的发展。随着教育体制的改革和教育现代化的持续快速推进，广大彝族人民的思想观念发生了根本性的改变，对待教育的态度由新中国成立初的被动接受变为主动适应，并从普遍适应逐渐追求高层次的教育条件和水平接轨。2000年，全县有中小学、幼儿园470所，在校学生43162人。（详见表6-3）

表6-3　　2000年武定县各级学校数量及在校学生人数

学校类别	数量（所）	在校学生（人）
幼儿园	7	—
小学	446	27985
初级中学	14	12101
完全中学	2	1272
职业高级中学	1	
二级教师进修学校	1	—
农村成人文化技术学校	141	—

资料来源：中共武定县委办公室、中共武定县委党史研究室编：《中共武定县委年鉴》（2001），2011年，第297页。

世纪之交，武定县文化教育工作取得了突出的成绩：首先是狠抓落实了“两基”（基本普及义务教育，基本扫除青壮年文盲）工作。武定县教育管理部门以“普九”工作为重点，围绕“五个一工程”（即：一套表册资料、一个报告、一个展室、一部专题片、一本资料汇编表）开展工作，同时指派专人到各个乡镇督促“两基”工作硬件设施的配套情况，通过努力，截至世纪之初的2000年末，全县小学适龄儿童入学率达99.5%，辍学率降到0.8%；初中阶段入学率达63.1%，15周岁及以上人口初等教育完成率达99.2%，17周岁及以上人口初等教育完成率达95%，各项指标均达“普九”标准，并顺利通过了验收。其次是顺利完成“试验学校普及县”总体目标。截至2000年11月，全县教学实验用房总面积达

12111.8平方米，中学仪器配备合格率达100%，小学达95%，平均实验开出率达89.6%。[①] 同年年底，武定县达到了“实验教学普及县”标准，通过了云南省教委组织的验收评估工作。再次，教育改革不断深化。武定县继续深化以“校长负责制、教职工聘任制、结构工资制”为核心的校内管理体制改革，加强了对学校的综合目标管理考核，完善了教代会制度。

典型个案：

2000年，武定县在发窝乡开展“民主选举校长”试点工作，依法选举产生了中心小学校长，在中心小学大力开展教育改革工作，坚持“政务公开、教务公开、财务公开”的制度，学校工作接受教职工和社会各界监督，同时对学校、教师和学生的督导和评估方案进行了改革，改变过去一味以分数为唯一指标定优劣的评估方案，采用综合目标管理考核的方式对学校教师教学质量进行综合评价。这一试点改革措施极大地调动了教职员工的积极性，全体教职员工充分发挥主观能动性、创造性，积极参与教学管理相关环节，踊跃建言献策，主动创新教育教学方式和教学管理办法，参与教学管理制度的创新和实验，发窝乡中心小学的教育教学试点改革工作取得了预期的理想成效。

最后，教育教学质量稳步提高。在跨越新世纪的历史阶段，武定县教育管理部门对全县各级各促进类学校提出“全面计划、抓死常规、搞活教研、促进教改、调高质量”的总体要求，全县教育系统全面落实开足课程，上足课时，狠抓教研与教改，积极推进素质教育的总体方针，在日常教学活动中注重培养学生的创新精神和实践能力，促进了全县教育教学质量的稳步提高。2000年，全县参加高考的考生被大学本科录取48人，专科68人，中专17人，录取率缓步上升为29.2%。[②] 教学质量明显提升的一个重要表现为武定县第一中学和第二中学同年录取分数线与往年相比有较大幅度提升。

---

① 中共武定县委办公室、中共武定县委党史研究室编：《中共武定县委年鉴》（2001），2011年，第297页。

② 同上书，第298页。

当然，彝族教育事业出于基础和历史条件的限制，在21世纪之初，相较于相同区位内的其他少数民族教育仍有一定的差距。在2000年全国第五次人口普查中，楚雄彝族自治州“各民族人口的文化构成”的调查数据显示，“楚雄州6岁及以上人口受过不同程度文化教育的，占该年龄段总人口比例的88.5%，而彝族仅占86.66%”[①]；这个比例远低于楚雄州境内分布的白族、回族、傣族和哈尼族等其他少数民族的水平，其中“（楚雄全州）彝族大学（含专科）、高中（含中专）两种文化程度人口所占相应年龄段总人口的比例尤其较低，分别仅为0.97%和5.15%”[②]。概而观之，这为全面提高包括武定县在内的楚雄彝族自治州彝族人口文化教育素质的提高提出一个重大课题，其任重而道远。

少数民族地区教学质量提升的关键在于自上而下的教学目标思路转型和教学制度的改革，20世纪90年代末期，云南省推行“目标教学法”[③]，该教学方法于同期在武定县中小学全面推广。到2001年，由于县内各学校全力实施“两基”目标，对教学质量管理工作有所忽视，针对这一问题，武定县教育局及时调整了工作思路和指导思想，强调既要稳抓落实“两基”工作，又要注重教学质量的提升。为此，“（2001年）11月，武定县教育局组织了全县中小学校长、幼儿园园长35人对16所中学、15所乡（镇）中心完小、15所村完小和县幼儿园进行了教育教学管理工作专项检查”[④]。

根据武定县“十五”规划期间（2001—2005年）制定的全县教育总体规划纲要，“十五”规划末期，武定县教育事业发展全面落实了规划要求。截至2005年，武定全县适龄儿童入学率为99.8%，辍学率为0.2%；

① 楚雄彝族自治州民族事务委员会：《楚雄彝族自治州民族志》，云南民族出版社2004年版，第187页。

② 同上。

③ 目标教学法是一种以教学目标为核心和主线实施课堂教学的方法。教师以教学目标为导向，在整个教学过程中围绕教学目标展开一系列教学活动，并以此来激发学生的学习兴趣与积极性，激励学生为实现教学目标而努力学习。其理论依据是“掌握学习”理论，该理论由美国著名教育家和心理学家布卢姆于20世纪70年代提出，即在“所有学生都能学好”的思想指导下，以基础知识和能力倾向各有差异的学生组成的学习集体（班级授课制）为前提，要求教师对教学目标进行精选和结构化，在学生学习的过程中，进行适时形成性评价（反馈），为不同的学生设计“矫正学习”或“深化学习”，从而使大多数学生达到课程目标所规定的掌握标准。

④ 武定县地方志编纂委员会编：《武定县志（1978—2005）》，云南人民出版社2012年版，第492页。

初中阶段毛入学率为99.2%，辍学率为0.8%；高中阶段毛入学率为41.9%；全县每万人中有大专及以上学历86人，高中、中专学历55人，初中学历2553人，小学学历4778人。据2005年统计，全县人均受教育年限6.7年。[①]。

以上数据表明，与"九五"规划期间相比，武定县"义务教育"实施总体成效相对较明显，小学和初中适龄学生入学率显著提升，辍学率大大降低，接受"义务教育"人员的比例大幅攀升，全县总人口中拥有初级中等教育学历的人口比例也明显增加。这主要受益于国家自上而下的宏观教育教学机制改革措施，2001年5月29日，国务院发布《关于基础教育改革与发展的决定》中强调：农村义务教育管理体制"实行在国务院领导下，由地方政府负责、分级管理，以县为主的体制"。并具体地规定了各级政府对义务教育的责任与管理权限。其中，"普及义务教育的主要责任、教职工工资的发放、校长与教师的管理、教育教学工作的指导等都集中到县"[②]。紧接着，国务院办公厅又于2002年4月14日印发了《关于完善农村义务教育管理体制的决定》，进一步明确了各级政府的义务教育责任、农村义务教育经费保障体制、人事编制管理制度。和其他广大基层行政地方一样，武定县比较严格地实行了"以县为主"的教育管理体制，这样，基本消除了普及义务教育在办学体制和管理体制方面的障碍，从而使"普九"义务教育在武定县这样地处西南边疆的少数民族地区取得明显成效，全县广大的少数民族适龄儿童、青少年也在国家教育机制体制创新性的改革过程中大大受益，保障了他们共享社会主义改革和发展成果的权益。

虽然"十五"规划期末，武定县教育事业，尤其是"普九"义务教育成果显著，但就其总体状况而言，仍然存在发展不平衡的突出问题，即接受高级中等教育和高等教育、专业、职业化教育的人口比例依旧偏低。其中，包括彝族在内的少数民族受教育水平和教育质量问题仍然是新时期武定县教育事业发展中的重点问题。

"十一五"（2006—2010年）期间，武定县教育事业发展在进一步克

---

① 武定县地方志编纂委员会编：《武定县志（1978—2005）》，云南人民出版社2012年版，第495页。

② 《中国教育年鉴》编辑部：《中国教育年鉴》（2002），人民教育出版社2002年版，第62页。

服“十五”期间存在的问题的基础上，实现了进一步的发展，截至2010年，全县小学适龄人口入学率为99.5%，辍学率为0.51%；初中阶段入学率为103.1%，辍学率为1.52%；15周岁人口初等教育完成率99.8%；17周岁人口初级中等教育完成率97.2%；全县高中阶段在校学生4060人，其中普通高中76个班，在校生3483人；职业中学13个班，在校学生572人；初中228个班，在校生10839人；小学771个班，在校生21830人；幼儿（学前）3879人（幼儿园在校生1962人、学前班在校生1971人）。①

与“十五”规划期间相比，“十一五”规划期末武定县教育事业取得了较大的进步，“普九”教育工作成效在保持“十五”规划期间发展水平的基础上，基础教育和初级中等教育在数量和质量上都有所提高，当然，相较于“十五”期末，“十一五”期末的九年义务教育阶段，小学和初中辍学率相对提高，这一现象值得深入剖析。从国家宏观教育政策层面来看，2005年12月24日，国务院发布了《关于深化农村教育经费保障机制改革的通知》，决定从2006年开始，西部地区农村义务教育阶段中小学学生全部免除学杂费，从2007年开始，中部和东部地区农村义务教育阶段中小学学生全部免除学杂费。2006年新修订的《义务教育法》规定：“实施义务教育，不收学费、杂费”；“各级人民政府对家庭经济困难的适龄儿童、少年免费提供教科书并补助寄宿生生活费”。应该说，到“十一五”规划期末，我国农村义务教育已经全面实行了“两免一补”政策。②“两免一补”政策，有效地推动了武定县这样地处西南边陲的少数民族聚居地区的义务教育的普及，应该说，国家教育体制的这种顶层制度设计，在“十一五”期间大大保障了诸如武定县彝族等众多西南少数民族受教育的权益，在国家自上而下推行“义务教育”的大环境下，农村家庭贫困和相对贫困已经不再是基础教育和初级中等教育的桎梏。而“十一五”期间武定县出现的小学、初中辍学率同比增长的两个客观原因在于：第一，“十一五”期间武定县学龄儿童和青少年人口基数有所增长；第二，21世纪以来，在全球性现代化运动的裹挟之下，诸如武定县之类的中国西南少数民族地区面临着与强势的现代文化对抗以及适

① 武定县年鉴编撰委员会编：《武定年鉴》（2011），2011年，第309页。

② 转引自廖其发《改革开放以来我国普及义务教育的回眸》，《西南大学学报》（社会科学版）2008年第9期。

应性变迁的过程，传统少数民族地区及其文化渐次走向城乡二元融合的道路，与之相适应的现代村落文化新传统也不断涌现。伴随着经济社会发展和信息现代化向中国广大基层农村少数民族地区的大举推进，武定县的彝族等少数民族同胞随着对外劳务输出和物流等双向互动活动的日益增多，一些学龄少年和青年选择了提早辍学外出务工或就近打工的生活方式。

进入 21 世纪以来，随着国家“两基”战略目标的如期实现，义务教育的重点开始从“普及”转向“提高”，提高教育质量和办学效益成为国家基础教育的新战略重点，让适龄少年儿童“上好学”和“有质量的教育公平”成为义务教育工作新的“重中之重”。本次大调查值“十二五”（2011—2015 年）后期至“十三五”开局之年（2016 年），其中作为承前启后的 2015 年武定县教育发展基本数据也充分说明了该县对教育质量和办学效益战略重点的强调。

如表 6-4 所示，“十二五”期末，武定县教育事业取得了突破性的成绩，得到了实质性的发展，尤其是在学前教育方面，地方政府进行了较大的改革和尝试，继续吸收民间资本，鼓励社会办学力量进入学前教育阶段，24 所学前教育机构（包括幼儿园和学前班）中有 15 所为私立性质（主要是指私立幼儿园），占了学前教育机构的 63%，鼓励和引导民间社会资本进入学前教育阶段，在现代市场环境下实现公立和私立学前教育的良性竞争，保障学前教育质量的有效提升，并且在民营学前教育机构的师资和软硬件设施配套方面加强监管，结合少数民族区域地方实际，发展一套符合当地各民族适龄儿童具体需求的学前教育体制，是各少数民族聚居区民族团结教育机制建设中应充分考虑的问题。

表 6-4　　2015 年武定县各级学校数量及在校学生人数

学校类别	幼儿园	学前班	小学	初中	高中	职业中学
数量（所）	24（其中私立 15 所）	122	11	2	1	
在校学生（人）	3291	2405	18955	9893	3903	331
入学率（%）	78.01	94.05	99.96	123.60	79.0	—

资料来源：《办好民族教育，促进和谐发展——武定县教育局 2015 年民族团结教育工作总结》（2016 年 7 月 2 日），内部资料。

结合表6-5的数据分析，不难看出，与“十一五”期末相比，“十二五”期末武定县的教育总体情况得到了较大的改善，就师资力量建设而言，截至2015年12月，全县在职在编教职工2534人，其中专业技术人员2433人，行政人员14人，工管人员87人；专业技术人员副高职称222人，中职1126人，其他1091人；教师学历合格率分别为：高中96.46%，初中99.18%、小学（含幼儿园）97.48%。① 总体而言，“十二五”期末，武定县从学前教育到九年义务教育阶段，适龄生源的入学率都得到了相应的提高。其中学前教育的规模和覆盖率变化较显著，相比城市适龄幼儿入学率，农村学前适龄儿童入学率提升情况更明显，首先是由于农村尤其是偏远少数民族地区的教育基础设施在“十二五”期间得到了明显改善；其次是因为全县学前和基础教育的师资力量建设较有成效，教师学历和总体素质得到了较大提升、专业性进一步加强；再次是各级地方政府对幼儿和学前教育的重视程度进一步得到加强，相应的政策和制度规范日趋完善，截至2013年末，全县仅有两所省级示范幼儿园，即1999年省教育厅云基教〔1999〕1号文件评定省一级三等示范幼儿园（武定县机关幼儿园和狮山镇幼儿园）。到2014年，经楚雄彝族自治州教育局认定，新增加武定县九厂中心幼儿园为省二级一等示范幼儿园。

表6-5　“十一五”期末与“十二五”期末武定县各级学校学龄生源入学率情况比较

学校类别	幼儿园	学前班	小学	初中	高中
2010年入学率（%）	50.60	50.80	99.50	103.10	85.80
2015年入学率（%）	78.01	94.05	99.96	123.60	76.0

资料来源：笔者根据武定县“十一五”及“十二五”两个五年规划期末相应数据绘制而成。

“十二五”期末，武定县九年义务教育适龄生源的入学率与“十一五”期末相比，在数据上没有较大的变化，主要因为自1986年颁布《中华人民共和国义务教育法》到2000年，我国总体上实现了“基本普及九年义务教育，基本扫除青壮年文盲”的两基奋斗目标。21世纪的前15年

① 武定县教育局：《关于民族教育发展情况报告——2015年民族教育专题教育材料》，2015年12月31日。

内，各边疆少数民族地区的义务教育也基本实现了与国家总体水平的同步状况，因此武定县的九年义务教育在近两个“五年计划”中基本保持了平衡发展的水平。而普通高中学生的入学率相对低于“十一五”期间主要有三个方面的原因：其一，武定县位于滇中高原北部，山区面积占总面积的97%，是一个集山区、民族、宗教、贫困为一体的国家重点扶贫开发的贫困县，尤其是山区和半山区少数民族的相对贫困程度还较深，鼓励发展高中教育的相关措施不力，优惠政策相对较少，因此，一部分贫困少数民族学生只能止步于完成国家支持的免费九年义务教育；其二，由于附近高质量高级中学的分流，因交通通达度优势，武定县与云南省会城市昆明的直线距离时间提升到了40—60分钟，昆明相对较集中、教学条件较优越的教育资源也辐射到了武定县，因此吸引了武定县部分成绩优秀或家庭条件优渥的高中生源，从而影响了高中生源的就近入学率；其三，随着武定县交通基础设施建设的快速发展以及地理区位优势的日渐明显，武定县已被纳入滇中半小时经济圈，从而为完成九年义务教育而又相对缺乏接受高级中学教育费用的贫困青年群体提供了更多元化的选择，这部分贫困生或是进入职业高中/中专接受专门的职业教育训练，或是选择就近/进城务工加入劳务输出大军。

二　21世纪以来武定彝族聚居区教育发展基本状况及主要问题

（一）学前教育现状及相应问题

国家政务院于1951年10月1日公布《关于改革学制的决定》，该《决定》中关于幼儿教育的规定指出：“实施幼儿教育的组织为幼儿园。幼儿园收三足岁到七足岁的幼儿”。这是新中国成立后第一个对学前教育做出规定的文件，自20世纪50年代后期至60年代末期（“文化大革命”前），国家共颁布的几个关于学前教育的法规纲要分别是：《幼儿园暂行规程》《幼儿园暂行教学纲要》（1951年）；《关于托儿所幼儿园几个问题的联合通知》《关于中小学、师范学校的托儿所工作的指示》（1956年），其中1952年3月，中华人民共和国教育部正式颁发《幼儿园教育规程（草案）》对我国幼儿园教育相关问题作了相对完整的规定。之后从改革开放到21世纪初，国家就学前教育问题相继出台了一系列的政策法规，到2007年，学前教育宏观法规已经细化到加强农村中小学生、幼儿上下学乘车安全和规范民办学前教育机构管理工作的程度。

历史上，武定县最早的学前幼儿教育出现在民国32年（1943年），但是这个设立在近城镇每年只招收一个班级约30名学生的“中心国民学校附属幼稚园”显然是将当时武定县广大少数民族子弟排除在其招生范围外，真正惠及包括彝族在内的广大普适龄子弟的学前教育，出现在新中国成立后，武定县学前教育机构经历了从无到有，以及20世纪80年代以来数量日趋增加、覆盖面日趋广泛的过程。20世纪90年代，出于民族自治地区社会历史条件和经济发展水平的局限性，少数民族的学前教育仍未得到全面的落实和普及，在楚雄彝族自治州人大常委会1992年颁布的《楚雄彝族自治州民族教育条例》的第三章“教育结构和办学形式”第十五条提道，楚雄彝族自治州的“民族教育结构包括基础教育、职业技术教育、成人教育、高等教育”。到了20世纪90年代末，武定县的学前教育有了新的起色，主要包括幼儿园和学前班，其中，武定县城以幼儿园为主，乡镇则主要由学前一年教育为主。同时，在具备办学条件的乡镇，则以乡镇中心幼儿园为依托，来开展学前教育工作。

进入21世纪以来，武定县的学前幼儿教育得到了全面发展，办学数量和质量都得到了提升，自2000年开始，武定县积极倡导和鼓励社会力量办学，促进教育多元化发展，在彝族主要聚居的乡（镇）也基本设立了公办或是民办的中心幼儿园，自2000—2005年，武定县教育局先后在彝族主要聚居的几个乡（镇）[①] 审批了一些民办幼儿园，包括高桥镇勤奋幼儿园、插甸乡学勤幼儿园、猫街镇阳光幼儿园、发窝乡苗苗幼儿园，万德乡盛鑫幼儿园等私立幼儿园，这些乡（镇）主要聚居着彝族、苗族等少数民族。截至2005年，即“十五”规划期末，武定县以县城为中心，与开办了中心幼儿园的乡（镇）呈现“互为补充，共同发展”的局面。这个阶段的武定幼儿教育开设有语言、数学、音乐、美术、社会、体育、手工、健康、“三生”（生命、生活、生态）教育[②]等多门课程。（详见表6-6）

---

① 截至2013年，武定全县共有11个乡镇，其中包括一个民族乡，8个少数民族聚居乡（镇）：1个民族乡是东坡傣族乡，8个少数民族聚居乡（镇）是高桥镇、猫街镇、插甸乡、白路乡、环州乡、发窝乡、万德乡、己衣乡。

② 武定县地方志编纂委员会编：《武定县志（1978—2005）》，云南人民出版社2012年版，第480页。

表 6-6　2000—2005 年武定县学前、幼儿教育情况统计

年份	园（点）数		班数（个）		幼儿数	
	合计（个）	私立（个）	合计（个）	学前班（个）	合计（人）	学前班（人）
2000	6	2	63	38	1804	936
2001	8	4	67	34	2144	1041
2002	11	7	75	33	2275	944
2003	11	7	71	30	2239	1054
2004	12	8	76	29	2270	949
2005	10	6	82	36	2680	1230

武定县地方志编纂委员会编：《武定县志（1978—2005）》，云南人民出版社 2012 年版，第 481 页。

“十五”期间，武定县的学前教育处于相对平稳发展的阶段，从幼儿园园点数量和结构比例上来看，还是存在一些问题：第一，学前教育投入结构单一，学前教育主要还是由政府公立的幼儿园或是各乡镇小学附设的学前班来承担，由于办学经费困难，政府的公立幼儿园大多集中在县城和人口相对集中的乡（镇）中心区域，彝族等少数民族聚居的乡（镇）学前教育主要依靠私立幼儿园来局部覆盖，教学质量和办学服务能力参差不齐；第二，由于社会历史和民族文化传统等原因，导致彝族等少数民族部分家长教育观念的相对不开放，同时，学前教育未纳入国家义务教育范畴之内，随之带来的经济压力也成为一些偏远地区少数民族父母不愿意让子女上幼儿园的原因；第三，由于受各少数民族聚居乡（镇）的一些家长观念意识、经济条件的影响，导致这些乡镇唯一能提供学前教育服务的私立幼儿园逐渐失去了生源，“十五”期间政府扶持的在少数民族聚居乡（镇）开办的部分私立幼儿园因生源缺失、经费不足等问题，难以维持，教学服务工作时断时续［至 2005 年，上述的几所乡（镇）私立幼儿园中先后有晨曦、阳光幼儿园停办］，大大影响了教学质量。

“十一五”期间，武定县在对公办幼儿园加大投入的基础上，继续吸纳和鼓励社会力量投入到学前教育中来。到 2010 年，全县幼儿园增加到 15 所（其中私立幼儿园 11 所），幼儿入园（学）率达 49.6%，比“十五”规划期末的 2005 年提高 27.61 个百分点。①“十一五”期间，武定学

① 政协武定县委员会编：《武定政协年鉴》（2008—2012），2012 年，第333 页。

前教育的办学条件有所改善，师资素质和办园水平逐年提高，同时，“十一五”期末，武定县开始规划筹建全县11个乡（镇）中心幼儿园（公办幼儿园），提出全县“公办幼儿园为骨干、民办为补充、公办与民办共荣发展”① 的规划格局。

在学前教育“十一五”规划格局的基础上，武定县进一步加大了对彝族等少数民族聚居的9个乡（镇）学前教育的投入和扶持力度，2011年，分别在彝族人口分布相对集中的万德、田心、环州、猫街等乡（镇）的小学附设了公立幼儿园。在“十二五”期末的2015年，全县幼儿园点数量已增至24所（其中私立15所），在校幼儿（学前）总人数5696人，幼儿入学（园）率达78.01%。

总体而言，进入21世纪以来，武定县的学前教育为巩固和提高“普九”教育提供了相应的基础，尤其是政府引导下的民办学前教育的发展起到了促进作用，在“十一五”之前，私立（民办）学前教育力量为武定彝族等少数民族适龄儿童的学前教育做出了重大贡献。同时，也面临着一系列的困难和问题。

首先，最大的困难是地方财政教育经费投入困难，由此产生的是教学数量和质量问题。2015年正值“十二五”规划收官之年，纵观21世纪以来武定县前两个“五年”规划中学前教育的实施进程，其突出问题表现在：首先是农村和少数民族学前教育发展明显滞后，具体表现为彝族等少数民族聚居区办学数量不足和学前教学园点覆盖不充分，直到2015年末，全县11个乡镇中东坡、白路、发窝3个乡镇还没有幼儿园，环州、田心、万德、猫街4个乡镇幼儿园没有独立的校舍，其他幼儿园校舍普遍拥挤。乡镇中心幼儿园建设因缺乏资金支持而推进缓慢。幼儿入学（园）率仅达78.01%，彝族、苗族等众多少数民族聚居和分布的9个乡（镇）的公立中心幼儿园尚未完全建成招生，少数民族适龄儿童接受学前教育的比例更是难以得到保障。

其次，学前教育经费总体投入有限。幼儿教育新建项目资金主要靠中央及省州投入，除了按标准保证县、镇公立幼儿园人员工资和公用经费外，地方配套的其他资金难以筹措落实，筹资难、征地难、项目落地难的问题依然突出，导致幼儿教育发展缓慢，边远山区农村幼儿入园率

① 政协武定县委员会编：《武定政协年鉴》（2008—2012），2012年，第333页。

偏低。21 世纪以来，武定县公办幼儿园发展迟缓，在建设经费投入、人员编制的保障落实方面存在着巨大问题，而有限的公办幼儿园又难以覆盖和服务分布在各山区乡（镇）里的广大少数民族适龄儿童。

再次，服务少数民族地区的民办学前教育机构的规范性问题。“从 2001 年到 2010 年近十年间，武定县没有新建一所公办幼儿园”[①]。由于武定县大多数少数民族聚居的乡（镇）分布在交通区位条件相对落后的山区或是金沙江沿岸，出于财力、物力、人力的限制，直到“十一五”期末，武定县才在地方财政力量发展的基础上，做出全县 11 个乡（镇）中心幼儿园（公办幼儿园）的总体规划布局。截至“十二五”期末的 2015 年，武定县多家民办幼儿园因为资金投入不足而导致场地拥挤，校舍简陋，睡室不够，设备不足，大班额突出，从而增加了安全隐患。民办幼儿园师资问题也比较突出，由于资金投入和师资短缺问题，武定县的民办幼儿园规模都比较小，截至 2015 年全县学生最多的民办幼儿园有 449 人，最少的只有 9 人，办园质量也不高。新时期以来的一段发展过程中，武定县彝族等少数民族适龄幼儿的学前教育主要依靠社会民办教学机构，然而，在具体实践过程中，扶持民办教育发展的优惠政策难以有效落实，民办学前教育机构的规范发展问题也比较突出，民办学前教育机构分布相对零散，办学规模偏小，服务能力和自我发展能力相对薄弱，难以保障教学质量。2011 年 4 月 8 日颁布的《云南省少数民族教育条例》第二章“办学形式与管理”第十条中规定：“各级人民政府应当加快发展少数民族学前教育，扶持农村幼儿园建设，核定幼儿园教师编制，对农村少数民族适龄幼儿实施 1 年的免费学前教育。”当然要保证该《条例》中相关政策的有效落实还要具体依靠地方人民政府经济发展水平和地方财政力量，武定县少数民族学前教育发展依然任重道远。

（二）小学教育状况及存在的问题

教育关乎广大人民群众的切身利益，小学教育更是基础教育的重中之重，它的发展状况全面影响着地区全民素质教育的总体成效，像武定县这样有多个少数民族聚居且集“山区、民族、宗教”相关问题于一身的贫困县，其教育问题的实质就是民族教育问题，民族教育工作意义重大、影

---

① 政协武定县委员会编：《武定政协年鉴》（2008—2012），2012 年，第 334 页。

响深远。

我国针对农村小学校点的“撤点并校”工作始于20世纪90年代末期，进入21世纪，出于优化农村教育资源配置的目的，以及全面提高中小学教育投资效益和教育质量的要求，同时为了有效促进农村基础教育事业的健康、持续发展，国家开始加大对广大农村地区小学教学点的整合及改革力度，逐渐摒弃原有的“村村办学”的布局，对邻近的学校进行资源整合。2001年5月29日，国务院发布的《国务院关于基础教育改革与发展的决定》中规定“应因地制宜调整农村义务教育学校布局”。在这样的国家宏观政策背景下，武定县也开始着手对全县范围内生源不足（学额不足）的村小（一般是指乡镇下属的各行政村内设置的小学，武定县11个乡镇中有9个是彝族等少数民族聚居的乡镇，每个乡镇又下设多个行政村，绝大部分少数民族学龄儿童都在村小学中接受小学基础教育）进行布局调整。随着“撤点并校”① 的政策性调整，自2000年开始，武定县半寄宿完小的住校生急剧增加②，到2003年，武定全县小学住校生人数达到7333人，同时，为了缓解民族聚居乡镇寄宿和半寄宿贫困少数民族学生生活困难的实际问题，武定县在全县范围内，尤其是乡镇农村完小中大力推广“三个一”工程（“三个一”是指：种好一片学农基地，办好一个学生食堂，救助一批贫困学生）并在各个乡村完小中开展养猪、种菜等勤工俭学方式，以此来稳固贫困山区的民族生源。2004年，武定县继续加大农村少数民族地区小学教学点的撤并力度，共计撤并在校学生人数为10人左右的校点33个，大多数乡（镇）都已经将四年级以上的小学生统一集中到村完小就读。截至2004年，全县有96个完小有住校生，这其中绝大部分是来自山区和半山区的苗族和彝族小学生。到“十五”期末的2005年，全县在校小学生总计22839人，其中少数民族学生

① 中国农村的小学有两种，即“教学点”和“完小”。“教学点”一般指四年级以下，多设在人口较少偏远贫困的村寨。完小到五年级（部分北方小学）或到六年级，多设在人口较多的村寨。“撤点并校”是把教学点撤了，将几个学校并成一个中心校。

② 武定县大多数少数民族聚居的乡镇通常下辖多个行政村，每一个行政村又由多个自然村（村民小组），甚至有几户人家散居在几道山梁之间构成一个村民小组的情况，而各个行政村、村民小组之间空间隔较大，往往隔山、跨江散居。由于地处偏远山区，交通基础设施落后，教学点被撤销后，彝族等少数民族年幼的学龄子弟大多要到中心小学寄宿，以保证完成小学学业。

12064人，占在校小学生总数的55.18%。[①] 2010年，武定县“两基”工作通过全国检查验收，同时，武定县取消了中心校管理模式，各小学相对独立办学，这一举措有助于各校充分发挥管理优势，规范办学行为，创新特色办学路径，使得学校软实力建设取得显著成效，各小学的管理水平也有所提高。随着洋思、杜郎口教学模式[②]的典型经验在全国各地中小学界广泛宣传与推广，武定县在小学教育中既强化了管理工作又高度重视小学教育科研工作，各个小学在获得自主创新管理权的前提下，结合自身实际特别是少数民族小学生教育实际，不断探索课堂教学改革的有效方式也取得了成效。

典型案例：

近城小学、猫街小学、高桥小学三校结合自身实际，确定了“主动—和谐”的课堂教学模式，该模式还在楚雄彝族自治州现代教育示范学校课堂教学模式展示活动中得到充分肯定。“主动—和谐”教学模式改变教师单向灌输知识的传统教学模式，在授课环节中强调师生之间的多项互动关系，充分引导学生的能动性，围绕既定教学目标开展启发性教学活动。以近城小学的一篇示范性教学设计为例

【小学语文】《浅水洼里的小鱼》教学设计[③]

“主动—和谐”课堂教学模式—二年级上册第七单元		
课题：28. 浅水洼里的小鱼	备课人：白鸿雁	课时数：2

① 武定县地方志编纂委员会编：《武定县志（1978—2005）》，云南人民出版社2012年版，第487页。

② 洋思、杜郎口教学范型是指“先学后教，当堂训练”，主要教学流程：1.“先学”，教师简明扼要地出示学习目标；提出自学要求，进行学前指导；提出思考题，规定自学内容；确定自学时间；完成自测题目。2.“后教”，在自学的基础上，教师与学生，学生与学生之间互动式的学习。教师对学生解决不了的疑难问题，进行通俗有效的解释。3.当堂训练：在“先学后教”之后，让学生通过一定时间和一定量的训练，应用所学过的知识解决实际问题，加深理解课堂所学的重、难点。课堂的主要活动形式：学生自学—学生独立思考—学生之间讨论—学生交流经验，不留课后作业，学生在课堂上完全自我解决，当堂消化。

③ 图表来源：武定县近城小学网站：http：//www.wdjcxx.net/Content-9674.aspx.

教材解读：

《浅水洼里的小鱼》是一篇充满人文关怀的文章，是课程改革强调人文精神的体现。课文通过“我”的发现，描写了一个小男孩以他的纯真、善良、执着、专注，将从上海滩困在浅水洼里的小鱼一条一条不断扔回大海的故事。通过这个故事，激发和培养孩子保护动物、珍惜生命的意识。课文内容平实、自然、却感人至深，发人深省，通过语言和动作的描写来反映人物的心理和品质。

教学目标	知识目标：正确、流利、有感情地朗读课文，积累字词句。 能力目标：了解课文所讲的内容，表达出对小鱼的怜惜和对小男孩的敬佩之情。 德育目标；进一步树立保护小动物，珍惜生命的意识。
教学重难点	重点：感悟课文内容，有感情地朗读课文。 难点：树立保护小动物，珍惜生命的意识。
教学准备	学生：认真预习课文。 老师：收集资料，制作课件。

第一课时

学生学习活动	教师教学活动
一、观看情景动画，齐读并理解课题 1. 观看情景动画。 2. 理解课题中的“浅水洼”一词，齐读课题。	一、情境导入，激发兴趣 1. 导入：小朋友们，当清晨的第一缕阳光照到大海的时候，小鱼们在做什么呢？（出示课件：大海里鱼儿游动的美景） 2. 理解“浅水洼” 如果有一条小鱼不小心困在浅水洼里你会怎么办？（学生自由说）如果有一百条、一千条或更多的小鱼，你又会怎么办呢？ 3. 今天我们来学习 28 课——《浅水洼里的小鱼》，看看课文中的小男孩是怎样做的呢？（补充课题，齐读课题）
二、交流汇报预习情况，初步感知课文内容。 1. 根据预习，自由交流文中需要注意的字音和词语。 2. 多种方式巩固读词语。 3. 交流预习中自己读懂的内容和还想弄明白的问题。	二、交流汇报，初步感知 1. 学生根据预习，自由提醒文中需要注意的字音和词语。 2. 屏幕出示词语，多种方式巩固读。（自由读——开火车读——齐读） 3. 学生自由交流：从这篇课文中我读懂了什么？ 你还想知道什么？

三、细品课文，感悟课文内容 预设学习方式： 1. 学习第一自然段 自由读，体会小鱼的可怜 2. 深入学习 2—6 自然段，抓重点句，感悟小男孩对生命的在乎。 A. 先按学习要求独立学习： （1）读 2—6 自然段，用“——”画句子，自己读一读所画句子。 （2）同桌之间交流。 B. 交流展示 （1）说说描写小男孩动作的句子。 （2）多种形式进行朗读训练。 （3）汇报所画描写小男孩语言的句子，有感情地朗读。 3. 夸夸小男孩。 4. 观看画面，想象重回大海的小鱼会对小男孩说些什么。	三、深入学文、感悟真情 （一）自由读第一自然段，体会小鱼的可怜 （二）深入学习 2—6 自然段，抓重点句，感悟小男孩对生命的在乎。 1. 出示学习要求。 认真读课文 2—6 自然段，看看小男孩是怎么做的？哪些地方最让你感动，用“——”画出来，用心读给同桌听一听。 2. 按要求自学 3. 汇报交流 （1）出示句子一 “他走得很慢，不停地在每个水洼前弯下腰去，捡起里面的小鱼，用力地把他们扔回大海。” A. 用“△”标出表示动作的词（走、弯、捡、扔）多读几遍 B. 指导读好动词、句子（特别是“用力、扔”） （2）出示句子二 他不停地捡鱼扔鱼，不停地念叨着：“这条在乎，这条也在乎！还有这一条、这一条、这一条……” 指导朗读。 4. 你觉得小男孩是怎样的一个人？请你夸夸他。 5.（出示海底世界画面）小鱼重新回到了大海，会对小男孩说些什么？
四、拓展延伸，感悟品质 1. 说说看到小动物受伤自己会怎么做？ 2. 听老师朗读小诗。 3. 课外完成作业	四、拓展延伸，情感升华 1. 你看到小动物受伤，你在乎吗？（屏幕出示句式） A. 一只小鸟受了伤，落在窗台上，我会__________。 B. 一只野兔受了伤，躺在大树旁，我会__________。 2. 老师小结。 3. 播放音乐：教师饱含感情朗读诗歌。 4. 作业布置，课后链接 把这个故事讲给你的弟弟妹妹或邻居小朋友听，让爱心传递！ 板书设计： 小男孩 28. 浅水洼里的小鱼　　在乎　　珍惜生命 大海

21 世纪以来，伴随教学资源的有效整合和优化配置，武定县在小学教学管理模式和教学科研方法上不断进行探索和创新，在教学资源布局调整的过程中，搞好校园基础设施建设，首先，在“撤点并校”的改革进程中，坚持“先建设后撤并”的原则，从具体实践上来讲，就

是先完善好集中办学校点的基础设施建设，完善相应的教学设施及设备，特别强调因地制宜和实事求是，遵循循序渐进的客观规律，避免撤并条件暂时不成熟的民族贫困地区产生新的辍学现象；其次，针对少数民族贫困山区集中办学寄宿制校点的管理工作，武定县教育管理机构鼓励各个民族聚居乡（镇）的中心或教学点，根据少数民族学生的风俗习惯、民族风尚，围绕寄宿学生的“吃、住、行、学、乐”制定相应的规章制度和管理办法，以保障所集中生源的稳定性，力图消减因交通条件恶劣、家庭经济条件困难、文化、心理障碍等因素给少数民族学生带来的困扰。到“十二五”期末的2015年，全县的小学教育教学资源得到了有效盘活，布局结构也得到了相应的优化。截至2015年，武定县现有义务教育阶段小学122所，其中学校数76所（完全小学26所）、教学点46个、一师一校3个；涉及初中教育学校13所（含初级中学11所、九年一贯制1所、完中初中部1所）。义务教育阶段在校生29029人，其中小学19374人、初中9655人。① “十二五”期末，武定县的义务教育尤其是小学校点布局得到了合理规划和调整，中小学校舍“改薄”工程有效实施，学校标准化和信息化建设工程也取得了较大发展，办学条件明显改善，教育质量有较大提升，在落实教育惠民政策、巩固提高“两基”成果、推进义务教育均衡发展等方面都取得了较好的成绩。需要指出的是，进入21世纪，随着计划生育政策的深入和城镇化速度的加快，农村义务教育适龄人口减少。在这样的背景下，武定县在校学生人数呈现逐年增加的趋势，从一个侧面说明21世纪以来，武定县的小学基础教育教学质量得到了提高。

进入21世纪以来，武定县顺应国家教育体制改革要求，大力开展小学教学资源布局调整，探索出了一些符合地方特色和少数民族教育发展需求的本土化路径，也契合国家和云南省新型城镇化的战略需求。然而，彝族等少数民族聚居的山区、半山区学校/校点的寄宿制、半寄宿制教育存在的问题也逐渐凸显出来。

第一，文化、心理区隔及民族语言传统继替的断层问题。武定县以彝族为主的23个少数民族居住格局通常呈现沿山地垂直分层的立体分布格局，例如苗族通常居住在高寒山区，彝族、哈尼族、傈僳族等居住在半山

---

① 《武定县教育局关于民族教育发展情况报告——2015年民族教育专题教育材料》（2016年7月2日），内部资料。

区，傣族居住在金山江边的平坝地区，回族则通常和汉族一起分布在交通枢纽的集镇中心地区。这样的立体分布伴随着局部散杂居，构成武定县各民族的多元分布格局，彝族、苗族等少数民族依然处于聚居状态，共同语言、文化、心理、地域特征相对比较明显，集中办学的寄宿/半寄宿制意味着大多数尚未完全习得或基本不掌握汉语语言能力的少数民族儿童过早地离开父母，进入一个完全陌生的以汉语语境、文化为主的集体环境中，在时间与空间上与家庭及固有民族文化环境长期区隔，这些显性问题造成一些儿童因为交流障碍，学习困难等存在小群体内封闭、厌学、心理障碍等问题，所产生的隐性问题在于民族文化传统的传承出现了断层。彝族文化传统教育多以父母长辈的言传身教为主，子女多以代际之间的口耳相传、日常生产生活实践等途径习得知识，集中办学的寄宿/半寄宿制教学模式使少年儿童早早脱离了家庭传统文化教育圈，从而使得民族语言文化的传承与继替出现断层现象。

第二，安全隐患问题。由于师资不足、生源流动、校点撤并等原因，部分山区少数民族聚居地区的孩子不能就近入学。有的一个乡镇才设 1 所完小，村完小只办到三、四年级，多数乡镇的五、六年级学生都集中到乡镇中心完小。虽然实行“两免一补”，但学生上学难（交通不便）、上学累（离家较远）、上学贵（交通等费用高）等现象依然存在。集中办学意味着绝大多数边远山区的少数民族孩子也包括部分农村的汉族孩子，从家到学校的路线延长了，由于武定县乡（镇）到行政村、村民小组的交通基础设施建设依旧十分薄弱，延伸到最基层的农村客运也缺位，寄宿制学生靠步行、乘坐载货车、三轮车、拖拉机、微型面包车甚至报废车往返的现象比较普遍，交通安全隐患十分巨大。

第三，寄宿制、半寄宿制学校/校点的管理问题。武定县自小学教学资源布局整合之后，80%以上的中小学都变成了寄宿/半寄宿制学校①，这给各个中心校和教学点带来了巨大的管理压力，这些教学机构要承担小学生吃、住、行、玩的全部管理工作，小学阶段的少年儿童在家长监护缺位的情况下，又存在自我管理能力相对较弱的问题，学生的生活、学习、时间管理、安全、健康、心理等一系列问题成为各个中心校和教学点面临的新的重大课题。

---

① 《武定县人民政府关于〈武定县中小学布局规划调整情况〉的报告》（2014 年 6 月 23 日），内部资料。

第四，少数民族山区农村适龄留守儿童逐年增多带来的新问题。21世纪以来，随着城镇化进程的继续推进，武定县少数民族山区劳务输出的现象越来越普遍，据不完全统计，2013年，全县有农村留守儿童6300人，这些孩子的小学教育问题比普通寄宿/半寄宿制小学生的情况更加复杂。由于许多学生的家长长年外出打工，对留守儿童的关爱和监管不到位，加之受打工经济和就业形势和新的“读书无用论”等影响，学生巩固难，特别是初中学生每年的辍学率在3%左右。控辍保学仍然是地方政府和学校工作的重要方面。

第五，民族教育专项资金不足问题。武定县贫困面积较大，贫困程度较深，山区学校多、民族生比例大（截至2015年义务教育阶段占62.37%），民族教育投入缺口较大。随着“两免一补”政策的实施，民族教育专项资金对基层学校的投入有所减弱，义务教育阶段民族学校（民族班）学生与普通学校（普通班）的学生获得各项补贴基本一致，缺乏针对少数民族贫困学生群体的专项优惠和照顾政策。

（三）中学教育现状及相应问题

武定县少数民族中学生的中学教学任务首先是由第一中学通过开办民族班的形式来承担的。武定一中分别从1981年和1982年起开始招收首个高中和首个初中新生民族班，到2002年，一中的民族班（1988年改为民族部），已经具有了相对稳定的规模，有一个初中班和6个高中班，在校少数民族学生286人。2004年9月开始，武定一中的初、高中民族班（民族部）并入当时新建成的民族实验学校中。

进入21世纪，随着城镇化进程在中国县域基层的快速推进，加之“普六”目标的实现，城乡办学条件逐渐缩小，各地区办学资源的利用率开始变得不充分，为提高办学效益，2001年9月起，武定县将民族小学①五年级两个教学班的办学名额改为招收两个初中班，加挂“武定县民族实验学校”的牌子。2004年，为进一步壮大民族实验学校的规模，提高教学水平，原设在武定县高桥镇的第二中学迁至县城，与民族实验学校合并。出于彝族等少数民族专门化教育的需求，2005年，武定民族中学正式建立，它由民族实验学校、近城中学、武定第二中学3校撤并重组，是

① 武定县民族小学创办于1981年，原校址在武定县发窝乡，1986年迁到武定县城南郊1.5千米处的鲍家村征地新建校址。民族小学面向全县民族地区招收五年级少数民族学生，为中学输送优秀生源。学校自1981年开办到1990年间，共毕业小学生19个班919人。

一所主要面向全县少数民族小学毕业生（当然也包括普通小学毕业生）的完全中学。民族中学占地82.1亩，校舍建筑面积12022平方米。[①] 教学资源的充分整合保证了少数民族中学教育的质量与效率，发展到“十五”规划期末的2005年，武定县的民族教育也进入了新的发展阶段。

如表6-7所示，“十五”规划期末，武定县的民族教育机构规模上有了较大发展，初高中民族教学机构数量上的增加，保障了少数民族生源的基本入学率，但少数民族实际在校生人数和普通初高中在校生人数相比，所占比例仍然偏低，尤其是高中少数民族生源的在读率和高考升学率都有待提高。

表6-7　　2005年云南省武定县民族中学的教学发展状况

	全校	高中部	民族初中部	普通初中部
班级数（个）	46	12	6	28
在校学生（人）	2330	600	330	1400

资料来源：武定县地方志编纂委员会编：《武定县志（1978—2005）》，云南人民出版社2012年版，第488页。

到“十一五”规划期末的2011年，武定县民族中学共有255人参加高考，上线人数为244人，其中本科上线28人，专科上线216人，上线率达95.7%。[②] 应该说经过五年的发展，“十一五”期末，武定县民族教育的成果有了显著提高，少数民族考生高考上线率较高，但是上线层次还有待提高，民族高中教育教学质量亟待加强，应进一步为少数民族考生创造高水平、高质量的学习环境和教育条件，提高民族考生的大学本科上线率。

截至“十二五”期末的2015年，武定县进一步整合和优化了民族中学教育资源，从全县民族生中择优录取民族初中两个班共计100人、民族高中一个班共计50人。[③] 对少数民族学生采取定点对人的跟踪培养模式，充分利用“两免一补”资金和国家其他少数民族教育政策，灵活利用助

① 武定县地方志编纂委员会编：《武定县志（1978—2005）》，云南人民出版社2012年版，第488页。

② 中共武定县委党史研究室编：《武定县委年鉴》（2011），云南国活印刷有限公司，2012年。

③ 武定县教育局：《办好民族教育，促进和谐发展——武定县教育局2015年民族团结教育工作总结》，2016年7月2日。

学贷款、民族助学金等项目资金，根据民族生实际困难情况，有针对性地展开贫困民族生扶持工作，帮助贫困少数民族学生顺利完成初中和高中学业，在“十二五”期内完全杜绝了少数民族学生因贫困辍学的现象。值得注意的是，在国家精准扶贫重大方略稳步推进的背景下，社会和企事业单位的教育结对帮扶资源也开始进入武定县。2013 年 1 月，云南省安利七彩小屋授牌仪式暨楚雄州关爱行动项目专员上岗仪式在武定县第一中学举行，该机构由研究生支教团成员负责维护运营。“七彩小屋”于当年在武定一中正式落户，在县城及周边就读的各族学生，特别是农村孩子、留守学生的大量课余生活得到了充实和丰富。“七彩小屋”的研究生支教团成员们为这些学生义务提供课业辅导、亲情陪伴、文体比赛、英语角活动等志愿服务，这些企业、高校和当地中学多方合作的结语结对帮扶公益型项目，一是丰富了学生们的课余生活；二是促进了学生的身心健康；三是在一定程度上消解了留守学生群体中存在的性格和家庭教育缺失隐患。

21 世纪以来的前几个五年规划中，武定县彝族等少数民族学生接受完全中学教育的数量呈稳步增长趋势，质量也在逐年提高，民族中学教育“瓶颈”得到了有效的突破。当然，由于武定县山区面积广大，贫困程度较深，少数民族人口比例较大，经济发展基础相对薄弱，同时各少数民族之间的内在发展差异巨大，武定县的民族中学教育还存在着许多问题，就民族贫困生专项补助经费而言，结束了“九年义务教育”考上高中就读民族中学且来自偏远山区贫困家庭的部分少数民族学生，各种学杂费、生活费用主要依赖民族贫困生补助，但这些专项补助经费往往难以落实；在“九年义务教育”范围内的少数民族初中、小学贫困生，在“两免一补”政策实施后，获得的专项补助相应较少，中小学民族班的贫困生获得的生活补助跟普通班学生没有更多的区别。此外，能够适应新时代民族中学教育工作的师资配备问题也逐渐凸显。同时，边远山区少数民族中学生就学困难问题也同样存在，大规模的校点撤并，少数民族中学生上学远、上学难，交通安全隐患问题突出，高中民族生读书成本增加、中心学校生源难以巩固的问题也是武定民族中学教育所面临的难解之题。

（四）民族团结教育活动开展情况及面临的问题

我国从 20 世纪 90 年代（1994 年）开始在部分试点省市的中小学开展民族团结教育活动。1999 年 2 月 13 日，国家教育部办公厅、国家民委办公厅联合印发《关于在全国中小学开展民族团结教育活动的通知》，通知中的“组织实施”条款中规定，1994年试点和1999年新增试点的省区外，今年秋季在本地区部分地（州、盟）、市、区、县（旗）的中小学开展民族团结教育活动。全国“其他省、自治区计划从2000年秋季开始开展此项教育活动，如愿意今年（1999年）提前开展的，支持其提前进行试点。由教育部、国家民委负责此项教育活动的宏观指导，各省、自治区、直辖市由教育行政部门牵头，民族宗教工作部门给予积极协助和配合”。通知的发布开启了21世纪全国少数民族聚居区民族团结教育的新篇章。2008年教育部办公厅、国家民委办公厅印发了关于《学校民族团结教育指导纲要（试行）》的通知，全国民族团结教育有了进一步的宏观政策依据。

21世纪以来，武定县结合国家、省、州（市）的相关政策，从少数民族众多的实际出发，在全县范围内组织开展了民族团结教育工作，引导少数民族学生学习本民族文化历史，了解民族传统，以此增强少数民族学生的荣誉感、使命感和民族团结意识。2008年秋季学期开始，云南省政府面向全省免费提供《云南省民族团结教育教材》，供小学五年级学生使用，每本教材的循环使用周期为三年。武定县也于同年制定了《民族团结教育教材循环使用办法》，并按照办法规定严格征订、管理和使用教材。截至2013年末，武定县在学校各教育阶段适用的全国学校民族团结教育教材包括：《中华大家庭》（小学3—4年级适用）、《民族常识》（小学5—6年级适用）、《民族政策常识》（初中1—2年级适用）、《民族理论常识》（高中1—2年级适用），这些基本教材都配备了相应的教师教学用书，同时，武定县教育局还严格按照教材面向不同年级和年龄段学生的实际情况，规定了每种教材每学年的相应课时，并且适时对相关教师开展培训活动。武定县围绕“传承罗婺民族文化，加强民族团结，共建和谐家园”① 的工作中心，以“三个离不开”② 为指导思想，开展民族团结教育，宏观上，在全县中小学开展民族团结教育活动。

21世纪以来，尤其是“十二五”期间，武定县在创建省州级示范学校，推动民族团结教育建设方面成绩斐然。2012年云南省教育厅、省民委印发了《关于开展学校民族团结教育活动有关事项的通知》，根据相关规定，2013年武定县上报的武定一中、民族中学、职业高级中学、白路

---

① 武定县教育局：《武定县民族团结教育工作汇报》，2013年12月12日。

② “三个离不开”：汉族离不开少数民族、少数民族离不开汉族、各民族之间相互离不开。

中学、东坡中学、万德中学、近城小学、插甸小学以及高桥小学9所学校全部挂牌为“省级民族团结教育示范学校”。截至2015年，上述9所示范学校的相关领导及学校校长教师等共15人次参加了省级专题培训。同年4月，武定县发窝中学、猫街中学、九厂小学、田心小学挂牌为楚雄彝族自治州“州级民族团结教育示范学校”。武定县的民族团结教育活动与该县开展创建民族团结示范县活动双管齐下，为武定县民族教育的持续发展，办学条件的改善，教育质量的提升都产生了积极影响，“十二五”期间，武定县民族团结示范学校的高考上线率在同类学校中保持领先地位，为创建民族团结示范县提供了智力支持和人才保障。

典型个案①：武定县万德乡民族团结教育和民族传统文化教育的案例。万德乡位于武定县城北部，地处金沙江畔，乡政府驻地海拔1830米，距武定县城109千米，全乡面积201.51平方千米，东接发窝乡，南邻东坡乡，北连己衣乡，西与四川会理隔江相望，境内基础设施相对脆弱。截至2011年，万德乡辖8个村民委员会149个村民小组。年末总人口16075人。全乡共有11个民族，少数民族人口8348人，占53.8%。万德乡民族文化底蕴丰富。就学校教育情况而言，根据时任万德乡中心小学校长的杨宽胤介绍，万德乡境内各个行政村的小学校点比较多，2005年“撤点并校”之前，万德乡8个村委会（行政村）共计26所小学，“一师一校”的问题十分突出，并校之后，大多数村民小组设1—2年级的校点撤销了，乡中心小学90%以上的学生都是寄宿生。2014年的在校生中，彝族占在校生总数的20%，汉族占60%，其余分别是苗族、傈僳族和其他部分少数民族。在万德乡中心小学的少数民族学生中，彝族学生的适应能力相对较强。民族团结教育的效果在苗族学生群体中比较明显，2014年，该中心小学有苗族在校学生58人。21世纪以来，在武定县全面推进民族团结教育政策之前，在万德乡这样少数民族聚居的乡（镇）中心小学，像苗族等少数民族的适龄儿童、少年中途辍学流失现象还是不少，根据万德乡中心小学校长的介绍，21世纪以来，随着农村经济生活水平的逐渐提高，以及国家义务教育和各种针对贫困地区少数民族学生的补贴、补助和学费减免政策的相继实施，家庭贫困问题已经不是造成这些少数

① 本段论述根据2014年7月1日在定县万德乡中心小学开展访谈获得的田野资料整理得出。

民族学生中途辍学流失现象的主要原因。少数民族中的一些传统习俗和文化因素才是学龄少年儿童流失的主要原因。例如，万德乡团碑村委会是一个苗族村，这里的苗族女孩子至今还存在早恋早婚的现象，2014 年以前，很多当地的苗族女孩子从学校毕业或是读到小学高年级就自动退学回家结婚了，同时，万德中心小学的苗族学生有一个普遍的状态就是经常封闭在苗族小群体中，他们除了上课和老师同学讲汉语，其余时间都是和自己民族的同伴在一起，形成一个讲苗语具有心理防御系统的小群体，不太与其他民族的同学建立交流关系。另外，学校通过对这些苗族学生的长期观察与深入关心，发现苗族女孩普遍能歌善舞，在文艺方面有特殊禀赋。为了解决苗族学生中存在的这一问题，万德乡中心小学的老师们想了很多办法，以鼓励他们发挥特长，坚持在校接受教育，拓展交流空间。随着民族团结教育项目在各乡（镇）学校中的广泛实施，也为万德中心小学提供了解决相应问题的契机，根据民族团结教育相应政策的支撑和经费支持，万德乡中心小学因势利导，于 2014 年年初成立了“阿毛”合唱队，这是一个主要由苗族在校学生组成的合唱队，学校鼓励绝大部分苗族学生参加了合唱队，合唱队每周三的晚上开展学习、培训活动，排练的时候，各民族同学身着本民族服装，学习唱歌、跳舞的基本技能，遇上重要的节庆日还会代表学校参加演出，参加合唱队的苗族小女孩们几乎每个人都有特殊的音乐才能，而且在表演过程中不会怯场，非常大方，通过参加合唱队，苗族学生普遍变得活泼、合群了许多。这种因势利导的独创性民族团结教育，针对苗族学生流失问题得到了较好的解决，据万德中心小学校长杨宽胤介绍，2014 年之前学校流失的 10 个苗族学生现已全部返校，截至 2014 春季学年，学校没有一例在读学生流失。

武定县充分结合当地少数民族学生的实际分布情况、少数民族生源教育的特殊需求，在充分履行国家相关民族教育规章制度的前提下，在具体的教育实践中，结合地方实际，因地制宜地创新了一套行之有效的民族团结教育模式和方法。

第一，民族团结教育、乡土教材资源进校园。武定县各类民族学校在民族团结教育进教材的同时，也注重发掘民族文化资源板块，对少数民族民间传统文化的相关资料进行系统性的收集、整理工作，并积极向有关部

门报送相关资料文献。（详见表 6-8）

表 6-8　　武定县 2014 年民族文化资源库建设项目

序号	报送学校名称	资料名称	具体内容
1	武定县幼儿园	彝族服饰、工艺制品照片	彝族服饰、绣花鞋垫
2	武定县幼儿园	节日、习俗照片	舞狮、斗牛等节庆习俗活动
3	武定县幼儿园	幼儿学习、创作武定本土资源活动照片	幼儿学习、创作武定本土资源活动照片
4	武定县香水中学	表现彝族学生才艺的图片	彝族学生才艺图片集
5	武定县香水中学	表现彝族丰收的图片	彝族收获图片集
6	环州小学	环州中心小学学校大门	环州中心小学大门雕梁画栋，左右对称，显得雄伟、古朴，代表了民国时期学校的建筑风格。
7	万德小学	酷爱音乐的苗族人民	师生文艺表演
8	猫街小学	彝族服饰	衣服、鞋子、帽子、背包
9	万德中学	万德地方民族建筑景观	万德观音寺、万德中学钟亭
10	武定民族中学	民中民族文化资源图片	民族教育
11	武定民族中学	民中民族文化资源图片	民族歌舞
12	武定民族中学	民中民族文化资源图片	民族学生（服饰）
合计	7 校	12 项	

资料来源：武定县教育局：《武定县 2014 年民族文化资源库建设项目资料报送清单》（2014 年 11 月 25 日）。

在日常教育活动中，保证民族团结教育进教材、进课堂、进师生的头脑，覆盖所有的中小学，结合实际、回应历史、展望未来，让少数民族学生活学活用。以一个典型案例来说明：万德中学民族团结教育教案节选。

民族团结教育教案①

万德中学　付佐明

教学目标

认知：1. 知道中国革命的胜利和祖国的兴旺发达离不开各民族

① 教案资料来源：根据课题组 2014 年 7 月 1 日在定县万德乡中学开展访田野所获资料整理得出。

的团结；2. 懂得在社会主义中国各民族之间应当互相尊重、平等相待、和睦相处。情感：愿意和其他民族的人们友好交往，对破坏民族团结的言论和行为感到气愤。

行为：1. 能做到和不同民族的人们友好相处，不说不利于民族团结的话，不做有损民族团结的事；2. 在与其他民族相处时能自觉尊重其他民族的风俗习惯。

教材分析

本课是根据课程标准第五单元有关教学内容和要求设置的。对青少年进行民族间互相尊重、平等相待、和睦相处的教育很有必要。1. 民族团结的意义。2. 各民族间要互相尊重、平等相待、和睦相处。

教学过程

一、听民族音乐，观察各民族照片，导入新课

1. 播放民族歌曲联唱：《延边人民热爱毛主席》（朝鲜族）《解放区的天是明朗的天》（汉族）《草原上升起不落的太阳》（蒙古族）《新疆好》（维吾尔族）；2. 出示各民族照片：56 个民族合影；3. 师：不同的民族虽然在服饰、语言、生活习惯等方面有所不同，但都是中华民族的一员，是一家人。千百年来，各族人民团结友爱，共同建设着祖国，共同创造了祖国的灿烂文化。

二、学习课文、领悟道理

1. 师：民族的团结和睦是祖国兴旺发达的重要条件，中国的历史就是各民族团结互助、共同进步的历史。听配乐录音故事：文成公主进藏。民族之间只有团结友爱、互帮互助，才能促进祖国的兴旺发达和进步

讨论：(1) 唐朝皇帝为什么把文成公主嫁到西藏？(2) 为了促进藏族与中原的交流和发展，文成公主做了些什么？(3) 西藏人民为什么要供奉松赞干布和文成公主的塑像？

2. 师：在中国的革命战争年代，民族团结起了非常重要的作用。

(1) 小组讨论：为什么刘伯承将军要和小叶丹结拜为兄弟？(2) 如果不这样做，可能会有什么后果？师：红军的诚意和尊重，赢得了彝族人民的信任，也使革命得以顺利进行下去。(3) 在战争年代，民族团结是革命取得胜利的重要条件。那么，在社会主义现代化建设时期，我们还需要民族团结吗？

小结：在社会主义建设时期，各族人民只有加强团结，互相帮助，共同促进，才能保证社会主义建设的顺利进行。

三、观看录像，加深认识电影《孔繁森》片段

小结：孔繁森、打井团长等英雄模范，舍小家为大家，几十年如一日，为了祖国建设，促进边疆发展，帮助边疆人民，贡献出了毕生精力。汉族也好，少数民族也好，都是中华儿女，都是一家人。只有互相尊重、平等相待、和睦相处，才能共建美丽的家园，才有利于祖国社会主义建设的顺利进行。

四、归纳总结，提出要求

1. 学了“民族团结一家亲”这课书，你懂得了什么？

2. 中队委员在《娃哈哈》旋律声中提出倡议：6 月 1 日就要到了，让我们给云南少数民族的小伙伴写一封信，交流学习生活情况，互通信息，为促进民族大团结尽一份力。

3. 课后活动：搜集少数民族为祖国做贡献的事例

2013 年 5 月

第二，在艺术教育实验县建设中弘扬地方少数民族优秀传统文化。云南省在“十一五”规划期间遴选了武定、石林、沧源、弥渡、腾冲、玉龙等 15 个县作为第一批艺术教育实验县，开展艺术教育进校园试点活动。旨在挖掘整理乡土文化，推动民族民间艺术资源进校园、进课堂，在培养民族人才，丰富民族地区各族学生校园文化生活的同时，传承和发展民族民间文化。武定县作为第一批艺术教育实验试点县之一，在民族教学实践中，充分挖掘利用民族民间舞蹈、歌曲、民族民间艺术文化资源，正在致力于打造全县中小学“一校一品”的特色艺术教育布局。目前已收集整理“武定酒歌”“武定山歌”“彝族刺绣”等民间文化资源，编写出版了乡土艺术教材。武定县的近城小学、民族中学、猫街中小学、白路中小学、发窝中小学等在民族团结教育活动方面发挥了弘扬优秀传统民族文化的特色，对学生巩固和民族地区的和谐发展发挥了积极作用。截至 2015 年，武定县已成功举办了三届县级中小学生艺术节活动，通过在中小学尤其是民族中小学课堂中传承独具武定地方特色的民族民间艺术文化，培养艺术实用型人才，面向云南省内外艺术院校输送了数批少数民族艺术生源。

第三，民族教育中特别注重少数民族人才的教育和培养工作。“十二五”期间武定县幼儿学前和小学在校生人数年均约 4 万人，其中少数民族学生占学生总人数的 61.16%左右，少数民族在校生比例超过少数民族在全县人口中的比例。各类民族学校的管理逐渐规范化，少数民族学生人才的培养也取得较理想的成绩。武定县近年来在少数民族学生培养方面突出了一些重点，首先是加强了各民族学校的基础设施建设，尤其是寄宿制中小学的校舍硬件设施建设；其次是积极改善民族学校的办学条件，幼儿园和小学的大班额问题得到有效缓解，同时恢复了彝族聚居区己衣中学的办学工作，并在“十二五”期间开工新建思源实验学校；再次是着重提升民族中学教育质量，承接历史创办的民族班，继续加强民族学生的专门化、跟踪式的教育。结合民族学生的困难实际，对确实贫困的少数民族高中生进行奖助学金帮扶，同时注重对成绩优良或有音乐舞蹈体育特长的民族学生的鼓励和引导，通过政策和资金支持助力这些民族学生进入大学或高等专科学校继续学习。

第四，开展形式多样的民族政策、民族文化教育宣传活动。武定县结合地方实际，充分利用板报和广播电视媒体以及现代新媒介，在各民族学生群体中开展民族政策及民族团结教育宣传活动。2015 年，在全县中小学校园开展《国务院关于加快发展民族教育的决定》《楚雄彝族自治州民族教育条例》《云南省民族教育促进条例》和新的《楚雄彝族自治州民族教育条例》宣传活动，并发放楚雄彝族自治州民族教育条例读本 752 份。持续加强马克思主义民族宗教观、“三个离不开”“四个维护”和意识形态领域反分裂斗争的校园教育，在地方报刊、电视和网络等媒体上广泛宣传其先进事迹，营造良好的舆论氛围。同时结合国家法定节假日以及民族自治地方重要民族节庆时间，开展形式丰富的民族团结教育宣传活动，例如在元旦、春节、六一、国庆等节日期间在各中小学校园开展民族传统文体活动及读书演讲活动，利用武定当地各少数民族的传统节日，如彝族火把节、苗族花山节、傣族泼水节等重要节庆活动期间，进行民族团结教育宣传活动。

21 世纪以来，武定彝族地区民族团结教育实践取得了较大的成绩，但也存在很多问题。因为武定县的多山区、多民族、贫困程度较深的现实问题，导致该县民族教育呈现点多面广、基础薄弱的特征。民族教育工作中首先面临的是专项补助资金缺乏（义务教育实行“两免一补”后基本上没有针对贫困少数民族高中学生的专项补助）、投入不足、发展不平衡、发展缓慢等问题；其次是部分学校尤其是贫困少数民族聚居的山区学校，仍然存在精细化管理落实不到位、管理不规范、师资力量薄弱、教育质量不高等问题；再次是学校民族团结教育形式和内容单一、固化的问题，学校的主要任务依然是现代文化知识教育，对于少数民族优秀传统文化、民族团结相关知识内容仅是学校教育的补充部分，因受种种现实条件限制，民族团结教育往往局限于讲座、简单的图文宣传、报告等形式，且学生的参与面不够广泛。

（五）“民—汉”双语教学开展情况及存在的问题

少数民族“民—汉”双语教学工作成果显著。早在中华人民共和国成立之初1949年9月通过的《中国人民政治协商会议共同纲领》就明确规定：“各民族都有使用和发展自己的语言文字的自由。”足见国家对少数民族语言文字的重视。20世纪70年代后期，在国家宏观政策的引导下，少数民族地区双语教育开始走上了复兴之路，20世纪80年代以后，随着一系列相关政策法规的相继实施，双语教学开始蓬勃发展起来。我国《义务教育法》明确规定：“在以招收少数民族学生为主的学校或班级，可以用本民族通用的语言文字教学。”云南是中国少数民族最多的省份，人口达5000人以上的世居少数民族共有25个，其中有16个跨境民族。除了回族通用汉语外，其余23个民族使用着27种语言。多民族构成了与此相应的多语种，25个少数民族，除回族、满族、水族使用汉语外，其余22个少数民族操26种少数民族语言。从语言上来看，云南25个少数民族的语言分别属汉藏语系、南亚语系，共有52种新老文字①。作为少数民族语言文化富矿区的云南，保护民族语言文字的传承也是民族团结教育工作的重要内容之一，自20世纪80年代以来，云南省就开始了规范的双语双文教育实验，1992年，在云南省第七届人民代表大会常务委员会第二十六次会议批准的前提下，楚雄彝族自治州人大常委会颁布了《楚雄彝族自治州民族教育条例》，条例规定“在不通晓汉语的少数民族聚居地区，可实行双语教学。有通用、规范民族文字的少数民族聚居地区，在学校教学和扫盲工作中，根据民族意愿和条件，可运用民族文字。在通晓

① 朱虹、袁长林：《云南少数民族双语教育政策的发展历程》，《西南教育论丛》2011年第2期。

汉语的少数民族聚居地区，用汉语教学。民族学校、民族班、民族部、少数民族聚居地区的中小学，应当积极推广、使用全国通用的普通话和规范文字。”

21世纪以来，国家和各少数民族聚居的省州市加快了少数民族语言文字保护和传承发展工作的力度，2011年云南省颁布的《云南省少数民族教育条例》第十七条规定：“学前教育到小学二年级的少数民族学校授课用语主要分为以下几种类型：对有文字的民族，鼓励学前阶段以国家认定的少数民族语言文字授课，学好民族语文，提高汉语会话能力；小学三年级前以民汉双语授课为主，加授少数民族语言文字；小学三年级后提倡以汉语言文字授课为主，开设少数民族语文校本课程。”武定县的“民汉双语”教学实践主要在境内的彝族聚居区开展，陆续在发窝、石腊它、白路、环州、东坡等边远山区的9所小学开展汉语和少数民族语相结合的“双语”教学，从2013秋季学年开始已经在部分试点学校的学前班、三年级、六年级发放了彝族文字配套教材，武定县彝族地区的“彝汉”双语教学实验工作以传承民族文化为目标，为培养符合新时代要求的新型少数民族人才奠定了一定的基础。以万德乡中心小学为例，该校2014年在校学生中有40%为少数民族，其中彝族学生又占了全部少数民族学生总数的20%，“彝汉”双语教学实验是该校民族团结教育的主要内容之一，据学校主要负责人的陈述，在学前教育阶段还不会或者不能流利使用汉语交流的彝族学生，在经过小学阶段前三年的“彝汉”双语教学模式培养之后，使用汉语学习、交流和表达基本都不会有太大的问题，学生们对彝文教材也表现出极大的兴趣，通过这些教材，可以进一步了解到本民族的优秀文化传统。“十二五”期末的2015年，武定县继续在发窝、石腊它、白路、环州、东坡等9所小学开展汉语和少数民族语相结合的“双语”教学，从2015秋季学年开始在部分学前班、三年级、六年级发放少数民族文字（彝文）配套教材，继2013年之后继续在全县少数民族集中聚居的地区深入推进“双语”教学实验工作，旨在为传承民族文化、培养民族人才奠定基础，并取得了一定成效，例如发窝乡的花园小学自2013年起开设双语教学试点，到了2015学年末，该校的103名在校生全部属于少数民族，其中彝族有50人，“彝汉”双语、双文字教学工作在该试点区取得了较好成绩。双语教学首先有利于少数民族地区民族生源的巩固，来自深山地区的民族学生在接受幼儿园、学前教育之前，首先是在相对封闭的山区家庭环境中接受家庭传统教育，语言环境基本为本民族语言，刚进入学校时面对讲标准普通话的老师和讲其他民族语言的同学，会因交流障碍产生畏难情绪从而发生厌学辍学现象，因此，双语教学在幼儿、学前教育阶段起到了促进少数民族学龄儿童心理过渡、语言环境转换的作用；其次双语教学有利于立足武定县少数民族地方实际，既尊重了少数民族的风俗习惯和民族语言特点，又实现了少数民族学生与汉文化知识的顺利承接；再次，实行双语教学有助于教师与学生，学生与学生，教师与家长的沟通，从而使教师讲授的内容和知识更便于学生接受。总之，在民族地区幼儿、学前教育阶段实施双语教学政策，最终目的是保障少数民族学生可以“进得来，留得住，学得好”，从而获得平等的义务教育机会。

在双语/双文（指有本民族传统文字的少数民族文字）教学的具体实践过程中，武定县主要采取了以下形式：第一，抽调和选派责任心强、业务熟悉、懂得当地少数民族语言和风俗习惯的教师到对应的少数民族聚居地区任教。同时在教育政策法规允许的范围内，为这些民族教师提供相应的生活上和工作上的便利以及适当的费用补贴，使他们安心从教、乐于从教。第二，积极改善民族聚居区各级各类学校的办学条件。向各级党委和省州教育主管部门、社会公益组织等多方争取专项资金，并向县内各少数民族聚居校区倾斜，增加双语教学必要的软硬件设施，改善教师待遇和民族地区双语教学条件。第三，通过实行双语教学，根据县内各个少数民族实际需求，定向培养一批少数民族优秀人才，再通过一系列政策鼓励和引导这些人才回到家乡，为当地的民族教育事业、双语/双文教育事业做出贡献，既能保障科技知识在民族地区得到有效普及，又有助于当地民族群众思想观念得到及时更新，以少数民族人才队伍建设和人才有效利用相结合的模式，提高当地各族群众的整体素质。

具体而言，武定县的“民汉”双语/双文教育存在几个方面的问题：一是师资力量不足问题。因为教师待遇问题、人才断层问题、教学条件限制等原因，武定县双语教师数量与民族校区实际需求不对称的问题比较明显，除试点的几个学校外，其他学校因缺乏合适的双语教师而不能正常实现双语教学。此外，很多双语教师没接受过正规的培训，多数是会讲本民族语言的一些老教师，老教师对现代知识的接受和储备存在一定程度的存量缺陷。二是双语教学经费投入不足问题。武定县比较重视在少数民族聚居区开展双语教学，但是由于自上而下的专项资金投入不足，以及地方财政资金配套能力不强，加之筹措相应资金的渠道有限，导致试点学校缺乏足够专项资金的持续支持，从而影响了双语教学的质量和教学条件。三是具体实践中开展双语教学的对象界定不明确，教材体系不完善。双语教学在少数民族聚居地学校的一年级学生中开展为宜，从二年级后就不宜再提倡（双语双文除外），这样才有利于少数民族学生在之后的学习过程中顺利接受汉语汉字知识。教材方面目前武定县只配套了彝族文字教材，因为该县境内的其他少数民族基本没有本民族传统文字，即便部分民族有近现代创立的拉丁语系统文字，但也无法有效推广，这就导致了在所有少数民族双文教育试点学校内，推行的双文都是“彝汉”双文，即彝族以外的少数民族学生接受的也是“彝汉”双文教育。

当然，少数民族学生进入学校能够较快适应汉语教学的现状，与武定县彝族地区人民群众经济社会的发展和传统文化的现代变迁也密切相关，随着现代科技、信息技术日益深入少数民族群众日常生产生活的方方面面，像彝族这样的少数民族儿童已经不再是绝对封闭地成长在一元的语言文化空间当中，他们大多数在学前阶段就有了充分的接触汉语的语言环境。同时，这样的快速发展与变迁，也使得诸如武定县彝族聚居地区之类的少数民族地区的民族语言文化面临传承的危机，适龄儿童在寄宿/半寄宿的现代乡村教学模式之下，不但失去了很多成长在父母身边接受本民族传统文化的家庭教育的机会，更重要的是他们失去了本民族语言的习得环境。民族语言是少数民族身份识别的重要标志之一，一个民族的语言通常也存在特殊的聚合功能，可以说，与“共同心理素质”这一抽象的界定相比较，语言甚至可以成为一个民族成为该民族的最重要的符号象征。而一种语言的生命力旺盛与否，就具体体现在其代际传承能力的强弱之上，因此，在新的历史发展时期，在少数民族地区大力开展“民汉”双语教学实验和实践，其功能和意义不仅仅在于使少数民族学生向国家主流汉语教学模式过渡，其更深远的意义在于促进少数民族语言（文字）的保护与发展和少数民族优秀传统文化的继替与传承。21 世纪以来，尤其是伴随着经济社会全球化浪潮向中国各层级社会滚滚席卷而来的重大趋势，中国少数民族及其内在文化系统面向的是更加多元和开放的社会文化系统，我国少数民族“民汉”双语教学实践的模式和功能也存在着巨大的探索空间。

第三节　医疗卫生建设事业的发展

一　历史上武定彝族聚居区的医疗卫生状况和传统民族医药

（一）历史上武定彝族聚居区的医疗卫生状况

历史上云南省楚雄彝族自治州境内的彝族，主要分布在占全州面积约70%的哀牢山、百草岭、三台山（习称乌蒙山）及其余脉的山区和半山区乡村。中华人民共和国成立前，《云南全省边民分布图》（1946 年 11 月）对武定县的彝族人口分布有详细记载，“武定县有边民五种，倮倮（当时民国政府对武定彝族的称谓）50100 人，除近城附近外，各乡镇均有，占全县总人口的 55. 41%。”[①] 民国时期，武定彝族等少数民族聚居的高寒山区、半山区，少数民族适龄、适孕、适育妇女多胎生育的现象非常普遍，但是由于经济基础、物质条件等限制，医疗卫生条件极端恶劣，多胎生育并未提高少数民族的人口基数和相应比例，原因在于新生儿的成活率太低，并且生育多胎的少数民族妇女也通常在缺乏现代接生、医疗技术的情况下，面临着巨大的生命、生理健康危机。“只见娘怀胎，不见儿上街”这样凄婉的谚语也在当时武定的少数民族农村地区广为流传，这种情况所导致的比较惨烈的图景在武定县志中有相应描述：“那时，各村都有娃娃坟，村子小的占地 3—5 亩，大的村落占 10—20 亩不等，娃娃坟上尸骨累累，有的埋入地下，有的挂在树梢。”[②] 这些惨不忍睹的景象，在民国时期的武定县比比皆是，数代少数民族妇女在这恶劣的医疗卫生条件中，身心备受摧残，例如，九厂区（今九厂乡）姚铭乡的杨马氏 1949 年以前共育有子女 6 人，全部子女病死 4 人，饿死 2 人，解放后成了孤寡老人，生活全靠生产队提供的“五保”福利，杨马氏到 1975 年病故，终身孤苦。中华人民共和国成立前后的一段时期，武定少数民族中像杨马氏这样的孤苦老人数不胜数，各少数民族聚居的地区包括一些汉族村落，婴幼儿的死亡率一直居高不下，近城镇 1948 年第二、第四季度的人口调查资

① 云南省武定县志编纂委员会编纂：《武定县志》，天津人民出版社 1990 年版，第 108 页。
② 同上。

料显示，该镇半年出生婴儿 11 人，死亡 8 人，自然增长率为 9.7%；而洒普山苗族村 1931—1942 年的儿童存活率仅为 51.1%。新中国成立初期，1953 年的第一次人口普查数据显示，武定县彝族人口 64863 人，占武定县总人口的比例下降到了 28.53%，占楚雄州彝族总人口 302168 人的 23.46%。① 当然，这一时期武定彝族人口比例的下降，与 20 世纪四五十年代少数民族成分的重新识别与划分有一定的关系。总体而言，新中国成立以前的广大少数民族群众，劳动人民在饥寒交迫的过程中，人口的自然增长率始终是偏低缓慢发展的。例如在 1982 年全国第三次人口普查过程中，在对武定县 60—65 岁（即解放前 1940 年前后出生的妇女）年龄段妇女所生的 16031 个子女的存活率进行的统计很好地说明了这种状况。（详见表 6-9）

表 6-9 1982 年武定县"60—65 岁年龄段"妇女生育子女及子女成活情况

类型	总人数（人）	生育的子女总数（人）	所生育子女的成活人数（人）	成活率（%）
60—65 岁全部已生育妇女	—	16031	8722	54.4
60—65 岁生育十胎及以上的妇女	277	—	—	1.66

资料来源：云南省武定县志编纂委员会编纂：《武定县志》，天津人民出版社 1990 年版，第 108 页。表中缺失部分的数据是由于史料中该年份的数据统计不全所致。

20 世纪 50 年代以前，武定彝族聚居区的医疗卫生整体状况比较差，历史上长期存在"居无厕所、院内积肥、人畜共处、饮水不洁等问题，以及蚊蝇滋扰、疾病多发、缺医少药的现象"②。到 1949 年，武定全县仅有西医卫生院一所，教会创办的诊疗室 4 处，从业人员 16 人，中医诊所 11 户，从业医生 11 人。③ 同时，这些仅有的医疗卫生机构大多集中在武定县城内，在彝族聚居的广大农村山区，少数民族群众只能依靠民间中医、草医和民族半农半医人员（1949 年，全县半医半农人员也仅有 129 人）通过传统方式诊疗普通疾病，广大彝族聚居地区缺医少药的现象十分普遍，这也使民间驱灾辟邪的巫术和迷信活动有了存在空间。历史上，武定境内疫病流行，

① 楚雄彝族自治州民族事务委员会编：《楚雄彝族自治州民族志》，云南民族出版社 2014 年版，第 82 页。

② 同上书，第 191 页。

③ 云南省武定县志编纂委员会编纂：《武定县志》，天津人民出版社 1990 年版。

1950年以前，鼠疫、霍乱、回归热、天花、痢疾、疟疾、伤寒等传染病在彝族等少数民族分布的高寒山区、半山区发病率居高不下。新中国成立后的一段时期内，彝族聚居的8个乡（镇）中，克山病①、麻风病、恶性肿瘤等地方性疾病仍是危及彝族群众生命的主要因素之一。直到国家“六五”规划期末的1985年，地方性疾病才得到了有效的遏制。（详见表6-10）

表6-10　1949—1985年武定彝族聚居区麻风病发病率统计

区镇	1949—1985年（人）	1985年（人）	发病率（/10万人）	区镇	1949—1985年（人）	1985年（人）	发病率（/10万人）
高桥	61	10	47.52	田心	56	6	40.14
猫街	55	8	35.3	万德	14	2	13.32
插甸	38	10	48.56	己衣	26	4	29.44
发窝	17	3	22.71	白路	23	2	15.3
尼嘎古	11	1	10.57	东坡	21	1	7.94
环州	4	0	0	九厂	97	12	63.96

资料来源：云南省武定县志编纂委员会编纂：《武定县志》，天津人民出版社1990年版，第475页。

（二）武定彝族传统医药和民间诊疗方式

彝族聚居的哀牢山、乌蒙山和金沙江流域的滇中腹地山区、半山区拥有十分丰富的中草药资源。中华人民共和国成立前，在社会发育程度相对低下，医疗、物质生活资源极端匮乏的时期，武定彝族人民充分运用历史上积累和传承下来的民族民间医药知识，利用当地的药物资源来抵御普通疾病，形成了独具特色的彝族传统医药和疾病诊断体系。武定彝族的传统诊疗方法通常以植物和动物及一些特殊矿物材料入药，进行疾病的简单治疗。因为彝族是有文字的传统民族，故至今尚有不少彝文医药典籍在武定彝族地区流传。（详见表6-11）

---

① 克山病（Keshandisease，KD）是一种原因不明的心肌病，亦称地方性心肌病（Endemic cardiomyopathy，ECD），始见于我国黑龙江省克山县，故命名为克山病。20世纪50—60年代，病区年发病率超过50/10万人，病死率达98%，对病区人民生命与健康造成极大的威胁。克山病主要分布在我国由东北到西南的一条带状过渡带之内，即黑、吉、辽、内蒙古、晋、冀、鲁、豫、陕、甘、川、滇、藏、黔、鄂15个省、自治区的309个县镇。病区多为荒僻的山区或丘陵地带，病区内发病呈随机灶状分布。

表 6-11 新中国成立前武定彝族聚居区传统彝文医药典籍

彝文医药典籍	流传地点	出现时期及整理现状	记载的药理/医理内容
《医病书》	武定、禄劝等县彝族聚居地区	清雍正八年（1730年）出现的手抄本，新中国成立后由楚雄彝族自治州卫生局翻译整理成汉译版	该书简明地记载了历史上彝族聚居区常见的38种疾病，其中内科病25种、妇科病6种、外科病4种、儿科病2种、眼科病1种；记载民间草药方剂69个，包括单方38个、复方31个（这其中又包括20个两味药复方和11个三味以上药物复方）；涉及药物97种，含动物药25种、植物药72种。
《娃娃生成书》	武定、禄劝等县彝族聚居地区	清雍正年间（1723—1735年）出现手抄本，新中国成立后由楚雄彝族自治州卫生局翻译整理成汉译版	该书是一部儿科彝文医药学典籍，其内容是基于清朝时期彝族先民的生理认知水平所总结出的胎儿和儿童的生理知识记载，该典籍描述了胎儿逐月发育的状况，并简要记述了0—9岁的婴儿和儿童的智力和生理周期变化过程。
《好药医病书》	武定、禄劝等县彝族聚居地区	清乾隆丁巳年（1737年）冬十八日出现手抄本，新中国成立后由楚雄彝族自治州卫生局翻译整理成汉译版	该书分别记载了内科、外科、儿科、妇产科、五官科的132种疾病，共计有280个方剂，分酒剂、熏剂、外用剂3种。载有彝族传统民间药物391种，含动物药123种，植物药269种，矿物药5种。
《超度书·吃好药书》	武定、禄劝等县彝族聚居地区	清嘉庆年间（1796—1820年）木刻本，新中国成立后由楚雄彝族自治州卫生局翻译整理成汉译版	该书中已经出现专门的章节介绍彝族药理学和彝族常见病症治疗方式。记录有彝族民间药物25味和19种病症的治疗方式。25味药物中，有24味是动物药，其中重点介绍了5种动物的肉和10种动物胆的药用功效，包括獐子、熊、麂子、猴子、老鹰、乌鸦、鱼、蛇等彝族先民们日常狩猎经常捕获的动物。

资料来源：楚雄彝族自治州民族事务委员会编：《楚雄彝族自治州民族志》，云南民族出版社2004年版，第188页。

除了传统民族医药，武定地区的彝族也在漫长的发展与变迁进程中，积累了丰富的传统疾病诊治方法，彝族聚居地区也流传民间“望、闻、问、切四诊和方位推算法”，具体实践中则与汉族的传统中医四诊法大相径庭，“方位推算法”是彝族传统疾病诊疗系统中最具民族和地方特色的方法，该诊疗方法结合彝族的传统宗教信仰，彝族民间传统通过推算人的“本命”所在的方位并借此预推疾病的诊疗方法，从彝族传统哲学意义上讲，这是对人类生命运动形式的客观把握，这种医疗方式称为彝族“医算”，其科学意义在于“运用天体运动的周期来度量生命的长度，反映生命的节律，以‘岁’为单位来度量寿命的长短”①，“医算”以彝族的一整套“生命历”系统为基础，具体而言是“十二属相、阴阳五行、八方之年”之间的对应关系，据此来推算患者在某年龄段内应该避忌的方向、时间等的生命运动规律。

虽然彝族群众在历史发展过程中积累了传统的药理和诊疗技术，但是这些方法的医治范围始终具有局限性，只能治疗一些简单的疾病，由于自然环境、居住区域、历史发展等方面的限制，在缺衣少药的历史时期，武定彝族及其他少数民族群众一旦患有重大疾病，这些传统医疗手段的功效依然是有限的。

二　21世纪以来武定彝族聚居区医疗卫生的发展

（一）新时期武定彝族聚居区医疗卫生事业的发展状况

进入20世纪90年代后期，武定县响应国家计划生育政策，在全县计划生育工作管理和控制中采取了强有力的措施，实施“三为主”② 的规划目标责任制，并以少数民族聚居的农村、边远山区、贫困地区的流动人口为重点，同时坚持“三为主”“三结合”③ 的基本原则，以保证成活率，提高人口素质为目标，严格控制全县总体人口数量。在进入21世纪的前十年，武定县彝族人口自然增长率也处在一个相对平稳的发展期。（详见表6-12）

表6-12　21世纪前十年武定彝族人口及比例状况阶段性统计数据

2000年		2005年		2010年	
武定县彝族人口（人）	占全县总人口比例（%）	武定县彝族人口（人）	占全县总人口比例（%）	武定县彝族人口（人）	占全县总人口比例（%）
79254	30.18	78286	29.44	81729	30.5

资料来源：楚雄彝族自治州民族事务委员会编：《楚雄彝族自治州民族志》，云南民族出版社2014年版，第83页；武定县地方志编纂委员会编：《武定县志（1978—2005）》，云南人民出版社2012年版，第69页。

在计划生育服务方面，进入21世纪，武定县彝族等少数民族聚居的

---

① 楚雄彝族自治州民族事务委员会编：《楚雄彝族自治州民族志》，云南民族出版社2004年版，第189页。

② “三为主”是指宣传教育为主、避孕节育为主、经常工作为主。

③ “三结合”是指计划生育与经济发展相结合，与帮助群众勤劳致富相结合，与建设文明幸福家庭相结合。

地区享受到社会主义经济社会发展的成果，当地人民群众的生活水平得到迅速提升，随着现代农业生产科学技术的不断提高，少数民族群众出于传统农业劳动力再生需要而固有的“多子多孙”传统生育观念也发生了变化，少数民族地区的计划生育成效也明显增强。2002 年，武定全县 13 个乡（镇）都建立了计划生育服务所，到 2005 年，各乡镇基本配齐全脚踏吸引器、电动呼吸机、人流包、放取环包、小型 B 超机等计生技术服务设备，其中彝族人口相对较多的高桥镇、万德乡还配置了化验机。

在新的发展进程中，武定县彝族聚居区的医疗卫生服务、疾病控制和卫生防疫、妇幼保健等方面都取得了突破性的发展。在医疗卫生服务建设方面，武定县乡（镇）级卫生院（所）已于 20 世纪 90 年代初实现全覆盖，截至“十五”规划期末的 2005 年，全县共有 126 个村级卫生所，其中，少数民族聚居相对贫困的 61 个村级卫生所基础设施和工作环境条件得到了改善，每个村卫生所都建盖了同一规划的 60 平方米砖混或砖木结构业务用房。在乡（镇）级民族聚居地区的医疗卫生单位基础设施建设进程中，武定县于 2005 年进一步整合了相应的医疗卫生资源，将九厂卫生院并入狮山镇卫生院，设立九厂分院；石腊它卫生院并入高桥镇中心卫生院，设立石腊它分院，这些医疗卫生机构重新整合之后，专业医疗卫生工作人员总体配置情况不变，同时，增加了 X 光机、B 超常规辅助等专业技术设备。“十五”规划期末，武定县彝族聚居的各乡（镇）卫生院均设有内科、外科、妇产科等符合人民群众生活看病需求的主要科室，基本能够开展普通外科、现代技术接生和多种计划生育手术，高桥镇的中心医院甚至能够独立实施常见的中下腹部手术。“十三五”开局之年，武定县医疗卫生服务总体规模建设达到了一个新的高度，截至 2016 年末，武定县共有各级各类医疗卫生机构 173 个，其中政府举办的县乡公立医疗卫生机构 15 家，民营医院 5 家、社区卫生服务站 3 家，村卫生室 115 所，门诊 2 家、诊所 30 家；各级各类医疗机构实际开放病床共 1477 张，平均每千人口拥有病床 4.27 张，有各类卫生技术人员 1228 人，平均每千人口拥有 4.4 人。全县有 50 万元以上设备 28 台，100 万元以上设备 15 台；基层医疗机构门诊服务量占医疗机构门诊服务量的比例为 70.7%，住院服务量为 10.43%①。武定县医疗卫生服务机构总体水平在最新的五年规划中实

① 武定县卫生局：《武定县卫生和计划生育工作情况汇报》（2017 年 3 月17 日）。

现了量的突破和质的飞跃。

在疾病控制和卫生防疫工作方面，自2000年开始，武定县每年都按照云南省下达的年均任务数量开展传染病的检测控制工作。武定县疾病预防与控制中心2013年3月14日组建成立，并对霍乱、病毒性肝炎、痢疾、淋病、梅毒、麻疹、百日咳、白喉、炭疽、疟疾、肺结核、流行性出血热等传统性传染病进行监控防疫工作，对历史上曾严重危及全县高寒山区、半山区少数民族群众生命的霍乱，疾控中心采取的是驻点和巡回检测的措施；对淋病、梅毒等固定群体特发性传染病的监控，主要是从2005年开始，将其列入食品、公共场所从业人员体检强制检测项目；对于麻疹、百日咳、白喉、流行性脑脊髓膜炎、猩红热、乙型脑炎等传染性疾病，主要采取加强儿童疫苗接种的方式来预防，其中，武定县于2004—2005年针对乙型脑炎高发的九厂、近城以及彝族等少数民族聚居的插甸、高桥、猫街等乡（镇），开展了大规模的乙脑疫苗接种活动，实行政府补助和个人缴费相结合的有偿收费接种服务，该期间累计接种乙脑疫苗9200人次。同时，针对炭疽高发的己衣、万德以及疟疾高发的东坡、白路、己衣、石腊它等彝族聚居的低海拔河谷地带，疾控中心进行了重点的预防监控和防治管理。对克山病、碘缺乏病、麻风病等地方病的检测与防治是武定县疾控中心的工作重点，克山病是历史上一直困扰武定县贫困山区少数民族群众的地方性疾病，在武定县彝族等少数民族聚居的高桥、猫街、插甸、白路等乡（镇）发病率较高，特别是这些地方的少数民族贫困农业户中的育龄妇女和断乳后学龄前儿童发病率相对较高。21世纪以来，随着我国医学科技的进步以及大量的科学研究表明，克山病病区的土壤、水质和粮食中缺乏某些人体需要的微量元素如硒、钼、镁等有关的营养物质，从而干扰了心肌代谢，引起心肌损伤使居住在这些环境中的人群罹患克山病，国家和地方投入了大量的人财物力进行检测、防治，以遏制克山病罹患概率。21世纪以来，武定县贫困山区人民群众的克山病发病率得到了有效的控制，2000年，武定县被国家卫生部列为克山病病情检测点。2000—2004年连续数年对高桥、九厂、近城病区3—35岁人群进行检测，共体检2586人，检查出克山病31例（慢克型5例，潜在型26例），检出率为1.20%。[①] 自2005年起，武定县继续被列为省级克山病病

① 武定县地方志编纂委员会编：《武定县志（1978—2005）》，云南人民出版社2012年版，第538页。

情监测点，3年一周期的检测任务仍然持续至今。武定县于20世纪80年代末，将猫街、发窝、九厂设置的3个麻风病院并入高桥镇磨刀石村，实现资源集中整合，成立武定县麻风康复院，21世纪以来截至2005年末，武定县累计发现麻风病人592人次，累计治愈麻风病人146人次，累计死亡146人，失踪、外迁12人。① 病人确诊后，由县防疫站统一登记管理，发药给患者在家治疗，定期随访。到“十二五”规划中后期的2013年末，武定县新确诊麻风病人11人，服药病例3人，监测病例8人，复查老病人209人，家属监测120人②，经过长时期的努力，武定县麻风病例呈现逐年减少的趋势。截至“十三五”之初的2016年末，全县无甲类传染病发生和重大传染病暴发流行，乙类传染病发病率为148.69/10万，丙类传染病发病率为76.84/10万，儿童预防接种率保持在95%以上。

新时期，艾滋病风险防控问题也受到民族地区卫生系统和疾控预防中心的关注，武定县自21世纪初发现首例艾滋病感染者③以来，一直在进行着相关的监控和管理工作。第一是继续加强艾滋病监测与检测工作。截至2016年末，武定县共检测新婚登记人群4765人，孕产妇检测3396人，自愿咨询检测360人，术前输血检测3887人，娱乐场所人员检测652人，其他人员检测34375人，羁押人员检测240人，性病门诊检测759人，开展暗娼哨点检测105人。全年共筛查检测48539人，占全县常住人口的17.5%，通过监测检测，新发艾滋病病毒感染者36例。④ 第二是在新时期继续加强艾滋病预防宣传工作。具体做法是利用每年的“三八”妇女节、科普宣传日、艾滋病防治宣传周、“6·26”禁毒日、“12·1”艾滋病宣传日等各种节日组织相关成员单位，开展集中宣传，设置咨询点的行动，请专业医护人员现场讲解防治知识。截至2016年共计发放宣传资料6万余份，接受咨询2000余人次，免费发放安全套26500只。同时采取在高速公路沿线悬挂大型公益广告牌，在县城繁华地段开设防艾宣传栏等形式进行公益宣传。此外，还通过与防艾办、红十字会、交警大队、运政管理所等部门共同形成联动宣传机制，将驾驶员防艾知识培训纳入常规培训，

① 武定县地方志编纂委员会编：《武定县志（1978—2005）》，云南人民出版社2012年版，第538页。

② 访谈材料：《武定县疾病预防控制中心2013年工作总结》，2014年7月。

③ 武定县于2004年发现首例艾滋病（HIV感染者）系娱乐场所从业人员，到2005年，全县报告HIV感染者3例，HIV感染者出现从高危人群转向普通人群的趋势。

④ 武定县卫生局：《武定县2016年卫计局年鉴》（2017年3月7日）。

2016 年一年内就开展过驾驶学员艾滋病防治知识培训 64 期，共计培训受众 3912 人。第三是积极开展艾滋病感染救助活动。截至 2015 年末，武定县艾滋病感染者困难家庭接受低保救助的有 160 人，共计发放低保救助金 48 万余元，针对受艾滋病影响的儿童进行临时救助的有 4 人，发放救助金 12188 元。此外，出台卫生政策将机会性感染和门诊检测费纳入医保和新农合，截至 2015 年共减免住院费用 27323.53 元，临时生活救助 16000 元①。“十三五”开局的 2016 年，武定县启动实施了第四轮防艾人民战争，防艾各项工作任务呈稳步推进和落实的态势。

疾控预防保健服务体系建设方面，截至 2013 年末，武定县疾控中心有业务用房 3310 平方米，其中包括 964 平方米的实验室用房，共设有 10 个职能科室。疾病控制和卫生防疫工作能力和条件设施都有了极大的改善。2014 年在昆明召开的农村预防保健服务体系试点问题座谈会上，武定被列为 6 个试点县之一。针对农村预防保健服务体系建设问题，武定县于 2016 年成立了专门的工作领导小组，并印发《武定县 2016 年农村贫困地区卫生预防保健服务体系建设试点工作实施方案》，继续以狮山镇、插甸镇为试点，围绕以下几个方面开展农村贫困地区卫生预防保健服务工作：第一是普及试点区内全民健康体检、推广中医药服务、加强医保救助、强化健康宣传、提升预防保健水平“五大”重点任务；第二是通过“四大行动”开展卫生预防保健服务活动，一是实行以控制药物成本为目的的药品（耗材）同意采购行动，二是实行现代社交平台 QQ 签约进家门的零距离服务行动，三是实行组建专家团队驻镇进村服务贫困少数民族群众的行动，四是积极开设电视专栏讲健康故事行动；第三是强化资源配置、信息网络、队伍建设、项目资金、组织领导“五大”要素；2016 年末，狮山、插甸两个镇均完成了“三区”建设及医疗科室规范设置，区域内的诊疗环境、就诊流程和服务能力有了较大提升。同期完成了 2 个新增卫生服务网点建设、并配置了全民健康体检及下派帮扶医护人员的补助经费 63 万元。

在妇幼保健工作方面，武定县于 20 世纪 90 年代末期实施“世界银行贷款综合性妇幼卫生保健项目”。截至 21 世纪初的 2001 年，项目实施成果显著，全县孕产妇的死亡率指标逐年下降，保健覆盖率服务指标逐年上

---

① 武定县卫生局：《武定县 2016 年卫计局年鉴》（2017 年 3 月 7 日）。

升，取得了妇幼健康的广泛社会效益，该项目扶贫救助基金的使用惠及了武定县彝族等少数民族聚居的多个乡（镇）。2005 年 2 月开始，武定县妇幼保健院对产检孕妇增加艾滋病资源咨询检查项目，以预防艾滋病母婴传播。21 世纪以来，县妇幼保健机构大力深入少数民族聚居的自然村宣传普及新接生法，提倡住院分娩。2005 年全县 2816 名新生儿中，有 2121 人住院分娩，占新生儿总数的 75. 32%，当年孕妇死亡率为 62. 5/100000。直至 20 世纪 80 年代末，在彝族等少数民族聚居乡（镇）的广大农村地区，孕产妇一旦出现危机情况，一般是送到村卫生所或乡（镇）卫生院，或是靠本地接生婆简单处理，甚至还有靠传统巫祝仪式驱灾辟邪的。进入 21 世纪以来，随着全县妇幼保健工作宣传能力和服务能力的逐渐提高，少数民族群众开始意识到紧急抢救的重要性，开始充分利用县乡（镇）两级妇幼保健资源，实施紧急自救，危急孕产妇的抢救成功率也逐年提高，2001 年为 91. 18%，2005 年上升到 100%。到了“十二五”规划中后期的 2013 年，武定县孕产妇死亡率降至 1/100000，婴儿死亡率降至 6. 59%，5 岁以下的儿童死亡率也降至 7. 9%[①]，这些发生率均有效控制在正常值以下。“十三五”开局的 2016 年，全县共有产妇 2541 人，活产数 2550 人，建保健手册 2539 人，建卡率 99. 92%；产后访视 2539 人，访视率 99. 57%；孕产妇系统管理 2454 人，系统管理率为 96. 23%；住院分娩 2544 人，住院分娩率 99. 76%；新法接生 2549 人（含住院分娩），新法接生率 99. 96%；新生儿访视 2531 人，访视率 99. 25%；共筛查出高危产妇 729 人，高危筛查率 28. 69%；高危住院分娩 729 人，高危住院分娩率 100. 00%[②]。儿童保健建设方面也取得了突破性成效，截至 2016 年末，武定全县有 7 岁以下儿童 19567 人，接受保健服务 18846 人，7 岁以下儿童健康管理覆盖率 96. 32%，3 岁以下儿童 9119 人，接受系统管理人数 8879 人，3 岁以下儿童系统管理率 97. 37%，针对高危儿童的建档立卡、专案管理工作也在不断加强中。“十二五”期末“十三五”开局阶段，随着社会人口结构的变迁和传统生育观念的现代转向问题，地方高危孕产妇呈大幅增加趋势，武定县孕产妇死亡率在 2015—2016 年两年内控制为零，婴儿死亡率为 6. 38‰，全县城乡居民健康档案规范化建档率达 100%，儿

① 2014 年 7 月访谈材料：《武定县妇幼保健院 2013 年实施“妇女儿童发展规划”统计分析报告》。

② 武定县卫生局：《武定县 2016 年卫计局年鉴》（2017 年 3 月 7 日）。

童、老年人及高血压、糖尿病等慢性病及重性精神疾病的登记管理进一步加强，6 岁以内儿童保健管理率、孕产妇健康管理率、老年人健康管理率分别达到 96.32%、96.97%、87.13%。妇幼保健和常见慢性病的监控、管理、跟踪体系建设在新的五年计划实施过程中迈向了新的台阶。

（二）武定县彝族聚居区医疗卫生服务建设面临的问题

21 世纪以来，彝族聚居区的医疗卫生服务建设虽然取得了较大成效，有的领域甚至还取得了突破性的发展，但是武定县仍然是集山区、民族、宗教、贫困四位一体的国家重点扶持贫困县，经济发展滞后、基层基础工作薄弱，加之贫困人口较多，贫困面较大，人口分散，全县整体的医疗卫生计生服务能力偏低，且自我发展后劲不足，医院资金筹措较困难，出于历史发展的原因和经济社会现实发展条件的限制，其医疗卫生服务工作依然存在着许多问题和困难。民族聚居区医疗卫生事业发展仍然难以适应群众的看病需求，分级诊疗制度建设亟待完善，群众“看病难、看病贵”的问题依然严峻。

1. 基层医疗卫生机构基础设施投入不足

在医疗基础设施建设中存在的最典型的问题是，据武定县妇幼保健院院长介绍，“截至 2014 年，县城中心的人民医院、妇幼保健院等机构服务全县 27.8 万人口，辖 11 个乡（镇），130 余个村小组和居委会，20 多种少数民族，辐射范围非常大，尤其是进入 21 世纪以来，新农村医疗合作政策实施后，县级医疗机构现有的硬件基础设施包括业务用房等建设严重滞后于日益增长的病患的需求。”① 基础设施建设的下行压力更为明显，表现在各乡（镇）和村级卫生院（所）的业务用房不足，业务用房得不到保障的主要原因是建房土地长期得不到落实，据武定县卫生局相关人员介绍，武定县很多乡（镇）和村级医疗卫生机构一些特定服务项目的人员已经培训到位，但由于乡村基层地区业务用房困难而无法开展服务工作。截至“十二五”期末，武定县 11 个乡镇卫生院尚未配置彩色 B 超仪，高桥、猫街、发窝、万德等乡镇的全自动生化分析仪设备尚缺位。环州乡卫生院尚未配置任何一辆救护车。据课题组调研访谈资料显示，多个少数民族聚居乡（镇）下属行政村的卫生室大部分设立在村委会所在地，而武定县农村基层村委会通常设立在人口相对稀少的地方，远离村寨是为

① 资料来源：根据 2014 年 6 月 27 日武定县卫生局访谈笔记材料整理。

了便于统筹村委会建筑用地[①]，因此，这些最基层的诊疗点服务的辐射范围也就相对较少。

2. 专业医疗技术人员缺乏

从县级医疗卫生机构到乡（镇）村级医疗卫生院点都存在医技人员总量不足和人才技术青黄不接的问题。21 世纪以来，随着新农合、基本公共卫生服务费用补助、农村孕产妇和妇幼保健各种降消项目的实施，武定县城内的人民医院、妇幼保健院等中心医疗机构的就诊人员逐年增多，业务量不断增加，县医院的专业医技人员缺口也随着逐渐增大，包括武定县妇幼保健、疾病控制系统等的卫生系统单位内部的检验、放射、影像、麻醉、护理、口腔、公共卫生、骨伤、针灸推拿等专业人才都十分紧缺，客观上由于待遇和环境等原因，这些项目的专业大学毕业生择业时都不愿选择武定这样的贫困县，专业医疗人才引进困难。这个现象在乡（镇）和村级基层地区、少数民族地区尤为突出，例如，武定县村级卫生室通常按每村配备一名女村医和一名男村医进行名额配比，男村医主要负责卫生和疾控防疫工作，女村医主要负责妇幼保健方面的医疗服务，村医的基本待遇由三个部分组成，第一是每月来自省州市三级卫生系统的补贴，省级补贴 300 元，州县各 100 元，每月共计 400 元；第二是基层医疗机构国家基本药物制度补助资金每月 200 元；第三是医疗卫生服务收入和公共卫生指标完成情况奖励费用。但是乡村医生的实际收入每月基本只能保证第一部分，在广大的农村基层，老百姓小病就诊率不高，而一些常见病的主治药物在国家“基药”改革后又入不了补助名录，所以，乡村医生的医疗卫生服务收入和“基药”补助收入往往比较难以实现。而公共卫生指标完成情况奖励部分的费用，则要依据服务人口的多少来决定，这也就意味着村医的待遇不但比较低，而且存在较大差异性。村医的待遇长期得不到提升，很多偏远的民族聚居区很难留住村医。

3. 民族聚居基层乡村卫生机构现代医疗设备配置不全

21 世纪以来，武定县人民医院、疾控中心、妇幼保健院等中心医疗机构的诊疗设施有了较大的改进，但是乡（镇）卫生院及村级卫生所（室）的医疗设备普遍不足，同时，在一些条件相对较好的乡（镇）虽然配备了 B 超、X 光机、心电图、半自动化分析仪、洗胃机等设备，但是缺

① 资料来源：根据 2014 年 6 月 27 日武定县卫生局访谈笔记材料整理。

乏专业的技术操作人才，导致这些设备不能得到充分合理和有效的利用。在“十五”期末的2005年，武定县乡村（行政村）两级的医疗机构业务用房已基本解决，但又缺乏先进的诊疗设备，截至调查组深入调研访谈的2014年，部分乡（镇）卫生院还仍然使用听诊器、体温表、血压计“老三件”为主要的诊疗手段，这些设备显然已经远远满足不了广大老百姓的就诊需求。基层地区缺乏相对先进的诊疗设备，其直接后果就是使得老百姓身患一般性疾病也要跑到上一级行政机构的医疗机构去就医，对偏远、高寒山区的彝族等少数民族病患来讲，就大大增加了其就医成本。

4. 新型农村合作医疗的监管和服务问题

在对武定县卫生局的访谈过程中了解到，21世纪以来，武定县新农村医疗合作政策的实施，绝大多数农村群众发生疾病入院治疗费用可以报销80%左右，有效减缓了农村地区人民群众“因病返贫，因病致贫”的问题，但是重大疾病致贫返贫现象还是存在着。由于乡（镇）尤其是村级医疗卫生机构基础服务设施和医疗业务水平较差，只能治疗一些小疾病，因为有新农村医疗合作保障，偏远山区的老百姓有重大疾病都会到县市或是省级医院治疗，与后两者相比，县级医疗部门的医疗服务压力大得多，例如武定县人民医院常年处于人流拥挤，住院治疗的床位数紧缺的状态。除县人民医院、中医院等公立医院，武定县内有七八所民营医院也开展新农合工作，但是出于患者主观的观念意识和这些民营医院医疗设施以及医技人员业务素质等客观因素的限制，民营医院还是没能更多地承担武定县的病患压力状况，这些民营医院仅有两家运转良好，其他几家经营状态也不够理想。

第七章

生态建设与环境保护

生态环境是承载经济社会发展的基础，保护和改善自然环境，是人类维护生存和发展的前提。改革开放以来，武定县同全国一样，在经济社会发展上取得了巨大成就，但付出了过大的资源环境代价。高耗能、高污染的发展模式，不仅带来包括环境问题在内的各种社会矛盾，而且不利于武定县经济的持续增长。积极探索环境保护新道路，以环境保护来优化经济发展已成为武定县委县政府的共识。

第一节　自然地理特征

一　地貌与地理

武定县位于滇中北部，为云南北出四川进入内地的门户，位于楚雄彝族自治州东北部，地跨东经 101°55′—102°29′，北纬 25°20′—26°11′。东邻昆明市禄劝县，南接禄丰和昆明市富民县，西与元谋县接壤，北与四川省会理县隔金沙江相望。全县面积 3322 平方千米，共辖 7 镇 4 乡，133 个村委会（社区），1570 个村民（居民）小组。县政府驻地狮山镇，海拔 1700—1760 米，东南距省会昆明市 64 千米，西南距楚雄彝族自治州首府楚雄市 160 千米，北距四川省攀枝花市 240 千米，108 国道线和京昆高速公路东西向贯穿县域全境。

武定县位于滇中高原北部，地处三台（习称乌蒙）山区，境内多山，地势走向北高南低。全县山区和丘陵面积占全县面积的 93%（其中山区面积占 62%，丘陵面积占 31%），平坝区面积占全县面积的 7%。全县地势东西两侧及西南部高，北部低西南部较开阔，中部受勐果河切割，地形破碎形成峡谷。坝子、河谷占 3.68%，水面仅占 0.32%。全县最低点为己衣镇新民村大沙地，海拔 862 米，最高点为白龙会峰，海拔 2956 米，两地相距 2094 米。县政府驻地狮山镇海拔 1700—1760 米。

二　土壤与气候

由于受山原地貌及亚热带季风气候的影响，红壤是武定的地带性土壤。土壤种类有紫色土、红壤、黄棕壤、棕壤、石灰岩土、燥红土、冲积土、水稻土 8 类 14 个亚类。其中，比较突出的类型为紫色土（占总面积的 42%），该类土壤呈紫色至紫棕色，分布海拔 1350—2300 米，与红壤交错分布，土层薄，易冲刷，一般有机质含量低，为中性或者微酸性，矿质养分富含磷与钾，森林植被以常绿阔叶林和云南松林为主。此外，在岩溶化区，有少数石灰岩土集中分布；在坝区和河流两岸，由于人类农业耕作活动形成冲积土和水稻土分布。

武定县属中亚热带高原季风气候区，气候具有滇中地区气候的低纬、高原和受季风控制的特点。气候总的特征为：气候温和，冬无严寒，夏无酷暑；气温日夜温差大，年温差小；夏秋雨量充沛，冬春雨量不足，干湿季分明；全县受地形、地势的影响，气候垂直分布明显；从金沙江谷地到白龙会山峰，随着海拔的升高依次出现中亚热带、北亚热带、温带、北温带等气候类型。

三　雨量与水文

武定县境内降水不均，大致从东南部的 1000 毫米左右向北递减。东西两侧山地多雨，年降水 1000—1100 毫米，金沙江河谷为少雨区，年降水在 600 毫米左右。县境主导风向为西南风。全县年均降水量 988.6 毫米，主要集中在夏秋，雨季（5—10 月）降水量占全年的 90.5%，县城所在地狮山镇历年平均气温为 15.1℃，极端最高温为 34.5℃，极端最低温为-6.4℃，最热月 7 月平均气温为 20.7℃，最冷月 1 月平均气温为 7.4℃。

武定县境内河流分属金沙江、红河两个水系。全县长度大于 10 千米的河流有 22 条，其中 21 条属于金沙江，分别向东、西、北三个方向出境进入金沙江水系，只有关天河向南流入红河水系。境内金沙江水系勐果河全长 97 千米，流域面积占全县总面积的 64.1%；金沙江水系普渡河流域、龙川江占总面积的32.2%；县域南部猫街镇的秧草地、七排属红河水系的星宿河流域，流域面积占总面积的2.7%。

全县水资源较丰富，年产水量28.52亿立方米，多年平均地表径流总量为9.2亿立方米，因无天然湖泊，水低地高，径流时空分布不均，目前利用率较低。境内江河落差大、水位季节变化大，洪枯季节特别明显，干季水源难以保证。

第二节 武定自然资源

一 森林资源

武定县有林地面积210453公顷。森林资源呈现以下几个特点：一是森林资源分布不均。北部河谷地区森林资源较少，为少林带。其中以东坡和田心较少，有林地加上疏林地分别为1000公顷和3890公顷，西部南部的猫街和中部的高桥等乡镇林地较多。有林地最多的是猫街镇38151公顷，其次是高桥镇、狮山镇、插甸镇等；疏林地最多的是万德镇290公顷。林木蓄积量在50万立方米以上的乡镇有南部的猫街镇、狮山镇，中部的高桥镇，东部的插甸镇、发窝乡和西北部的环州乡。北部河谷地区及沿金沙江山地蓄积量较少，东坡乡仅2万立方米。二是集体林多，国有林少。在全县有林地面积中，集体林155000公顷，国有林仅有1467公顷。在全县林木蓄积量中，集体林占绝对优势，达97.0%，国有林仅占3.0%。三是用材林和灌木林多，经济林少。据调查，各种用材林比重最大，占总面积的41.3%，防护林占45%，特用林和经济林比重较小，薪炭林占13.4%。四是中龄林多，成熟林少。中龄林分面积占46.7%，蓄积量占了52.2%，其次是幼龄林，全县过熟林仅占0.3%。五是针叶林多，阔叶林少。全县森林分面积和蓄积量中，针叶林（云南松、华山松、油杉等）占绝对优势，分别占67.5%和68.4%；阔叶林（栎类、旱冬瓜、桉树等）分别占32.1%和31.4%，优势种树以云南松为最多，除北部河谷海拔1700米以下的地带外，几乎遍及全县各地，是境内最主要的用材树种，面积和蓄积量分别占林分的64.6%和65.5%。

二 水力资源

武定县境内河流分属金沙江和红河两水系，全县长度大于10千米的河流22条，其中21条属金沙江水系，分别由东、西、北三个方向出境，只有河底河向南流入红河。县境内以金沙江水系为主体，主要河流为全长97千米的金沙江一级支流勐果河。

全县水资源较丰富，年产水量28.52亿立方米，多年平均地表径流总量为9.2亿立方米，因无天然湖泊，水低地高，径流时空分布不均，目前利用较差。地下水年蕴藏量为2.51亿立方米，有泉水320多股，多呈泉水出露。较大泉水56处，流量为10升/秒以上的冷泉有13处。温泉有己衣罗能热水塘一处，水温56℃，流量56升/秒。境内江河落差大，水能理论蕴藏量为8万千瓦，其中勐果河干流为5.44万千瓦，集中中游峡谷段，己衣河为1.1万千瓦，全县可开发4.5万千瓦，由于枯丰季水量变化大，干季水量难以保证。

全县库塘总库容量为8570万立方米，年供水能力约7300万立方米。有中型水库1座，水库总库容2307万立方米；小（1）型水库17座，总库容3658万立方米；（2）型水库51座，总库容1792万立方米；小坝塘873个，总库容813万立方米。（详见表7-1，表7-2）

表7-1　　武定县主要河流特征汇总

水系	河流名称	河长（千米）	流域面积（平方千米）	平均流量（立方米/秒）	年平均径流量（亿立方米）
金沙江	金沙江	34			
	勐果河	103	1736.5	20.2	6.36
	己衣河	35	246	1.56	0.492
	木土达河	19	110	0.67	0.211
	菜园河	25	301	3.32	1.05
	水城河	26	169	1.38	0.423
	禄金河	23	123	0.97	0.308
	小井河	17.5	53	0.67	0.133
红河	河底河	13.5	66	0.35	0.11

数据来源：《武定生态县建设规划（2014—2020年）》。

表7-2　　勐果河各主要支流概况

名称	发源地	入河处	长度（千米）	流域面积（平方千米）	平均流量（立方米/秒）	平均径流（亿立方米）
仓房河	猫街大水沟村罗保山	猫街岔河	19	165.0	1.97	0.413

续表

名称	发源地	入河处	长度（千米）	流域面积（平方千米）	平均流量（立方米/秒）	平均径流（亿立方米）
汤郎河	猫街以纳厂大平地	猫街大汤郎	15	36.53	0.38	0.091
勒外河	高桥—碗水	高桥勒外	15.5	44.68	0.38	0.122
花乔河	高桥窝堵长冲	高桥老街	16	73.0	0.69	0.183
大村河	猫街三家村庄房箐	高桥以坝	18	70.45	0.67	0.176
插甸河	东源：过界梁；北源：老木坝阿则问山	高桥土木革	27	131.0	1.47	0.328
利米河	发窝永西卧璋山西麓	田心撒扒拉	18	69.0	0.63	0.138
鲁期河	南源：卧璋山北麓 北源：锅盖梁南麓	田心鲁期村	29	172.0	1.66	0.344
沙拉河	白路关坡	东坡水田	34	358.0	3.27	0.716
环州河	环州冷水箐	东坡水田	26	77.0	0.81	0.154
自乌河	万德多志立大黑山西南麓	东坡勐果	16	82.0	0.61	0.164

数据来源：《武定生态县建设规划（2014—2020年）》。

三 矿藏资源

武定县地质构造复杂，地层出露比较齐全，矿种较多，储量较大，已发现的有铜、铁、铅、锌、钛、硫铁、稀土、磷、石膏、石棉、大理石等12种，已探明的两个铁矿储量达2.46亿吨，6个铜矿点储量6.68万吨，一个芒硝矿储量5884万吨，两个大理石矿储量31.4万立方米。矿区大致富集于东南及西北两大片区，东南为古生界地层，属热液成矿的金属矿；西北为中生界沉积成矿的非金属盐类矿。猫街片为昆阳群、落雪组、因民组铁铜矿，九厂片为中泥盆系宁武式沉积铁矿，近城片狮山东北麓为古生界灯影组的石棉矿、大理石矿及洒普山麓一带古生界下寒武系的沉积磷矿；非金属盐类矿床分布于西部，芒硝矿在白路的小井，石膏矿在东坡等地。

四 生物资源

武定县有种子植物173科、774属、1737种。树种主要有云南松、华山松、滇油杉等。列为国家重点保护的植物有云香果、长梗润楠（树八哨）、毛核木（雪果）、扇蕨等。也有数百年树龄的珍稀古树柏木、柳杉、茶花，中草药植物遍及全县各地。菌类有松茸、牛肝菌、干巴菌、鸡枞、木耳、香菌等。中药材有重楼、茯苓、黄芩、金银花、杜仲、半夏等700余种。野生动物种类繁多，珍稀兽类有金猫、水獭、斑林狸、猕猴、穿山甲、林麝等。珍稀鸟类有鸬鹚、游隼、红隼、黑鸢、松雀鹰、白鸠等，珍稀两栖类有红螺疣等，爬行类有蟒等。

武定县白路镇种植的白药作为云南白药集团的原料基地，质优量大，为武定争得“白药之乡”的美誉；武定壮鸡是武定县的一个品牌，是云南省名优畜牧品种之一，早被列入《云南省畜禽品种志》，2012年被评为云南省六大名鸡之首，武定因此素有“壮鸡之乡”的美称。

五　旅游资源

武定县自然景观、人文景观丰富多彩，民族风情独特。县境内旅游景点有狮子山风景名胜区、猫街仙人洞、万德土司府旧址、己衣天生桥古驿道、己衣大裂谷地质景观、水城河风光、彝文碑、石棺墓群、龙潭村鱼化石遗址、三台山罗婺石画、彝族18月历发祥地自乌村等。

狮子山风景名胜区位于县城西北，与县城规划区相接，历史上就是滇中地区的旅游胜地，正续禅寺、牡丹园、建文皇帝的传说等在全省的历史、文化、景观等方面占有重要的地位，素有“西南第一山”之称。狮子山风景名胜区地处三台山与金沙江交汇地，高原山峰纵横，山体南北走向，与三台山遥遥相望，山顶松林茂密，山腰针阔叶混交林覆盖，直至山麓，森林覆盖率75.6%，是融山水风光、文物古迹、人文地貌、民族风情为一体的风景名胜区，是滇中地区人们观光休闲的最佳选择地之一。1988年，狮子山正续禅寺被列为省级重点文物保护单位；2009年，狮子山风景区被列为国家AAAA级风景名胜区，设立面积166平方千米。

全县有17个少数民族，其中彝族人口占55.33%，民族风情浓郁、民族节日多，每逢节日必有经贸活动，有歌舞，规模较大的有彝族火把节（农历六月二十四日）、彝族马樱花节（农历三月十三日），苗族花山节，傣族泼水节等。（详见表7-3）

表 7-3 武定县重点历史文化遗迹一览

保护级别	名称	时代	地址
省 级	狮子山正续禅寺	元、明、清	县城狮子山顶
州 级	那德洪基	明代	万德镇滑石板村
	红军标语	现代	白路镇
县 级	龙潭村石猪槽鱼化石遗址	泥盆纪	狮山镇
	石棺墓群	新石器时代	
	石大人摩崖石刻天王像	宋代	狮山镇
	古柏凤家城古文化遗址	明代	狮山镇
	彝文碑	明、清	
	万德观音寺大钟	清	万德镇
	富如山夫妻合葬墓	清	发窝乡
	白塔	明、清	狮山镇
	七大堆	清	狮山镇

第三节 生态环境现状和保护措施

一 生态环境质量

（一）水环境

1. 饮用水源

武定县县城集中式饮用水源地为石将军龙潭、麦良田龙潭、石门坎水库和恕德龙潭水库，主要为地下水和水库。经楚雄州环境监测站 2014 年 3 月 6 日至 11 日监测，各集中式饮用水源地的水质均能达标。（详见表 7-4）

表 7-4 武定县集中式饮用水源地基本情况

供水地	水源地名称	水系	所在河流	水源地类型	水环境功能	水质现状
县城	石将军龙潭	金沙江	乌龙河	地下水	Ⅱ	达标
县城	麦良田龙潭	金沙江	乌龙河	地下水	Ⅱ	达标
县城	石门坎水库	金沙江	乌龙河	水库	Ⅱ	达标
县城	恕德龙潭水库	金沙江	乌龙河	水库	Ⅱ	达标

除县城饮用水为集中式供水外，各乡镇集镇均有集中式水源地，多数为地下水型，少部分为河流型和水库型；各集中的村落都实现了集中供水，均取自山间泉水，少量农户取用地下井水，水质较好。总体来说，地下水类型水源地水质较好，能保障饮用水安全；水库型和河流型水源地基本能保障饮用水安全，但随着流域内工农业生产的发展，水质保障存在隐患。

2. 地表水

武定县境内的河流大部分属金沙江水系，猫街镇的西南部少部分地区属红河水系，主要河流为乌龙河、菜园河、禄金河和勐果河。各主要河流中，菜园河接纳了县城的部分城镇污水，存在水质超标隐患，需要加强管理和治理；乌龙河接纳了区域的农业面源汇水，并在下游经过县城北部片区，也需要防治结合。经武定县监测站 2013 年 10 月 24 日监测，各河流均达到功能标准。(详见表 7-5)

表 7-5　　武定县主要河流水质现状

河流	断面	功能	水质现状
乌龙河	乌龙河出口	Ⅳ	达标
菜园河	人民桥（州控）	Ⅳ	达标
禄金河	禄金村	Ⅳ	达标
勐果河	所所卡（省控）	Ⅲ	达标

3. 水污染防治

工业废水：武定县工业废水防治为各企业自行处理后达标排放。

生活污水：县城污水处理厂建于 2011 年，设计处理能力 10000 立方米/天，建成污水管网 19.91 千米，现实际处理量为 5200 立方米/天；随着县城建成区面积增大，人口增加，县城污水管网覆盖逐渐不足。猫街镇已建成 2000 立方米/天污水处理厂，发窝乡集镇建成 1000 立方米/天的污水湿地处理系统，但污水管网不完善；其余乡镇未建污水处理设施，需要加强污水管网和污水处理系统建设；各集中村落人口不断增加，需要加强污水处理。

（二）大气环境

武定县境内大气环境质量良好，无较大污染现象发生。楚雄州环境监测站于2013年7月对武定县城区环境空气质量进行监测，达到国家二级标准。所监测的环保局、和顺园两个点位二氧化硫、二氧化氮两种污染物的日平均浓度均达到GB3095—1996中的一级标准；可吸入颗粒物环保局检测点位三天的日平均浓度达到GB3095—1996中的一级标准，两天的日平均浓度达到二级标准，和顺园检测点位两天的日平均浓度达到GB3095—1996中一级标准，三天的日平均浓度达二级标准。通过综合分析三种污染物检测结果，武定县城区环境空气质量GB3095—1996《环境空气质量标准》二级标准。

空气污染主要为降尘和总悬浮颗粒。除了风力等其他自然力的扰动外，人类活动是造成总悬浮物增加的主要原因。特别是近年来城市建设进程加快，建筑物拆迁、道路新建及市政工程开挖，以及施工过程造成的运输尘、建筑尘是降尘污染的主要原因。

（三）声环境

武定县声环境质量达到国家标准，声环境质量总体良好。经楚雄州环境监测站于2013年7月对县城区声环境质量进行监测，区域环境噪声主要分布点33个，道路交通噪声分布点6个，从噪声检测数据统计结果来看，武定县城区域的环境噪声平均值为：昼间51.33分贝，夜间46.5分贝，昼间达1类标准值，夜间达2类标准值。道路交通噪声加权平均值为66.9分贝，未超过4a①类标准。

（四）固体废物

工业固体废物：目前，武定县一般工业固体废物主要通过回收综合进行利用，医疗等危险废物通过相关资质单位回收处理。根据统计，全县主要工业废弃物年产量1.97万吨，大部分工业废弃物均回收综合利用，利用率为70.84%，贮存量为0.57万吨。随着工业园区的建设，工业固体废物将不断增加，需要加强工业固体废物综合利用和处置。

生活垃圾：县城生活垃圾进入垃圾填埋场进行处理，各乡镇集镇生活垃圾无专门的处理设施，通过清运至县城垃圾处理场处置，但收集和清运系统不完善。全县生活垃圾年清运量为1.3万吨，通过卫生填埋处理；现有一座垃圾处理场，位于县城西南的狮山镇百花山，设计容量64.8万立

① 噪声影响分类，4a类为高速公路、一级公路、二级公路、城市快速路、城市主干路、城市次干路、城市轨道交通（地面段）、内河航道两侧区域；4b类为铁路干线两侧区域。

方米，设计处理能力 80 吨/天，目前实际处理量为 40 吨/天。现有的垃圾填埋场位于县域西南角，与中部和北部各乡镇距离较远，运输成本较高，且该处理场主要目的是处理县城生活垃圾，因此，随着乡镇生活垃圾量不断增加，需要在县域中部或中北部建设以处理乡镇生活垃圾为目标的垃圾处理场。

（五）森林和草地环境

全县林地面积 210453 公顷，占县域面积的 63.35%，由中高山针阔叶混交林、北亚热带中山阔叶林和干热河谷灌草植被组成，主要分布在县域中高山地区及金沙江河谷区域。中高山针阔叶混交林以云南松和栎类为优势树种，分布在县域中部及北部中高山区，生态系统较为完整，受人类干扰较少；北亚热带中山阔叶林以栎类和青冈类为优势树种，分布在北部高山区中段及中部区域，与农田生态系统和城镇人工生态系统相接，受工农业生产影响较大；干热河谷灌草生态系统位于金沙江及其支流勐果河河谷区域，乔木稀少，以灌木和草本植物为主，植被覆盖度低，水土流失严重，生态系统较为脆弱。

（六）土地环境

武定县地处康滇台背轴与昆明凹陷之间，属乌蒙山余脉的滇中丘原地貌区，东西界于元谋断裂与普渡河断裂之间，是中生界地层与古生界地层的结合部，东南部地质比较稳定，地层出露十分齐全。大致以勐果河为界，以西为中生界，越往西地层越新，以东为古生界，越往东地层越老。侏罗世和古生代地层比重较大，整个县第四系均不甚发育。地质构造比较复杂，岩石种类繁多，地貌类型起伏多变，南部平缓，东西突起而北部下沉。

境内地势高低悬殊，全境海拔界于 2956 米与 862 米之间，全县大部分地区在 2000 米以下。东西方向上，受南北向断裂应力影响，在勐果河东侧自北而南形成白龙会山（2956 米）、卧璋山（2885 米）、狮山（2452 米）等一系列山峰。南北方向上，总体呈南高北低之势，以勐果河为轴自南而北依次递降，自 2695 米的勐果河河源关天山至金沙江入口 910 米，高差 1785 米。

县域水土流失主要集中在北部和中南部。北部为金沙江和勐果河河谷地区，由于气候干热和地质破碎，植被稀少，加上区域山高坡陡，导致水土流失严重。中南部经济开发程度较高，矿产开采等人类活动频繁，开挖及弃土产生局部较为集中的水土流失。

（七）气候环境

武定县地处低纬高原，昆明准静止峰以西的乌蒙山西南坡，东南、西南暖湿气流与西北干冷气流的交汇区大背景中，属山地季风气候，也是楚雄多雨区之一。在云南的气候区划中属于亚热带水稻小春两熟经作区，属多洪、霜、雹，少雪、风灾害区。主要的气候特点：（1）气候温和，年均气温 15.1℃；冬无严寒、夏无酷暑，气温日较差大（19℃），年较差小（13.2℃），极端最高气温 34.5℃，极端最低气温 -6.4℃，年积温 5541.50℃，最热月在 7 月，平均气温 20.70℃；最冷月在 1 月，平均气温 7.4℃。（2）蒸发量低（为降水量的 2.18 倍），干燥度小（1.2）。（3）年降水量 968.66 毫米，相对湿度 74%，湿季（5—10 月）降水占年降水量的 91.3%，降水强度小，降水有效性高。

二 生态环境存在的问题

（一）水污染

武定县水污染主要以生活废水、工业废水、农药污染、化肥污染为主。随着城镇化进程和经济发展，乡镇集镇和较大村落的生活垃圾、生活污水产生量大幅增加，而两污治理设施不足，导致周边水和土壤环境受到污染，进而影响到居民的生产生活。近年来，大量工业品的使用，产生了大量生活垃圾，这些生活垃圾往往是难以降解塑料等材料制成，长年积累，严重影响了水环境和土壤环境。农村生活污水无序排放，排放地点较分散，污水未经处理就进入沟渠、河道中，使纳污水体难以消纳和自净，导致水质恶化加剧。工业废水及污染物主要由造纸、屠宰和粮油加工企业产生，主要由各企业自行处理后达标排放。随着武定县工业化进程持续加快，县内采选矿、冶炼、化工、建材、造纸等重污染高排放行业仍将继续快速发展，工业污染负荷将不断增加。武定县是农业大县，农业在三产中占 1/3 强，农业就业人口占 2/3 以上。有史以来，农业生产方式仍是传统的耕作方式，大量的化肥和农药施用，是土壤污染和下游水体污染的重要污染源，这些土壤和水体一旦受到污染就很难恢复治理，食品和饮用水安全难以得到保障，对居民产生较大较深的健康影响。

（二）大气污染

武定废气及空气污染物排放以工业排放为主，在废气污染排放总量中，工业排放二氧化硫、氮氧化物、烟（粉）尘分别占总排放量的70.88%、89.23%和75.92%。工业废气排放主要来源于钛铁冶炼企业。矿产品加工是武定县的工业产业支柱之一，占了武定工业产业80%以上，矿产品加工业过于依赖当地丰富的矿产资源，以粗加工为主，产品附加值不高，单位产值能源消耗量大，给节能减排带来较大压力。除此之外，人类活动是造成总悬浮物增加的主要原因。特别是近年来城市建设进程加快，建筑物拆迁、道路新建及市政工程开挖，以及施工过程造成的运输尘、建筑尘造成了大量的降尘污染。

（三）噪声污染

武定县噪声主要来自交通、工厂作业、建筑施工、矿厂冶炼、木材加工等。交通噪声影响稍大，工厂作业、建筑施工、矿厂冶炼、木材加工等噪声影响面较小。楚雄州环境监测站于2013年7月对武定县城区声环境质量进行监测，达到国家二级标准，声环境质量总体良好。

（四）固体废弃物污染

武定县固体废弃污染主要来自两方面：一是工业固体废物，主要产生于钛矿选冶和木纹石开采加工行业，随着工业园区的建设，工业固体废物将不断增加，工业固体废物污染排放面临更大压力。危险废物产生量较少，主要为医疗废物和少量机械修理废油，基本实现回收利用和无公害处理。二是城镇生活垃圾，全县仅一座垃圾处理场，主要为县城及县城周边乡镇生活垃圾处理，边远乡镇因收集系统不完善而采取小规模简易填埋，长此以往，势必给生态带来负面影响。

（五）水土流失

武定县林地面积占国土面积的63.35%，森林覆盖率55.3%，但森林面积分布不均，水土流失严重，全县水土流失面积占国土面积的31.02%。严重水土流失主要集中在干热河谷区和矿产品开发区域。县域北部的金沙江和勐果河河谷区，由于气候干热，山高谷深，地质发育破碎，植被覆盖率低，导致水土流失严重；县域矿产开采主要分布于资源丰富的中部和中南部，矿产开采对地表土地和植被破坏严重，大量的开采裸露面和弃渣堆积，是产生严重水土流失的重要策源地，也是滑坡、泥石流等地质灾害产生的隐患点。严重水土流失不但影响下游的生态环境和生产生活，也降低了水土流失产生地的土地生产力，破坏了区域生态系统的完整性，降低了区域生态系统原有的生态功能。

三 生态环境治理措施

（一）生态环境保护工作机构沿革

20世纪80年代以来，地方工业发展较快，工业“三废”排放量增加。针对污染问题，1986年，武定县城乡建设环境保护局设置环境保护办公室，配专职人员2名，1989年11月成立县环境保护委员会，并采取了治理污染源和净化工业废气废水等措施。通过征费促使厂矿企业重视“三废”治理。1997年，武定县对乡镇工业污染源展开调查。调查总数为321个。调查结果为废气排放量1.6亿标立方米，二氧化硫排放总量576.7吨，烟尘排放总量476.5吨，废水排放总量为5.5万吨。2000年，武定县开始执行环境保护“三同时”（同时设计、同时施工、同时投产）制度，实行环境保护“一票否决权”制。2006年3月，县环保局正式挂牌成立。

（二）生态环境防治

1. 水污染防治

我们从环保局了解到目前武定县对于水污染防治主要有以下措施：一是全面推进水环境整治，确保水环境质量达标。加强饮用水源水污染防治力度。划定保护区范围与级别，设立防护网、界桩、保护标志。加强饮用水源地监管，按分级保护要求，坚决取缔饮用水源一级保护区内的排污口，禁止在二级保护区新增排污口。严格控制保护区内经济开发活动，禁止或限制水源保护区工业、采矿业、畜禽养殖业及旅游服务业等的发展。搬迁保护区内的工业污染源。对农村污染源进行综合整治，推广绿色农业和生态农业，调整不利于水源保护的农业产业结构，对保护区水田逐步推广水改旱整治，推广测土配方施肥和节水农业，减少化肥农药的施用量。建设农村生活污水及生活垃圾处理设施，实现水源一、二级保护区80%以上的村庄有生活污水及垃圾处理设施。建设生态旱厕或沼气池，收集处理人畜粪便。加强水源环境管理，全面控制饮用水源地污染，确保饮用水的安全。

二是消减水污染物排放总量。加快调整产业结构，着力培育低污染、高附加值产业，大力发展旅游业、文化产业和现代服务业，全面推进产业结构优化升级。大力推进工业园区建设，切实推进现有工业企业向工业园区聚集发展。推进工业园区工业污染物总量控制和达标排放；提倡工业废水的集中处理，降低处理成本。加强主要企业废水处理设施的运行监控管理，全面提高全县工业废水处理率和达标率。建立农村饮用水源水质监测制度，加强农村面源污染防治，水源保护区水土保持和水源涵养，强化农村固体废物收集、清运与处理工作，防止农村固体废物不规范处置带来水源污染的事件发生。对污染严重又在短时间内无法恢复的引用水源，要积极寻找替代水源，切实解决农村饮水安全问题。加强饮用水源地环境保护，严格饮用水源地达标排放监督管理，切实防治饮用水源地环境污染。

三是加快城市污水处理厂配套管网建设，提高污水收集率和处理率。提倡经过处理达标的生活污水用作城镇生态景观用水和农灌用水，提高水资源综合利用率。组织开展以农村生活垃圾、污水治理为主要内容的“家园清洁行动”。全面清理公路沿线、河道之中、村道两侧的垃圾；开展农村污水治理工作，加强农村沟渠、水塘、沿村溪流治理，清理污泥积水；大力推广农村“一池三改”沼气技术，解决农村生活污水处理、畜禽粪便处理、农村秸秆固体废物处理、农村清洁能源使用等多项难点问题。

四是加快发展生态农业和农业循环经济。大力推广测土配方施肥等先进的农业生产技术，积极鼓励农民使用生物农药或高效、低毒、低残留农药，推广病虫害综合防治、生物防治和精准施药等技术，降低农药、化肥的影响。推广田间堆沤肥技术，随时处置分散的农业废弃物。建设农药投入品废弃物收集设施，收集和清运农药、化肥投入品废弃物。

2. 大气污染防治

武定县根据全县大气污染实际，采取了可控的大气污染防治措施：一是保证企业达标排放，改善环境空气质量。控制重点行业和重点污染源。严格控制冶金行业污染物的排放，禁止在城区新建大气污染物排放型企业。分期分批淘汰高耗能、重污染的各类工业炉窖，积极发展低能耗、轻污染或无污染的炉窖，工业炉窖应优先考虑使用电、气体燃料等清洁能源。落实工业园区大气污染物总量排放控制，重点整治各县区空气环境质量下降和不达标的主要排放企业。

二是逐步强化机动车环保检测与维护制度，确保在用机动车的平均排放低于较低的水平。开展在用机动车环保定期检测，实施机动车环保分类标志管理的工作机制；加强机动车年检、上路抽检、环保标志等管理工作，对治理后尾气排放不达标的车辆实施限制行驶、强制淘汰。制定经济政策，鼓励更换淘汰高耗能、大排量的车辆。制定限制机动车辆落户、机动车限制行驶等严格的管理措施，推行机动车环保准入制度，控制机动车保有量增长速率。建立城市公共交通优先发展战略，逐步提高公共交通比例，削弱机动车尾气排放量。

三是控制城市扬尘污染。加强对城区建筑施工工地的管理，全面实施帷幕施工，积极推广商品混凝土的使用，对易造成扬尘污染的建材、渣土等严格实行密闭运输和防飞扬堆放；杜绝高空抛洒建筑垃圾和机动车辆挟带泥土运输。对处于城市周边面山的众多砖瓦厂和采石场，进行严格的关、停、并、转，减少给城市造成的扬尘污染。改善道路质量，严格交通管理，减少进入道路的尘土，减少扬尘降尘，严格控制道路遗撒；改进城市道路清扫方式，继续推行机械化清扫方式，提高道路机械化清扫率，控制道路扬尘。

四是推广清洁能源。大力调整城市能源结构，鼓励使用天然气、液化气、太阳能等清洁能源，扩大电能使用范围。实施燃煤提质增效工程，在逐步降低煤炭消费比重的同时，逐步禁止原煤散烧，大力推广使用洁净煤，减少煤烟型污染。加强城市餐饮油烟的综合整治，解决油烟气扰民的问题。积极发展民营燃气事业，城市燃气普及率达到60%，居民使用清洁能源的比例不低于80%。

3. 噪声污染防治

对噪声污染主要采取的防治措施：一是控制噪声污染，保障声环境质量达标。控制社会生活噪声污染，严格执行国家对区域环境噪声标准的要求。城市市区街道、广场、公园内组织的娱乐、集会等活动禁止使用音量过大、严重干扰周围生活环境的音响器材。对可能产生环境噪声污染的营业性饮食服务单位和娱乐场所，居民区内有噪声排放的单位或个人，必须采取有效的防治措施，使其边界噪声达到噪声排放标准。

二是防治交通噪声污染。合理规划不同等级的城市道路系统密度，以保证声环境敏感区与道路间有足够的消声距离。推广低噪路面及材料，环境噪声超标路段设置声屏障，交通干线两侧配置绿化带；禁止机动车辆鸣笛，制定噪声违章收费标准；对噪声超标的旧车，要求其安装降噪装置，定期淘汰、更新；在主城区建设交通自动连续监测显示牌，加强对繁华交通干线的噪声监测。

三是防治工业噪声污染。禁止在医疗区、文教科研区、机关办公区、居民住宅区，以及风景名胜区、自然保护区等区域内新建、扩建产生噪声的工业企业，从事机械加工、汽车维修等产生噪声污染的经营活动。对新建、扩建、改建的项目要严格将防治噪声污染纳入环境影响评价和“三同时”内容；产生环境噪声污染的工业企业，应当对设备进行合理布局，采用低噪声设备，改进工艺，减轻环境噪声污染，达到工业企业厂界噪声排放标准。

四是防治建筑施工噪声污染。严格建设审批，执行建筑噪声施工许可证制度；规定大型施工机械及载重车的行车路线和行车时间；建筑开工前修建隔声墙，采用低噪声新技术和施工机械，采用吸声、隔声等降噪技术减弱声源强度；合理安排施工时间，在市区内禁止夜间进行机械打桩、搅拌或振捣混凝土、挖掘推土、锯木等噪声作业；加强建筑施工噪声公众参与监督管理。

4. 固体废弃物污染防治

对固体废弃物的污染防治：一是控制固体废弃物排放，防止污染。加大城镇生活垃圾无害化处置力度。建立健全武定县城及各乡镇垃圾收集及无害化处置系统，各集镇配套建设垃圾转运站，各村社逐步完善配套的垃圾收贮设施，统一布设，统筹布局；积极推进生活垃圾分类收集，强化资源化回收利用。二是提高工业固体废弃物中可利用物质的综合利用率，加强矿山环境保护和生态恢复治理。三是建设符合规范的城市生活垃圾处理处置设施，彻底解决生活垃圾的环境污染问题。制定城区垃圾收运措施，寻求合理的收费方法，健全管理制度。初步构建“组保洁、村收集、乡（镇）清运、县（区）处置”的农村生活垃圾管理体系，做到县有垃圾处理场，乡有垃圾中转站，村有收集点的三级生活垃圾无害化处理处置体系。对各简易填埋场逐步进行封场与生态恢复，搞好场内植被的重建及周边绿化，确保生态安全。四是组织开展以农村生活垃圾、污水治理为主要内容的“家园清洁行动”。全面清理公路沿线、河道之中、村道两侧的垃圾；开展农村污水治理工作，加强农村沟渠、水塘、沿村溪流治理，清理污泥积水；大力推广农村“一池三改”沼气技术，解决农村生活污水处理、畜禽粪便处理、农村秸秆固体废物处理、农村清洁能源使用等多项难点问题。

5. 水土保持防治

在水土保持防治上，武定县坚持“治一方水土、兴一方经济、富一方百姓、美一方家园”的原则，突出重点，积极探索水土保持防治新路子。一是强化森林保护涵养水源。大力实施天然林保护工程，聘用 774 名护林员对全县 315.68 万亩森林进行管护，建立健全了全县护林网络体系；实施生态效益补偿工程，管护国家公益林 38.22 万亩、省级公益林 97.21 万亩，向林权所有者和林农兑付补偿资金 1343.6 万元。同时，还实施沼气池、节柴灶、太阳能热水器等农村能源建设项目和退耕还林、还草等生态建设项目。二是稳步推进水土保持治理。认真做好综合治理、预防监督、生态自我修复和美丽宜居乡村建设工作，加强插甸水城河清洁型小流域和昆瑞对外开放经济带水土保持治理工作，加大水土保持治理力度，共治理水土流失面积 40 平方千米。三是规范水土保持综合执法。积极开展水土保持监督管理能力建设，强化法规宣传贯彻力度，发放《水土保持法》宣传册及宣传单 5000 份，制作宣传布标 15 条，利用短信平台发送手机短信 6000 条，宣传面覆盖县级机关 26 家单位 725 人、11 个乡（镇）46214 人。加大水土保持执法监察力度，派出执法车辆深入项目开办地踏勘、检查，严格征收水土保持设施补偿费。四是大力开展退耕还林。把退耕还林定位为生态文明建设和精准扶贫的基础工程，通过项目的实施，使荒山和陡坡地重新披上了绿装，林草植被生机盎然，生态环境向良性循环发展。同时将巩固退耕还林成果作为改善民生、促进“三农”全面发展的重要抓手，加强部门协调配合，积极争取上级支持。对退耕还林还草专项资金实行专户管理，建立健全村级退耕还林公示制度，及时把补助资金通过“一卡通”足额发放给农户，确保惠农政策落到实处；广泛宣传落实退耕还林相关惠农政策，不断提高广大群众参与退耕还林和其他林业生态建设项目的积极性。

四　自然灾害对人民生活和环境的破坏与影响

由于武定县地处欧亚板块仰冲抬升部位、地形复杂、岩石破碎，地形相对切割深度大，地形坡度陡峭，且降雨较为集中，暴雨、单点暴雨频率高，导致县域内自然因素诱发的地质灾害较敏感。地震、洪涝、干旱、风雹、滑坡、泥石流等各种灾害频繁发生，具有灾害种类多、分布地域广、发生频率高、灾害损失重的特点。此外，由于人类活动干扰，植被破坏严重，加之修路，采矿等开发，破坏了地质环境，也成为近年来县内地质灾害增强的主要原因。

（一）自然灾害频发

1986—1988年末，县境内发生过较大危害的自然灾害有霜冻、干旱、洪涝、滑坡、地震、水稻病虫害等。3年分别拨灾害救济款28.3万元、56.4万元、38.3万元。1989—1993年末，县境内自然灾害频繁，尤其是干旱、冰雹、洪涝、滑坡、泥石流造成的危害最重。5年全县共发放自然灾害救济款301万元，调供救济粮517万千克，化肥20万千克，救济灾民12112户、54503人（次）；发放滑坡、泥石流房屋搬迁款74.1万元，解决了灾民住房的实际困难。1994年，县境内遭受严重的洪涝、大风、冰雹等自然灾害。县委县政府组织了抗灾救灾，县民政部门及时拨灾害救济款87.9万元、化肥0.4万千克、柴油1吨、汽油1吨、平价柴油14吨和供应口粮24.72万千克。此外，还把上海人民向武定县贫困地区援助的价值71.4万元的149292件衣被发放到47643名灾民和贫困户手中。

1995年，县境内遭大风、暴雨、滑坡、冰雹、地震袭击，特别是10月24日凌晨6时46分发生6.5级强烈地震，造成直接经济损失8.9亿多元。全年全县共拨灾害救济款86.58万元。同时，收到社会各界捐赠的衣裤182054件，棉被21084床，大米0.8万千克，面条0.3万千克，方便食品1330箱，炊具4319件，药品307箱，石棉瓦1213片，塑料薄膜15卷，磷肥5万千克，以及板锄、教学用具1000余件。全年接收到社会各界捐赠款380万元。1996年，县境内发生大风、冰雹、洪涝灾害，全县13个乡（镇）不同程度受灾，造成死亡6人。灾情发生后，县委县政府立即采取措施组织了抗灾救灾，同时拍摄了灾情录像，及时向上级救灾部门报送。全年全县共安排21.27万元的困难救济粮款和51.18万千克粮食，解决困难户的吃粮问题；发放临时性特殊困难户救济款13万元；为受灾严重的乡（镇）和单位解决临时性困难补助款26万元。1997年，县境内遭受冰雹、大风、洪涝、滑坡、泥石流灾害袭击。县民政部门及时下拨了22.48万元的困难救济粮款和51.19万千克粮食，发放临时性特殊困难户救济费18万元。1998年，县境内遭受严重洪涝、泥石流、滑坡等自然灾害袭击，使全县13个乡（镇）95个行政村21653户97438人受灾，水利、交通、通信、电力等基础设施严重损坏。灾情发生后，县委县人民政府立即组织抗洪救灾工作。县民政部门及时上报灾情，及时下拨灾害救济款救济灾民。全年全县共拨自然灾害救济款 176.48 万元，其中口粮款 52.54 万元，滑坡、泥石流、房屋倒塌补助款 78.63 万元，其他救济款 8.3 万元，投入救灾物资油毛毡 1417 筒，圆钉 462 千克，抓钉 290 个，铁丝 462 千克，普钙化肥 5 万千克，解决了灾民的吃、住等问题。1999 年，县境内遭受严重干旱、冰雹、洪涝、滑坡、泥石流灾害袭击。全年全县共拨灾害救济款 207.05 万元，救济粮（大米）5000 千克，发放衣裤 59984 件（套）。

（二）21 世纪自然灾害及防灾救灾工作

2003 年，县境内发生干旱、洪涝、大风、冰雹、泥石流、滑坡、地震等自然灾害，全县 13 个乡（镇）不同程度受灾，造成直接经济损失 2168.57 万元。全年全县共拨灾害救济资金 268.76 万元，其中 102 万元用于购买救灾口粮，发放救灾口粮 62.49 万千克，共解决灾民、特困群众冬春生活 10876 户 41656 人（次）。及时组织调运救灾应急物资油毛毡 102 卷搭建临时避险棚，转移安置灾民 35 户 136 人。发放上海对口支援募集衣物 495 包 22275 件。此外，广泛动员社会力量捐款捐物，支持抗灾救灾工作。“7·21”地震发生后，全县有 81 个单位 4981 人参加捐赠，接收捐款 25.38 万元，其中单位捐款 500 元，职工捐款 25.3 万元。接收旧衣物等物资价值 230 元。2005 年，县境内灾害频繁，尤为干旱、洪涝、滑坡、泥石流造成的危害最重。除自然灾害外，发生火灾 19 起，受灾 24 户 98 人。自然灾害和火灾，造成全县直接经济损失 5228.5 万元。1—11 月全县共拨灾害救济资金 181 万元，其中救济口粮款 137.9 万元，民房恢复重建补助款 29.8 万元，农村医疗救助金 15.94 万元。购买发放救灾口粮 49.54 万千克，救济灾民、特困群众 8623 户 33027 人（次）。组织调运油毛毡 31 卷、铁钉 22 千克、铁丝 24 千克等物资搭建临时避险棚，转移安置灾民 10 户 42 人。

2006 年，全县 11 个乡（镇）130 个村委会，1255 个村民小组，37895 户 144684 人不同程度地遭受了低温冷冻、冰雹、干旱等自然灾害，造成农作物大面积受灾，部分房屋损毁，因灾死亡 2 人，重伤 1 人，轻伤 2 人，农作物累计受灾面积 151618 亩，成灾 73260 亩，绝收 21690 亩，因灾减产粮食 1250.15 万千克；因灾倒塌房屋 165 户 596 间，水力、电力、交通、通信、教育等基础设施也遭受不同程度的破坏。灾害给全县造成直接经济损失 3521.928 万元。灾情发生后，县委县政府立即组织抗灾救灾工作，积极发动群众开展生产自救和互助互济，尽力挽回损失。2006 年 1—11 月共下拨救灾资金 147 万元，其中口粮款 87.2 万元，民房恢复补助款 8.1 万元。购买救灾粮食 311416 千克，救济灾民、特困户 5573 户 19387 人（次），发放棉衣棉被 5.6 万套，转移安置灾民 29 户 122 人。

2010 年，县境内发生百年不遇的干旱，使全县农作物受灾 35.9291 万亩、成灾 23.8239 万亩、绝收 11.466 万亩，干旱还造成 11 个乡（镇）93 个村委会 251 个自然村、27 所学校，69339 人，30738 头大牲畜饮水出现困难，造成农业直接经济损失 10841 万元。面对严重的旱灾，民政部门及时上报灾情和救灾工作情况，准确掌握受灾群众缺粮情况，妥善安排好灾民生活。全年共下拨州民政局、州财政局、省慈善总会安排的救灾资金 1231.816 万元。同时，受元谋羊街“2·25”地震（5.1 级）影响，造成武定境内猫街、狮山、高桥、白路、插甸 5 个乡（镇）107551 人不同程度受灾，轻伤 1 人，转移安置 299 户 1141 人，民房及水、电、路等基础设施受损，造成直接经济损失 9408.27 万元。灾情发生后，民政局迅速启动应急预案，完成了应急抢险、安抚灾民、查灾核灾和灾情上报工作，并全面有序推进民房和民政福利设施、村委会办公用房的恢复重建。全县民房恢复重建 104 户，中损修复 965 户。累计发放重建补助资金 401 万元。

2012 年，武定县境内均无有效降水，局部地区受冰雹、单点性强降雨、风雹等自然灾害。旱灾造成全县 11 个乡（镇）、93 个村委会 196 个自然村 19708 户群众、7 所小学、7.46 万人及 3.38 万头大牲畜饮水困难，造成全县农业经济损失 1414.8 万元。灾情发生后，县委县政府积极组织群众抗灾救灾，开展生产自救。全年使用救灾资金 491.3 万元，购买大米 52.8 万千克，救济群众 1.49 万人，并下拨 130 万元用于解决各乡（镇）饮水困难问题。

2014 年，前期干旱造成全县 45 个村委会 81 个自然村 3671 户 1.43 万人、大牲畜 8040 头饮水困难，需救助 4.26 万人。后期冰雹、洪涝等造成全县 35108 户 12.3 万人受灾，紧急转移安置 86 人，因灾死亡 1 人，倒塌民房 45 户 184 间（重损 115 户 580 间、轻损 6114 户 3744 间）农作物受灾 5.72 万亩（成灾 2.72 万亩、绝收 1.44 万亩）。干旱、冰雹、洪涝等灾害共造成全县直接经济损失 4608.2 万元（农业经济损失 3403 万元、基础设施损失 476.2 万元、家庭财产损失 729 万元）。灾害发生时期，县民政局及时上报灾情和救灾工作情况，掌握受灾群众缺粮情况并妥善安排好灾民生活，及时下拨发放救灾款物。全年州民政局、州财政局下拨救灾资金310.2万元（县级资金10.2万元）。

2016年，年初受低温冷冻、冰雹等自然灾害影响，部分乡镇局部受灾。从9月初至10月，县境内遭受近年罕见的强降雨天气，全县范围内降雨偏多，比历年同期偏多162%。此次降雨过程覆盖面广、强度大、持续时间长，对全县造成了较大影响，农作物、民房受灾，水利、电力、通信等基础设施不同程度受损。全年因灾涉及11个乡镇13433户4.97万人受灾，紧急转移安置581户1810人，因灾死亡3人，失踪2人；民房倒塌45户147人125间，严重受损116户407人292间，一般受损3198户12240人14387间；农作物受灾2945.4公顷，成灾1625.7公顷，绝收759.6公顷；造成直接经济损失22918.56万元，其中：农业经济损失3836.66万元，基础设施损失12809.7万元，家庭财产损失5617.4万元，公益设施损失654.8万元。灾情发生后，县委县政府高度重视，及时启动武定县自然灾害Ⅱ级应急响应，组建应急救援队伍，紧急调运各类救灾物资全力保障灾区群众生产生活。同时，全面深入排查全县安全隐患，积极组织灾区群众开展生产自救，妥善安排灾民生产生活，州民政局、州财政局共下拨救灾资金384.2万元（县级资金14.2万元）。采购大米424779千克，棉被4800床，有效地解决了冬春期间灾民、特困群众生活。

第四节　国家级生态县建设

一　武定生态县建设的情况

国家级生态县是一个生态品牌，它代表着某县（或县级市）在生态建设上取得的巨大成就，是一种荣誉。创建国家级生态县，既要求生态保护，也要求经济发展，是生态与经济双赢的协调发展，是一个县贯彻落实科学发展观的具体体现。只有把生态建设作为统领全县经济、社会、环境协调发展的总抓手，发展生态业，促进环境保护，创造良好的人居环境，才能有效促进经济社会的协调可持续发展。

武定县是2003年被国家环保总局列入全国第八批国家级生态示范区建设试点县之一。2007年，县人民政府委托云南省珍稀濒危植物引种繁育中心编制了《武定县生态示范区建设规划》，并顺利通过省环保局的评审，2008 年 3 月份通过县人大批准实施。2009 年 6 月，按照国家环境保护部的规定，武定县由国家级生态示范区建设试点县转为国家级生态县建设。2009 年 12 月 10 日，县委县政府成立了创建国家级生态县工作领导小组，制定了《关于创建中国优秀旅游城市、国家级生态县、民族团结示范县、彝州科学发展先进县的实施意见》，对生态县建设提出了具体的要求。2010 年 5 月 26 日，武定县成立了创建国家级生态县工作领导小组，由县委、县人大、县政府、县政协分管联系领导担任组长、副组长，各乡镇、县委宣传部、县发改委、县财政局、县环保局、县经委、县建设局、县农业局、县林业局、县水利局、县卫生局、县国土局、县人事劳动局、县畜牧局、县农办、县扶贫办、县统计局、县科技局、县旅游局、县质监局、县烟草公司为成员单位。领导小组下设办公室在县环保局，办公室主任由县环保局局长兼任，负责办公室日常事务。并召开了生态县建设动员大会，在对武定县生态建设进行全方位论证的基础上，明确了生态建设的总体目标、分阶段目标和具体任务。县人民政府与各部门、乡镇（街道）签订了生态县建设目标责任书，明确生态建设任务，落实工作职责及考核机制。武定创建国家级生态县工作正式启动。截至 2016 年，创建国家级生态乡镇 1 个，省级生态乡镇 3 个，州级生态村 98 个。

二　创建国家级生态县存在的主要困难和问题

武定县创建国家级生态县主要存在以下几个方面的困难和问题：一是全社会生态县建设还没有形成共识。全社会对生态县建设和环保执法的思想认识还不够到位，个别单位对生态县建设的长期性、复杂性、艰巨性缺乏足够认识，责任意识还不强，重视程度不够，重发展轻环保的观念没有真正转变；群众对生态县建设还缺乏理性的认识，环境保护意识不强，参与生态县建设的积极性还不高，人人参与生态县建设的局面还未形成。

二是生态环境保护形势仍十分严峻。发展与保护的矛盾客观存在，在一定程度上难以调和，局部区域的主要污染物排放总量超过了环境承载能力，个别企业有时存在超标排放、偷排、漏排、不正常运行排污设施等现象，少数限制企业治理进度缓慢，个别企业违法排污现象屡禁不止，局部性污染问题较为突出。城市生态系统和结构功能布局不尽合理，老城区人口密度与建筑密度过大，绿化覆盖率低，老城居住适宜性差。

三是农村生态环境整治任务艰巨。农村滥用化肥、农药现象仍然存在；畜禽生产总体上还处于粗放、落后的经营状态，畜禽排泄物普遍没有经过无害化处理；农村生活污水、垃圾等污染问题还较为突出。

四是生态县建设保障机制不健全。一是资金投入缺乏有效保障。经济欠发达的县情严重影响着生态县建设的投入，资金投入与生态县建设的要求还有很大差距，一些经济指标如期实现较难；完善的政策体系尚未出台，多元化投融资机制还未形成。二是生态环保设施建设滞后。由于土地、资金等方面原因，城市污水和生活垃圾处理等基础设施建设进展缓慢；有些污染企业治污设施设备急需更新换代。

五是生态县建设力量薄弱，条件落后。一方面，生态建设和环保执法、环境监测力量相对比较薄弱、难以承担繁重的生态县建设任务，直接影响着生态县建设的工作成效；另一方面，由于县级财政资金困难，生态建设和环保执法条件落后，环保设施和环保设备差，必要的经费没有真正落实到位，不能适应生态环保新形势的要求。

三　武定县创建国家级生态县的对策建议①

（1）科学编制城市生态设计，完善武定城市功能。一是科学规划、合理布局城市功能，做好城市土地利用生态规划。充分发挥武定良好的区位优势，科学制定城市土地利用发展战略，从生态角度分析研究城市各地块的最佳利用功能，疏解老城区的人流物流，改善老城区人居环境，合理开发新城区的土地资源，合理规划工业用地、居住用地、农业用地和其他用地，最大限度地减轻城市建设对自然生态系统的压力和破坏，保持自然生态系统的物质还原、降解、净化能力，为城市发展储备土地资源，提供良好的土地支撑。二是合理设计城市空间结构，保持武定独有的自然山水特色。根据城市的土地和水等基本资源分布特征，考虑土地的承载力和人均水资源拥有量，确定城市各地块合理的人口环境容量。三是合理控制城市人口规模，降低城区人口密度，提高人口素质。随着城市化水平的提高，要合理调控城市人口机械增长率和自然增长率，重视人口的年龄结构，重视老龄人群的保健、托养等社会问题。保持城市活力，鼓励人群的合理流动。科学控制人口密度，处理好城镇规模和人口数量的关系。完善中小学教育体系，减轻升学压力，完成应试教育向素质教育的转变。通过

① 参见武定县环保局提供的《强化生态立县理念　共建生态美好家园》（2010 年 11 月 1 日）。

城市文化水平的提高和生产技术的创新，着力打造承接昆明、辐射攀枝花的都市人休闲度假基地，建设优秀旅游城市。四是改善城市能源结构，发展清洁能源和再生能源。实施管道天然气工程，发展其他替代能源，降低煤炭的消耗量。天然气的引进、太阳能的开发利用、生物质能的开发利用和水电一起构成城市多元化的清洁能源和再生能源。五是建设良性的城市水循环，完善上、下水系统。武定水资源相对丰富，但人均水资源拥有量却略低于全国平均水平。县内除蒙果河流域外，菜园河、乌龙河流域属于山涧季节性河流，县城工业用水紧张，水资源时空分布极不均匀。因此，必须在完善城市供水系统和排水系统保护水质的同时，发展节水灌溉技术、中水利用技术等节水产业，建设节水型城市。六是完善物质再生体系，发展垃圾的分类收集和废物的资源化产业。大量的物流、能源流维持城市的生产、生活、服务、消费等过程。城市的物质输入和输出极不平衡，大量的生活污水、生活垃圾、建筑废物、工业废物被视为垃圾，或填埋，或焚烧，或抛弃于环境，既占用土地资源、污染环境，也浪费各种宝贵的资源。把“废料作为资源重新利用、尽量减少消耗性材料的使用”将引导城市发展走向“封闭物质循环系统”，加强与自然生态系统的联系，加快城市生活污水处理厂、生活垃圾处理厂等市政基础设施建设，把城市人工生态系统融合于它所依赖的自然生态系统。七是加强城市细节的生态设计，建设与自然环境相容的人工环境。城市由各类基础设施、公共建筑等组成，它们是城市生态环境的有机组成部分，在发挥其作用的同时，也必须考虑其生态环境效应，如城市交通路网的优化布局和合理的路网密度，城市建筑采光和节能，城市建筑景观和自然山水景观的协调性、一致性，城市绿地的结构等，特别要重视受污染水体、土地等的生态修复，为城市发展提供良好的设施支撑。八是建设城市生态走廊，营造良好的生态防护体系。合理开发利用菜园河、乌龙河水资源，保持两河流域生态景观的多样性；完善城市绿地系统，充分依托狮子山良好的森林资源，建设生态公益林，大面积引绿进城，建设森林中的城市和城市里的森林。建设菜园河、乌龙河沿河沿路生态绿化走廊，建设城市路网生态防护林带，建设居住区绿色主题公园，提高建成区绿地率，营造城市的生态绿肺、生态脉络、生态走廊和生态保护圈。

（2）建立生态的工业体系，促进武定工业可持续发展。一是宏观上，加强产业导向，制定相关政策，鼓励发展与城市性质相一致的产业。淘汰高投入、高能耗、重污染的行业；加强引导和服务，鼓励用高新技术改造传统产业。积极引进国内外各种资源，发展信息、生物、新材料、教育和旅游等产业。二是中观上，强化工业园区建设，合理规划工业园区布局。加强长冲石材工业园区、禄金工业园区环境保护管理，完善园区环保基础设施，实现治污设施等资源共享，引导厂与厂之间原材料、能源、废物利用的合作交流，建设以木纹石加工、钛铁矿加工为中心的生态工业园区。三是微观上，推行清洁生产工艺、ISO14001 环境管理体系、产品生命周期分析、能源审计。以高新技术改造传统生产工艺，进行产品的生态设计、实施产品的绿色生产、倡导产品的绿色包装和绿色消费、建立完善产品的再生体系，培育企业良好的环境行为，达到降低能耗、提高生产效率、消减污染的目的。

（3）发展生态农业，促进武定农村生态环境保护工作。一是实施生态村镇建设，加强农村生态环境保护和综合整治工作，改善和提高农村生态环境质量。特别是要加强乡镇集镇环保基础设施建设，建设集镇污水处理厂（站），推广垃圾无害化资源化处理，合理布局乡镇特色工业园区，做到村村绿色环绕，镇镇绿地成片，创建一批环境优美的小集镇。二是加大政策引导和农业科技服务。在乡镇坝区，大力建设标准农田和生态农业区，改进农业种植结构和养殖结构，优化粮食作物和经济作物的配比，发展绿色农业、高效农业、休闲观光农业。在山区，大力实施生态公益林工程和高效山地农业工程，发展高山食品、有机食品生产、加工、销售一条龙的效益农业。三是加大农业科技投入和科技应用。推广高效低毒低残留的化学农药，发展和推广无污染可降解的生物农药；实施科学平衡施肥，推广高效的复合肥料、绿色肥料和有机肥料。推广使用高效的节水灌溉技术，大力发展节水农业，保持和改进农田的肥力，促进农业可持续发展。四是推广农村清洁能源。大力推进农村秸秆综合利用和沼气综合利用工程，解决好农业生产副产品的销售问题；通过农田退水、畜禽水产养殖废水综合污染防治措施，降低农业面源污染。

（4）倡导绿色消费，形成全民参与武定环境保护的氛围。一是建立绿色市场准入机制，试点和推行绿色营销制度。积极推广环境标志产品和绿色食品，加强消费品回收网络的建立；严禁高能耗、重污染的消费品进入消费市场。大力宣传适度消费和绿色消费的观念，减少一次性消费用品消耗，强制淘汰一次性木筷、塑料饭盒、包装袋等的使用。二是推行旅游和生态保护并重的思想。积极推行狮子山风景名胜旅游景区和对外接待酒店的 ISO14001 环境管理体系，建立一批生态旅游示范区和示范点。加强宣传，引导旅游者的生态行为，“除了照片，不带走任何东西，除了脚印，不留下任何东西”。三是利用法律和经济手段，推行垃圾分类收集和处置。完善扩大废物回收和资源化系统，尤其是汽车、家电和电脑等新一代废旧物品的回收利用；提倡绿色包装，控制“白色”污染。

（5）建立综合决策机制，加强武定生态环境保护工作力度。坚持“环境立县”的方针，强化生态城市经营理念，强化政府保护生态环境的职能，把环境损益核算纳入国民经济核算。建立社会经济与环境的综合决策机制，减少环境损失和生态破坏。一是增加生态环境保护投入，切实改善生态环境质量。多渠道筹集环保资金，加大城市基础设施建设和生态建设、污染治理力度，从根本上扭转自然生态保护与恢复治理速度落后于生态破坏速度的局面，提高生态环境质量。二是加强生态环境管理能力建设，依靠科技进步保护生态环境。加强生态环境管理、监理、监测的信息化、网络化、自动化建设，提高应急反应能力；强化环境监察、监测机构和队伍建设，改进提高管理水平。发挥环保部门的统一监督管理职能，协调部门关系，强化专业部门环保职能，形成多部门齐抓共管的态势。三是完善地方生态环境政策和法规体系，依法保护生态环境。把生态环境保护工作纳入制度化、法制化轨道；根据国家有关法律法规，结合武定实际，制定武定县的实施细则和地方法规；加强环保执法监督和检察工作，严肃查处生态环境违法行为。四是充分利用经济手段，实现环境成本内部化。按照“污染者付费”“开发者保护”“损害者补偿”及“受益者付费”等原则，培育资源有价环境有价的观念，使排污者和开发者成为环保投入的主体；制定实施有关税收优惠政策，扶持和促进清洁生产，大力发展环保产业，加强“三废”资源化综合利用。五是加强生态环境教育和宣传，提高生态环境保护意识。加强全民生态环境保护知识宣传、教育和培训，开展中小学生生态环境保护知识普及教育；建立和完善公众参与生态环境保护的制度，鼓励公众参与各类环保公益性活动，加强生态环境保护媒介宣传和舆论导向，开辟生态环境保护专栏，提高全民环保意识。

第八章

云南省民族团结进步示范区建设的武定模式

武定县隶属云南省楚雄彝族自治州，是一个集山区、贫困、民族、宗教4个特点为一体的国家重点扶持的贫困县。境内居住着汉、彝、傈僳、苗、傣、回、哈尼等20多个民族，少数民族人口15.3万人，占总人口的55.6%。佛教、伊斯兰教、基督教并存，信教人数22905人，占全县总人口的8.3%。其中，少数民族信教群众15412人，占信教人数的67.29%。非正常宗教影响较大，邪教干扰、境外渗透时有发生。全县有贫困人口22.3万人，贫困发生率为90%。长期以来，民族问题、宗教问题、贫困问题交织在一起，维护民族团结、宗教和谐、社会稳定的工作任务十分繁重，是云南省28个协调民族关系任务较重和63个宗教工作重点县之一。

武定县历届县委县政府领导始终高度重视民族团结进步事业，坚定不移地贯彻执行党的民族方针政策，不断推进民族团结进步事业。2013年武定县被云南省民族事务委员会列入云南省民族团结示范区建设“十县百乡千村万户工程”的10个示范县建设之后，武定县委县政府把民族团结示范县创建工作作为一项系统工程、领导工程来抓，紧紧围绕省委省政府提出的10大示范创建目标，结合武定县情特点，突出创建“基础设施建设跨越发展，县域民族经济跨越发展，民族文化繁荣发展，民族团结进步、宗教和谐稳定”三大示范推进民族团结示范县建设。制定了《云南省楚雄彝族自治州武定民族团结示范县建设规划（2013—2015年）》和《武定民族团结示范县建设实施方案》。3年来，争取中央省州民族宗教专项资金3560万元，整合资金9亿多元，创建和提升州级民族团结示范乡（镇）1个，县级民族团结示范乡（镇）7个、行政村22个、社区7个、自然村156个、企业3个、学校24所、和谐寺观教堂48个；创建民族团结示范户 250 户；创建民族特色产业示范基地 5 个、产业协会 1 个；成立民族文化研究学会 4 个。全县少数民族地区基础设施建设明显加快，县域经济跨越发展，民族文化繁荣发展，民族团结、宗教和谐、社会稳定、环境优美的良好局面得到了进一步巩固和发展，民族团结示范县建设取得了明显成效。

第一节　武定民族团结示范县建设的成就

2013 年开展民族团结示范县建设以来，在武定县委县政府的带领下，集中全县各级各部门和各族人民的智慧和力量，加大资源整合和部门协调力度，增加投入，强化监督，全面高位推进民族团结示范县建设，取得了“三跨越”和“三提升”的明显成效。

一　三跨越

（一）实现了县域经济的跨越式发展

3 年来，通过强基础、兴产业、转方式、调结构，深化农业农村改革，大力发展新型工业、民营企业、小微企业、高原特色农业和文化旅游产业，武定的县域经济发展模式不断升级，经济实力不断增强，实现了县域经济的跨越式发展。2015 年，武定县社会发展指标比 2010 年增长了 5.4 倍，实现生产总值 55.4 亿元，比 2010 年增长 2.76 倍；城镇和农村常住居民人均可支配收入分别从 2010 年的 15018 元、3223 元上升到 26907 元、7660 元，分别增长 1.79 倍，年均增幅分别为 10%、13%；五项经济指标增幅均高于全省、全州水平，并保持着良好的发展势头。其中，民族乡村经济社会持续较快发展，东坡傣族乡生产总值比上年增长 1042 万元，达 15423 万元，同比增长 12%。

（二）实现了少数民族地区基础设施的跨越发展

在示范区建设开始前，县内基础设施落后，大部分乡村公路条件差，还有几十个少数民族村寨不通公路，道路硬化率不到 30%。通过 3 年的示范县建设，完成通乡公路硬化 532.6 千米，11 个乡镇县乡公路、126 个村委会乡村公路全部硬化，866 个 20 户以上的自然村通路，全县有高速公路 51 千米、二级公路 88.8 千米、三级公路 7.3 千米、乡村公路 938 千米。完成水利固定资产投资 73301 万元，渠道工程 61 件、旱地水浇工程

1267件、坝塘13座、人畜饮水工程3229件，新增灌溉面积0.6848万亩，恢复和改善灌溉面积6.36万亩，解决了45584人、13143头大牲畜的饮水困难问题。完成中低产田地改造和土地开发整理23.3万亩。通过抓农田、水利、电力、交通、能源、通信等基础设施建设，少数民族地区的基础设施得到了跨越发展。

（三）实现了民族团结进步事业的跨越式发展

长期以来，由于民族问题、宗教问题、贫困问题的交织，武定县是云南省28个协调民族关系任务较重和63个宗教工作重点县之一。多年来是民族宗教问题的热点地区，上访事件时有发生。在民族团结示范县建设中，通过不断完善涉及民族宗教方面群体性事件应急预案，定期召开民族宗教工作联席会暨团结稳定形势研判会，主动做好接访下访工作，实行矛盾纠纷排查一月一排查和一事一化解制度，实现了将影响民族团结和社会稳定的隐患和矛盾纠纷化解在基层，处理在萌芽状态。多年来没有发生涉及民族宗教问题的群体性事件、较大事件和特别重大事件。实现了民族团结进步事业的跨越式发展。2014年被国务院表彰为全国民族团结进步示范区建设先进集体。

二 三提升

在实现“三跨越”的同时，实现了县域经济综合实力、少数民族群众生活水平以及民族团结示范区建设的条件和环境的三个提升。

（一）县域经济综合实力提升

在示范县建设中，通过抓基础、兴产业，县域民族经济实现了跨越发展，五大经济指标连续五年保持两位数增长，少数民族地区经济发展瓶颈逐步得到化解，全省县域经济考核排名由2011年的51位上升到2014年的19位，县域经济综合实力得到了显著提升。

（二）少数民族群众生活水平提升

在民族团结示范县建设中，武定县通过落实改善民生的系列配套政策措施，积极争取项目和资金，在少数民族地区全面实施农村电网改造工程，实现了全面城乡同网同价；充分开发利用水能、太阳能、风能等新能源，大力实施农村节能改灶工程，农村新能源利用率不断提高；全面实施机站、网络建设工程，实现通信网络全覆盖；大力实施农村有线电视村村通、户户通工程，实现了电视收视全覆盖；举办各类技能培训，帮助农村少数民族进行劳动力转移增收，3 年共培训农村劳动力 5100 人次，转移就业 4.5 万人次，少数民族聚居村组劳动力外出务工收入稳步增长。2014 年农村常住居民人均可支配收入达到了 7660 元。少数民族群众生活条件明显改善，生活水平得到了提升。

（三）推进民族团结示范区建设的条件和环境得到了提升

通过三年的示范县创建工作，武定县呈现出经济持续发展、社会和谐稳定、文化繁荣发展、民族团结进步的良好局面。经济总量的增加、产业结构的优化、质量效益的提高、财力保障的增强，使推进民族团结示范县创建的条件和环境得到了有力提升。

第二节　民族团结示范县建设的实践特色

在民族团结示范县建设中，武定县立足县情，积极研判示范县建设的推进路子，探索出了一套具有武定特色的分类推进民族团结进步示范县建设的实践模式。

一　党建扶贫双推动模式

武定县将基层党建与扶贫相结合，推动民族团结进步示范区的建设。居住着汉、彝、傈僳、苗、哈尼、傣等多民族的插甸乡，在创建民族团结示范乡的过程中，成功实践了通过党建与扶贫工作对民族团结示范乡建设进行双推动的模式。结合开展农村基层组织建设，把党建工作和民族团结工作一起重心下移，抓班子带队伍，放手发动群众，把群众信任，办事公正，带富能力强的少数民族群众，当任或补充到党支部班子中来，尽量实现村民小组长与党支部书记一肩挑，充分发挥党支部的凝聚力、向心力和党员的先锋模范作用。在扶贫工作中，乡党委、政府整合各方资源，把改善基础设施建设，优化发展产业，作为加快少数民族地区经济社会发展，促进民族团结进步的重要工作任务来抓。在党建、扶贫工作的双推动下，全乡呈现基础设施明显改善、经济快速发展、民族文化繁荣发展，民族团结、宗教和顺、社会稳定的良好局面，被武定县委县政府命名为首批民族团结进步示范乡，树立了以抓基层组织建设推进民族团结示范建设的典范。

二　繁荣民族文化推动型模式

在民族团结进步示范县建设中，武定县在少数民族地区建设了一批文化、体育设施，组建了116支民族民间文艺队，丰富农村的文化生活；成立了彝族、傣族、苗族和傈僳族4个民族文化研究学会，为地方民族文化研究搭建平台；新挖掘了20项非遗项目，260名民间艺人，申报获批各级别非物质文化遗产项目代表性传承人48人，建立了彝族酒歌传习所和彝族笛子文化传习所，传承和保护民族民间传统文化；支持、鼓励和引导各族群众举办民族传统节日和宗教节日文化活动，充分利用“二月八”“三月十三”“四月八”“六月六”、花山节、火把节等民族传统节日，促进民族文化交流合作，加强各民族之间、宗教之间的交往、交流与交融；实施文艺精品工程，打造反映罗婺民族文化的音乐、文学及影视艺术作品；依托民族文化繁荣发展，壮大民族文化旅游产业。通过实施文化惠民工程，繁荣民族文化，推动了民族团结，宗教和顺，经济发展。

三　优秀少数民族干部带动型模式

注重加强少数民族干部队伍建设，发挥优秀少数民族干部在引领经济发展，解决民族矛盾中的特殊作用。对一些存在因土地、山林、宅基地等长期有矛盾纠纷，长期不和睦的地区，通过培养优秀少数民族干部来化解历史遗留问题，解决矛盾，树立干部威信。以矛盾纠纷作为突破口，健全矛盾调解机制，建立以无职党员为主体，老党员、村干部以及有威信的村民代表共同参与的矛盾纠纷调解委员会，积极开展工作，使矛盾纠纷显著减少，大事化小，小事化了，促进乡亲邻里关系和睦、民族关系和谐。狮山镇西和村，长期因土地山林宅基地纠纷，引起回、汉民族之间矛盾，在山林、土地纠纷解决后的很长一段时间，两族群众互不往来，情绪依然对立。回族共产党员聂开当选为村委会主任后，带领村党总支一班人，通过耐心宣传党的民族政策，依靠村里德高望重的老党员、老干部和清真寺管委会的成员一起开展化解工作，使汉族离不开少数民族，少数民族离不开汉族的观念在广大群众中扎根，逐步呈现团结和谐氛围。最后这个村变成了回汉一家亲的国家级民族和谐示范村。

四　扶持特殊贫困村综合发展模式

武定县以扶持特殊贫困村达到地区“经济发展、民族团结、宗教和谐、社会稳定”的目标，促进了民族团结进步示范区的发展。这里的特殊贫困村，是指长期受特殊宗教问题影响，造成贫困的73个村。在示范县建设开展前，这些村因受“小众教”的影响，社会发展程度低，经济难发展，社会事业停滞不前，生产生活条件差、村容村貌脏乱差严重，长期以来守着大山，产业单一，吃粮、喝水靠天，观念落后，思想偏激，拒绝任何形式的扶贫救济，脱贫速度缓慢。在示范县建设中，武定县对这73个村以宗教工作为切入点，把实施民族团结示范项目与扶贫攻坚项目综合实施，围绕基础设施、政策宣传、文化事业、医疗卫生、科技培训、危房改造、乡村文明、产业发展等项目进行建设，把几种示范融入其中，帮助发展，实现了经济发展、民族团结、宗教和顺。被誉为“小众教”发源地的小石桥村，过去党的干部很难进村，群众与政府基本是对立的，工作很难开展。武定县开展民族团结示范和综合扶贫开发建设项目后，推行了干部进入、政策导入、感情贴入、文化融入和重点帮扶——“五入一帮扶”工作法，派驻工作队，建立乡村联合党支部，全面消除党员空白村，切实增强民族宗教地区党组织的战斗力和凝聚力。整合300多万元的扶持资金，对小石桥村进行基础设施、文化事业、医疗卫生、科技培训、危房改造、乡村文明、产业发展等项目建设，同时加强民族和谐以及社会主义价值观的宣传，群众生活水平明显提高，思想观念明显转变，党群、干群关系明显好转。今天小石桥已经成为消除贫困、团结和谐、社会进步的“民族团结示范村”典型。小石桥村的案例为在特殊贫困的民族地区创建民族团结示范片区积累了经验。扶持特殊贫困村综合发展型模式为在同一类型的特殊贫困村开展示范建设工作，找到了一条综合开发的途径，探索出了一条在特殊贫困地区创建民族团结示范片区的路子。

五　村企共建型模式

政府倡导、企业牵头、村企共建是武定县构建民族团结进步示范区的模式之一。狮山镇马豆沟村，地处半山区，距离县城仅2千米，具有优越的矿产资源和区位优势。但是因为交通不便，道路晴通雨阻，滞后的基础设施使得马豆沟村优越的矿产资源、区位优势、产业优势难以充分发挥，严重阻碍了村组的产业发展和农民增收。如今通过企业进入、村企共建、基础设施建设，引导各族群众调整了产业结构，培植出适合该村经济社会发展的特色经济产业。进入企业还建立了创建民族团结示范企业工作领导小组，健全和完善各项管理制度，进一步建立健全长效机制，把民族团结示范村建设为“公司化”“企业化”，优先为当地村民提供就业机会，如今村民年收入最少也能达到10000元左右。村企共建发挥了民族团结示范村最大、最长久的功效。

六　特色产业发展带动型模式

特色产业的发展是地区综合经济实力的基础，特色产业的发展能够使乡镇具有经济竞争优势，是乡镇社会经济发展，民生改善的关键。在示范区建设中，实施了白路、插甸等高原特色产业示范基础建设，建成省级农业龙头企业2个、州级农业龙头企业12个。其中，汉族、彝族、苗族、傈僳族等多民族分布的白路乡是一个典型，走出了一条以发展地方产业，不断夯实民族团结进步事业的基础，以特色产业发展带动民族团结示范乡建设的路子。位居高寒山区的白路乡，长期以来发展较为缓慢。在示范乡建设中，乡党委、政府立足实际，把发展地方民族经济作为推进民族团结进步的出发点和落脚点，将民族团结进步事业纳入全乡经济和社会发展规划之中，以经济社会发展带动民族团结进步，以民族团结进步促进经济社会发展。以烟叶、核桃、中药材、高山反季无公害蔬菜种植等特色农业带动经济发展，成为武定县的烟草大乡、白药之乡、核桃之乡和高山反季无公害蔬菜之乡，现在白路乡呈现出民族团结、社会进步、经济繁荣的良好局面。

七　脱贫攻坚异地搬迁带动型模式

武定县山区占全县面积的97%，是一个典型的山区县，大量的少数民族村落都分布在边远、高寒、冷凉的山区。有些山区由于自然环境的限制，道路、水利工程等基础设施欠缺，不仅造成了山区群众的贫困，也影响了民族团结进步工作的实施。异地统筹搬迁脱贫，促进山区经济发展、社会和谐成为民族团结示范县建设的一项重要工作。在示范县建设中，武定县探索了一条脱贫攻坚异地搬迁带动示范县建设的模式。狮山镇云岭苗族第一村，是由武定县高桥镇唐家村委会狮子口村小组因铁矿资源开采整体搬迁而来，全村51户，175人，均为苗族人口。其原驻地属高寒贫困山区，交通闭塞，主要种植玉米、小麦等粮食作物为主，经济社会发展都比较缓慢，是远近闻名的贫困村。后因铁矿资源开采的需要，该村需整体移民搬迁。在搬迁选址的过程中，县人民政府将脱贫、民族团结示范县建设结合考量，出面协调土地153亩，对移民进行统一安置，将其整体搬到县城西南角狮山镇中马社区境内。搬迁后，引导村民将土地整体进行发展特色农业的开发，引导群众从事商品经营、客货运输、餐饮服务等，组织搬迁户参加各类就业技能培训，广开门路做好就业安置和就业推介工作。做到了搬迁户居住有住房、经营有门面、就业有技能。在新的环境中，村民在实现自给自足的同时，还获得了一定的经济增收。此外，党委、政府还组织各种活动，让迁入户与原住居民一起相互交流，镇（乡）干部、村干部也参与其中，听取民声、了解民意，协调处理一些矛盾纠纷，理顺群众情绪，营造了良好的团结氛围。

八 自然灾害恢复重建带动型模式

武定县属于自然灾害较为频发的地带，在灾后恢复重建的同时，武定县整合民族团结进步示范项目，改善村寨居住环境并有计划地引导村民发展产业，在完成村寨重建的同时也促进了地区经济发展、民族团结、宗教和谐。万德乡马德坪村委会岩脚村民小组地处海拔2540米的高山上，是一个苗族聚居村。该村在“8·30”地震中，房屋受损较为严重。在恢复重建的过程中，县民族宗教局结合民族团结示范县建设帮助该村民小组争取到了民族团结示范村建设项目资金，选择新址集中规划统一建盖砖木结构的苗族特色住宅，形成了规划统一、建设特色一致、整洁的新农村。政府还从关心群众的生活入手，努力解决他们的生产生活困难，关爱信教群众，尊重信教群众的宗教信仰，捐资500元用于教堂修缮工作，教会与村党支部关系融洽，资源共享，相互支持，营造了信教群众拥护党的领导，遵纪守法的宗教和顺、社会稳定的新局面。在完成恢复重建的过程中促进了民族团结、宗教和顺、经济发展。

九 创建和谐寺观教堂推进型模式

在示范县建设中，武定县通过和谐寺观教堂的建设，在包容各宗教发展的同时，通过对教堂教育内容的规范与管理，促进了宗教之间的相互包容、积极正面的交流，促进了宗教和谐。县民族宗教事务局引导信教群众积极主动参与示范县创建活动，建立了县级宗教团体、乡（镇）教务组和场所管理组织等比较完善的宗教工作网络，给予宗教教职人员一定的生活补助，宗教团体工作经费及驻会人员生活待遇逐年提高。以在宗教活动场所和信教群众中广泛开展爱国主义和法制宣传教育，在教职教牧人员中开展培树和践行社会主义核心价值观活动，举办教职教牧人员培训班，指导宗教活动场所规范民主管理制度和组织宗教慈善活动为主要内容，深入开展文明宗教活动场所、和谐寺观教堂、五好教职、五好信徒等创先争优活动，26 名教职人员、43 名信徒分别被授予五好教职和五好信徒荣誉称号；21 个宗教活动场所、4 名教职人员分别荣获创建和谐寺观教堂先进集体和先进个人荣誉称号。创建命名县级和谐寺观教堂 48 所。同时，加强民族宗教界代表人士工作，定期召开座谈会，开展走访慰问等活动，充分发挥宗教代表人士的桥梁纽带作用，共同促进地区民族团结、宗教和谐。

十　生态文明建设推动型模式

党的十八大以来，国家把生态文明建设提升到了一个新的高度。武定县在民族团结示范工作中，积极把生态文明建设纳入示范县建设的工作。发窝乡在民族团结示范乡建设中，走出了一条以生态环境保护为产业发展提供基础，带动经济发展、社会稳定的路子。他们以“建设生态发窝，构筑幸福家园”为主题，确保森林资源安全加快转变经济发展方式为主线，以改善民生为根本，突出扶贫开发和生态建设“两个重点”，实施生态立乡、科教兴乡、产业富乡“三大战略”，把发窝乡打造成为“万亩白芸豆之乡”“高原无公害蔬菜之乡”“彝山火腿之乡”“民族文化之乡”，成为武定县第一个国家级生态乡。

武定县经过多年的民族团结进步示范区工作的实践与探索，实事求是，探索出示范区建设的“十种模式”，为民族团结进步示范区建设提供了可贵的经验与有效的参考。

第三节　示范县建设的工作经验与启示

在民族团结进步示范县建设工作的实践中，武定县“一加强”“一坚持”“两率先”“五结合”的工作经验，给民族团结示范工作的开展提供了重要的启示。

一　示范县建设工作经验

在民族团结示范县的建设过程中，武定县以“一加强、一坚持、两率先、五结合”的方式开展工作，使示范县建设取得了预期成效。

（一）一加强

一加强即加强组织领导。加强组织领导是推进民族团结示范县创建的重要前提。武定县委县政府历来重视民族宗教工作，对示范县建设给予高度重视，以完善体制机制为切入点，切实加强对民族团结示范县创建工作的领导。组建了县委书记任组长、县长任常务副组长，县委、人大、政府、政协联系或分管领导担任副组长的示范县工作领导小组。建立县级领导和部门挂钩联系制度。各乡镇、各部门分别成立了工作机构，明确责任领导和具体责任人，建立了“党委领导、政府主导、村民主体，整合资源、县乡村组四级联创”的民族团结示范创建工作机制。明确民族宗教工作专兼职分管领导及信息联络员219名，建立了县、乡（镇）、村（居）委会、村民小组四级民族宗教信息网络。出台《武定县民族团结示范乡、示范行政村、示范自然村考核命名办法》，逐级落实工作目标管理责任制，形成了民族团结示范创建投入保障和考核机制，形成了领导到位、部门协调、上下一心、群策群力、密切配合，共创民族团结示范县的工作格局。

（二）一坚持

自开展民族团结进步示范县建设工作开始，武定县以宣传教育为突破口，切实增强民族团结进步创建的群众基础。坚持民族理论、政策法规进农村、社区、学校、教堂、企业的“五进”原则，始终坚持将以党的民族宗教政策与民族团结进步为主题的宣传教育贯穿于民族团结进步创建的每一项工作中。以举办培训和开展民族团结“宣传月”“宣传周”和“宣传日”活动、宗教活动场所爱国主义和法制宣传教育活动以及举办民族传统节日活动等，广泛开展“三个离不开”“四个维护”的思想宣传教育。以召开民族团结进步示范创建现场会、民族团结进步表彰会等为契机，宣传改革开放以来在贯彻落实民族政策中取得的巨大成就，大力表彰在民族团结进步事业中做出显著成绩的先进集体和模范个人，营造民族团结进步的良好氛围。通过扎实的思想宣传工作，形成了民族团结示范创建人人有责、人人参与、人人共享的良好氛围。向各族人民宣传其重要性，为民族团结进步事业的推进提供了精神支撑。

（三）两率先

1. 率先在全省开展“民族团结进步示范县”建设

武定县委县政府历来重视民族工作，对社会发展局势具有很高的敏锐度。20 世纪 90 年代以来，以扶贫、改善基础设施、加强党建工作为主要方式探索民族团结进步工作之路；2006 年，开始建设第一个民族团结示范点，此后每年整合资金建设 1—2 个示范村，不断探索创建民族团结示范村成功经验；2009 年 3 月，正式提出创建全国民族团结示范县的目标，并将其列入五个目标县创建之一。提出了“基础设施明显改善、经济社会快速发展、民族团结、宗教和顺、社会稳定、生态良好”的总体目标，坚持“统一规划、分类指导、试点带动、以人为本、宣传教育优先”的原则和“党委领导、政府主导、村民主体、社会参与，县乡村组四级联创”的工作思路，坚持干部深入、政策导入、文化融入、作风深入、感情贴入和帮困扶志——“五入一帮扶”工作方法，放手发动群众、组织群众、依靠群众，以示范村、示范乡（镇）、示范带、示范片区建设为切入点，以以奖代补的方式拉开了大规模的民族团结进步示范县创建活动。2012 年 12 月，召开全县第三次民族团结进步表彰大会，考核命名并表彰了 7 个民族团结示范乡（镇）、20 个民族团结示范行政村和 33 个民族团结示范自然村。因武定县率先开展民族团结进步示范区相关工作，其多年的实践经验被云南省委省政府作为民族团结进步示范区建设工作的参考。武定县也成为民族团结进步示范区建设调研的热点地区。

2. 率先于全国开展基督教调查和基督教私人聚会点治理调研工作

武定县率先于全国开展基督教调查和基督教私人聚会点治理调研工作，并总结出 9 条经验，这是武定县保持 20 年来没有发生过宗教问题与信众上访事件的关键工作之一，也为县内民族团结、宗教和顺打下了基础。

（四）五结合

将民族团结示范县建设与实施扶贫攻坚、新农村建设、美丽乡村建设、民族团结示范县建设、基层政权建设和财政“一事一议”补助项目相结合，共同推进。创建民族团结示范县是一项系统工程，建设内容涉及方方面面，责任单位涉及各级各部门。特别是“山区、贫困”的县情特点决定着单靠一个部门的力量是力所不及的。整合资源，保证投入，是创建民族团结进步示范县的重要措施。武定县在创建民族团结示范县的过程中，高度重视抓好部门协调和资源整合工作，及时调整充实领导小组成员单位，实行成员单位联席会议制度，县委县政府主要领导亲自主持联席会议，按照“统一建设目标，分部门投入建设”的原则，加强部门协调和资源整合。以开展党的群众路线教育实践活动为契机，结合实施扶贫整村、整乡推进、新农村建设、美丽乡村建设、民族团结示范县建设、基层政权建设和财政“一事一议”补助项目，推进民族团结示范县建设。3年来共争取省州民宗系统专项资金3560万元，整合9.71亿元项目资金。由于部门协调和资源整合到位，资金有保障，示范乡、村项目规划建设到位，示范作用得到明显发挥，有力地推动了民族团结示范县建设。

二　示范县建设的启示

（一）必须不断加强和改善党对民族团结进步示范区建设的领导

武定县委县政府始终高度重视民族团结进步事业，从武定县地处山区、经济落后、民族众多、宗教情况复杂的基本县情出发，不断加强和改善对民族团结进步示范区建设的领导。县委县政府总是根据形势和任务的变化，及时对民族团结示范区建设做出周密部署，提出明确要求，及时制定出台相关政策措施，从而牢牢把握了民族团结进步事业的主导权，切实做好民族宗教工作，维护社会和谐稳定。这是武定县民族团结进步示范区建设成绩突出的根本原因。

（二）必须坚定不移地贯彻执行党的民族宗教工作基本方针

武定县委县政府始终认真贯彻执行党的民族宗教工作基本方针，以实施《民族宗教工作目标管理责任制》为抓手，努力探索新时期创新民族宗教工作的有效途径，加强“三支队伍”建设，强化党员领导干部同民族宗教界人士的联系，紧扣民族宗教领域“热点”“难点”问题，将问题处理在基层，解决在萌芽状态，促进了民族宗教和谐，夯实了民族团结进步示范建设的基础。

（三）必须从实际出发，坚持走中国特色、地方特点的民族宗教工作道路

武定县是云南省28个协调民族关系任务较重和63个宗教工作重点县之一，各乡（镇）的情况又千差万别，只有把党的民族宗教工作基本方针与武定本地的实际紧密结合起来，走有中国特色和地方特点的民族宗教工作道路，才能确保党的民族宗教工作的基本方针全面深入贯彻落实，确

保民族团结进步事业始终充满生机与活力。武定县委县政府始终坚持因地制宜、创造性地贯彻执行党的民族宗教工作基本方针，探索出民族团结进步示范区建设的10种模式，这正是武定县民族宗教工作亮点频出的原因所在。

（四）必须紧紧围绕“经济发展、民族团结、宗教和顺、社会稳定”这个大目标，推动民族团结进步示范建设工作社会化

民族团结进步示范工作的目标及其实施过程涉及政治、经济、文化、教育、科技等各个领域，只有各部门围绕中心齐抓共管，全社会共同参与，才能切实做好民族团结进步事业。武定县委县政府始终坚持政府主导、村民主体、社会参与的原则，整合部门资源，充分发动群众、组织群众，强化各级党委、政府和广大干部群众的民族团结进步事业的责任意识，有效推动了民族团结进步示范创建工作的社会化程度，形成了全社会共同促进民族团结进步事业的强大合力。

（五）必须牢固树立并切实贯彻创新、协调、绿色、开放、共享的发展理念

武定县委县政府始终坚持创新发展，让创新贯穿民族团结进步事业的全过程，在全国、全省率先提出民族团结进步示范建设，率先制定民族团结进步示范建设规划和实施方案，正确处理民族团结进步示范建设中的重大关系，促进城乡区域协调发展、经济社会协调发展。在创建过程中，坚持节约资源和保护环境的基本国策，坚定走生产发展、生活富裕、生态良好的文明发展道路，坚持发展为了人民、发展依靠人民、发展成果由人民共享，增进了民族团结，有效调动了各民族共同团结奋斗、共同繁荣发展的主动性和创造性。这是确保民族团结进步示范工作始终沿着正确道路前进的关键所在。

武定县民族团结进步示范区建设的实践与探索，推进了当地民族经济的跨越发展、民族文化的繁荣发展和民族团结、宗教和顺，在全省乃至全国起到了示范引领作用。我们相信，只要我们坚持党的领导，坚定不移地贯彻执行党的民族宗教工作方针政策，走有中国特色、地方特点的民族宗教工作路子，牢固树立创新、协调、绿色、开放、共享的发展理念，围绕中心，服务大局，就一定能够创建出民族团结进步示范的“武定模式”，谱写出民族团结进步事业的新篇章。

参考文献

《白路镇 2015 年彝族和苗族支系现状调研报告》，武定县民宗局提供，内部资料。

楚雄彝族文化研究所，王梅堂、黄建明、陆裕民校注：《清代武定彝族那氏土司档案史料校编》，中央民族大学出版社 1993 年版。

楚雄彝族自治州民族事务委员会：《楚雄彝族自治州民族志》，云南民族出版社 2004 年版。

楚雄州民族事务委员会编：《楚雄彝族自治州民族志》，云南民族出版社 2014 年版。

代燕春：《20 世纪 80 年代以来云南少数民族教育优惠政策简述》，《学术探索》2013 年第 9 期。

丁艳军：《武定县实打实推进基层党建工作》，云岭先锋网，http：//ylxf. yn. gov. cn/NewsView. aspx？NewsID＝10784，2015－07－2217：58：34.

方国瑜：《彝族史稿》，四川民族出版社 1984 年版。

费孝通：《从事社会学五十年》，天津人民出版社 1983 年版。

何东昌：《中华人民共和国重要教育文献 1976—1990》，海南出版社 1998 年版。

何耀华：《武定凤氏本末笺证》，云南民族出版社 1986 年版。

何耀华：《指空在中韩两国传播佛教文化的业绩》，《云南社会科学》1996 年第 6 期。

劳凯声、覃壮才、郭志成：《我国教育法制建设五十年回顾与展望》，《中国教育法制评论》2002 年第 1 期。

廖其发：《改革开放以来我国普及义务教育的回眸》，《西南大学学报》（社会科学版）2008 年第 9 期。

马锦卫：《彝文起源及其发展考论》，民族出版社 2011 年版。

马学良：《倮文作斋经注》，《历史语言研究所集刊》第 14 本。

马学良：《倮族的巫师“呗耄”和“天书”》，《边政公论》第六卷第一期。

马学良：《彝文和彝文经书》，《民族语文》1981 年第 1 期。

武定县地方志编纂委员会编：《武定县志（1978—2005）》，云南人民出版社 2012 年版。

武定县环保局：《强化生态立县理念　共建生态美好家园》（2010 年 11 月 1 日）。

武定县教育局：《办好民族教育，促进和谐发展——武定县教育局 2015 年民族团结教育工作总结》（2016 年 7 月 2 日）。

武定县年鉴编辑委员会：《武定年鉴（2011）》。

武定县统计局：《武定县 2015 年国民经济和社会发展统计公报》。

武定县统计局：《武定县 2018 年国民经济和社会发展统计公报》。

武定县卫生局：《武定县 2016 年卫计局年鉴》（2017 年 3 月 7 日）。

武定县志编纂委员会编：《武定县情》，1993 年 5 月。

武定信息网“武定县情”，http：//www. wuding. gov. cn/。

《武定县民间歌谣集成》（打印稿），武定县文化局、武定县民族事务委员会、武定县民间文学集成小组编，1988 年。

《武定县非物质文化遗产项目及代表性传承人资料汇编》（打印稿）中共武定县委宣传部、武定县文学艺术界联合会编，2015 年 7 月。

《武定县志（1978—2005）》，云南人民出版社 2012 年版。

《武定县非物质文化遗产项目及代表性传承人资料汇编》（打印稿），中共武定县委宣传部、武定县文学艺术界联合会编，2015 年 7 月。

杨继中、芮增瑞、左玉堂编：《楚雄彝族文学简史》，中国民间文艺出版社 1986 年版。

云南省编辑组：《中央访问团第二团云南民族情况汇集》（下），云南民族出版社 1986 年版。

云南省博物馆编，张增祺著：《中国西南民族考古》，云南人民出版社 1990 年版。

云南省地方志编纂委员会：《云南省志》，云南人民出版社 2002 年版。

云南省武定县志编纂委员会编纂：《武定县志》，天津人民出版社1990年版。

《云南省武定县民族民间文学集成（故事、谚语卷）》（打印稿），武定县文化局、武定县民委、武定县文化馆集成办公室编印，1989年。

张开培：《历史性变革》，载《武定文史资料》（第三辑），中国人民政治协商会议云南省武定县委员会编，2005年1月。

政协武定县委员会编：《武定政协年鉴》（2008—2012），2012年版。

中共武定县委办公室、中共武定县委党史研究室编：《中共武定县委年鉴》（2007）。

中共武定县委办公室、中共武定县委党史研究室编：《中共武定县委年鉴》（2001）。

中共武定县委办公室、中共武定县委党史研究室编：《中共武定县委年鉴》（2004）。

中共武定县委办公室、中共武定县委党史研究室编：《中共武定县委年鉴》（2009）。

中共武定县委办公室、中共武定县委党史研究室编：《中共武定县委年鉴》（2010）。

中共武定县委办公室、中共武定县委党史研究室编：《中共武定县委年鉴》（2013）。

中共武定县委党史研究室编：《中国共产党武定县历史大事记》（1950—2000），云南美术出版社2009年版。

中共武定县委党史研究室：《武定县第一批中共党史教育基地：中共武定特别支部纪念碑》，http：//www.wuding.gov.cn/news/1346379527479.html，2014-02-12。

中共武定县委党史研究室：《中共武定县历史大事记》（1950—2000），云南美术出版社2009年版。

中共武定县委党史征集研究室编：《罗婺故土上的曙光：中共武定县党史征集资料第一辑（1927.5—1950.6）》，1999年。

中共武定县委党史征集研究室：《罗婺故土上的曙光：中共武定县党史资料第一辑》（1927.5—1950.6），楚文新（99）准印字18号，1999年第一次印刷。

《中国教育年鉴》编辑部：《中国教育年鉴》（1985—1986），湖南教育出版社 1988 年版。

朱崇先：《彝族典籍文化研究》，中央民族大学出版社 1996 年版。

朱虹、袁长林：《云南少数民族双语教育政策的发展历程》，《西南教育论丛》2011 年第 2 期。

左超：《加强县乡人大工作助推实现跨越发展》，载《云南日报》，2016 年 5 月 3 日，第 7 版，http：//www.yndaily.com。

关键词索引

后　记

本项目是由云南省社会科学院杨福泉副院长主持的“21 世纪初中国少数民族地区经济社会发展综合调查”子项目“云南楚雄州武定县（彝族）经济社会发展调查”课题的结项成果。课题组成员由民族学、经济学、政治学和社会学相关领域的专家和学者组成。2014 年 6—7 月和 2017 年 3 月，课题组深入云南省楚雄州武定县委县政府各机关和彝族聚居的乡（镇）开展实地调研，通过采取座谈、问卷调查、入户访谈等方式，完成了课题基本资料的收集。在资料收集、整理和分析的基础上，完成书稿的撰写，全书提纲及内容由课题组讨论设计，杨福泉负责统稿和修改。

各章具体承担写作分工的是：绪论：杨福泉；第一章：马勇；第二章：袁春生；第三章、第七章：宁发金；第四章：郑成军；第五章：和红灿；第六章：罗丹；第八章：武定县民族宗教事务局。

课题组深入实地调研过程中，武定县委、县政府、县人大、县政协、县委宣传部、县民宗局、县教育局、县志办、县卫生局、县文体广电旅游局、县文化馆、县统计局、县林业局等单位给予协助和支持；白路乡、万德乡、发窝乡等给予实际配合和全面帮助。武定县彝族干部、民族宗教事务局杨正学局长、胡祥章副局长，统计局章艳波局长，武定县委办罗永安副主任在协调调研部门、联络沟通方面给予积极帮助，为调研工作提供了大量资料。这些支持和帮助对我们完成课题发挥了重要作用，在此表示诚挚的感谢！特别鸣谢武定县文学艺术界联合会李琼兰主席、刘腾伟先生提供的相关资料与帮助，感谢武定县文体广电旅游局提供了相关材料。

由于武定彝族支系众多，民族关系复杂，调查资料不能完全涵盖彝族经济社会发展的全貌，难免挂一漏万，课题组将以此次调查为起点，继续调查和研究武定县彝族聚居区的经济社会发展。

云南楚雄州武定县（彝族）经济社会发展调查组

2017 年 5 月